郑常员 ◎ 编著

淘宝天猫网店 运营专员 工作手册

北京大学出版社
PEKING UNIVERSITY PRESS

内 容 简 介

随着互联网的飞速发展，网上购物已经走进了众多人的视野，商业间的竞争也越来越激烈，因此，对电商运营模式的诉求也更加强烈。那么对于电商开店，如何才能做好？这是众多商家、运营人员在摸索和研究的问题。

全国著名的电商培训平台百宝电商的创始人根据他多年的实战和教学经验，倾力打造了一本适用于淘宝、天猫平台的运营宝典，系统地介绍了淘宝天猫网店运营专员必备的网店管理、营销、推广、运营等技能和技巧。本书内容是从实际操作中总结出来的经验，能够从实用的角度提升商家和运营人员的运营水平。非常适合电商从业人员，特别是运营人员阅读。

图书在版编目(CIP)数据

淘宝天猫网店运营专员工作手册 / 郑常员编著. —北京：北京大学出版社，2021.11
ISBN 978-7-301-32484-4

Ⅰ.①淘… Ⅱ.①郑… Ⅲ.①网店–运营管理–手册 Ⅳ.①F713.365.2-62

中国版本图书馆CIP数据核字(2021)第182455号

书　　　名	淘宝天猫网店运营专员工作手册 TAOBAO TIANMAO WANGDIAN YUNYING ZHUANYUAN GONGZUO SHOUCE
著作责任者	郑常员　编著
责任编辑	张云静　刘云
标准书号	ISBN 978-7-301-32484-4
出版发行	北京大学出版社
地　　址	北京市海淀区成府路205号　100871
网　　址	http://www.pup.cn　　新浪微博:@北京大学出版社
电子信箱	pup7@pup.cn
电　　话	邮购部 010-62752015　发行部 010-62750672　编辑部 010-62570390
印　刷　者	天津中印联印务有限公司
经　销　者	新华书店
	787毫米×1092毫米　16开本　22.5印张　543千字 2021年11月第1版　2021年11月第1次印刷
印　　数	1–4000册
定　　价	69.00元

未经许可，不得以任何方式复制或抄袭本书之部分或全部内容。
版权所有，侵权必究
举报电话：010-62752024　电子信箱：fd@pup.pku.edu.cn
图书如有印装质量问题，请与出版部联系，电话：010-62756370

Foreword 前言

受世界经济环境的影响,越来越多的企业和个人开始进入电商行业,让本来就在蓬勃发展的电商行业变得更加繁荣,同时也让行业竞争变得越来越激烈。不少新商家入行后面临着访客少、销量低等问题,而老商家也面临着客源流失、营销效果不佳等问题。因此,快速提升店铺运营与推广的技能,成了广大商家和运营人员的迫切愿望。

不少人着手从互联网上收集资料进行学习,也有不少人期望通过报培训班来提高自己。但前者资料太过分散,不便进行系统学习;而后者往往价格不菲,教学质量也良莠不齐,令人难以抉择。

为了满足广大电商商家与运营人员学习之需,著名电商培训平台百宝电商的创始人在做了大量的调查研究之后编写了本书。本书对营销理论仅做了简明扼要的讲解,而对店铺选品、引流与转化方面的技能与技巧进行了重点的讲解,旨在帮助商家快速上手,实实在在地提升店铺销量,这也是本书最大的特点。

全书共15章,涵盖了电商运营工作的方方面面,包括产品定位、店铺管理、网店装修、直通车、超级推荐、超级钻展与淘宝客四大推广工具的使用,手机淘宝的引流方法与技巧,活动、内容和社群等新型营销方式,以及从数据、成本等方面提升店铺经营水平的方法与技巧等。本书内容丰富全面,讲解深入细致,对于读者而言,是一本内容既有广度又有深度的好书。

◈ 本书共15章,具体内容如下。

- 第1章主要帮助读者建立起网店运营岗位的知识框架,让读者了解运营的工作内涵、运营人员的基本工作要求,以及电商运营岗位建设与管理等内容。
- 第2章为准备开新店的读者指明方向,帮助大家轻松找到店铺产品的定位。
- 第3章主要讲解店铺的管理工作,包括设置运营信息、管理产品信息与交易等内容。
- 第4章主要帮助读者解析网店装修与产品视觉营销方面的疑难问题。
- 第5~8章从实用的角度详细讲解了直通车、超级推荐、超级钻展与淘宝客四大推广引流的工具,以丰富的经验教会大家快速找到适合自己的引流方法。
- 第9章主要讲解通过手机淘宝为店铺引流的方法与技巧,为店铺带来更多的消费者与订单。

- 第10章主要讲解如何参与平台官方活动与举办店铺活动,以吸引更多流量到店铺,提升店铺转化率与销量。
- 第11章主要讲解通过策划精彩的文案内容,并结合微淘、直播与短视频等推广方式来吸引消费者关注店铺。
- 第12章主要讲解通过建立一支可靠的客服队伍,提升店铺客服水平,以此来吸引、转化消费者。
- 第13章主要讲解通过社群形式管理用户的方法,包括客户分组、分群管理,以及建立私域流量池实施低成本、高效率的多次转化等内容。
- 第14章主要讲解如何通过分析店铺数据来解决经营问题,包括流量问题、转化率问题及盈利问题等。
- 第15章主要讲解如何控制店铺成本与预测盈亏,旨在减少店铺不必要的损耗,且能正确预测未来的盈亏状况,让店铺在激烈的竞争中更具备生存能力。

本书内容覆盖面广,实操性强,对于新手商家和新运营人员是一本"入门宝典",而对于有一定经验的从业人员而言,阅读本书也可以达到提升整体经营水平的效果。此外,本书也可供高职高专、各大高校的电子商务专业学生,或电子商务相关的研究人员、教学人员参考。

Contents 目录

第1章 10分钟建立网店运营知识框架

1.1 网店运营的六大主题 / 2
1.2 怎样才算是一名合格的网店运营人员 / 5
    1.2.1 熟悉运营相关术语 / 5
    1.2.2 熟练掌握运营中常用的工具 / 6
    1.2.3 网店运营人员应具备的六大能力 / 9
    1.2.4 网店运营人员的日常工作内容 / 10
1.3 电商团队中的运营岗位建设 / 11
    1.3.1 电商岗位配备及运营岗位职责 / 12
    1.3.2 运营人员的考核 / 13

第2章 5步分析找到适合经营的产品

2.1 自我分析：自己适合经营何种产品 / 15
2.2 市场分析：了解产品所属市场特点 / 16
    2.2.1 分析商品类目 / 16
    2.2.2 分析市场属性 / 20
    2.2.3 分析市场容量 / 21
    2.2.4 实战：分析白酒和葡萄酒的市场 / 22
2.3 产品定位：研究目标消费者的购买需求 / 34
    2.3.1 标品与非标品 / 34
    2.3.2 产品方向定位 / 36
    2.3.3 产品规划定位 / 36
    2.3.4 产品策略定位 / 38
    2.3.5 产品进货渠道 / 39
    2.3.6 实战：根据市场需求定位产品 / 43
2.4 价格定位：以合理定价让产品稳定盈利 / 49
    2.4.1 影响价格的因素 / 49
    2.4.2 定价策略 / 52
    2.4.3 定价技巧 / 55
2.5 竞品分析：了解对手才能超越对手 / 57
    2.5.1 竞品的页面视觉分析 / 58
    2.5.2 竞品的SKU成交分析 / 60
    2.5.3 竞品的口碑评价分析 / 64
    2.5.4 竞品的流量和销量分析 / 66

第3章 必知必会的店铺管理技能

3.1 设置网店的运营信息 / 74
    3.1.1 设置网店基本信息 / 74
    3.1.2 设置子账号及其权限 / 75
    3.1.3 设置方便套用的运费模板 / 77
    3.1.4 设置千牛进行综合管理 / 78
3.2 管理产品信息 / 79
    3.2.1 产品标题的构成与优化 / 79
    3.2.2 上传产品信息到网店后台 / 80
    3.2.3 适时上下架产品 / 83
    3.2.4 修改产品的信息 / 86
3.3 管理网店中的交易 / 87
    3.3.1 管理等待付款或已付款的交易 / 87
    3.3.2 为已付款交易发货 / 87
    3.3.3 管理交易中的退换货 / 88
    3.3.4 管理消费者的评价 / 89

第4章 网店装修与视觉营销全解析

4.1 网店装修定位 / 91
  4.1.1 网店结构设计 / 91
  4.1.2 网店装修原则 / 92
  4.1.3 装修应符合产品定位 / 92
  4.1.4 网店装修风格定位 / 93
  4.1.5 店铺页面分析 / 95

4.2 产品视觉营销 / 97
  4.2.1 视觉营销的重要性 / 97
  4.2.2 拍摄产品图片 / 98
  4.2.3 拍摄产品视频 / 100
  4.2.4 产品详情页优化 / 102

第5章 善用直通车对产品做精确推广

5.1 引流神器直通车 / 109
  5.1.1 直通车推广开通条件及投放目的 / 109
  5.1.2 直通车展位与竞价模式 / 111
  5.1.3 直通车扣费规则详解 / 114
  5.1.4 推广计划创建的基础配置 / 115
  5.1.5 优化出价,提升排名 / 122
  5.1.6 优化关键词,提升点击量 / 126
  5.1.7 创意页面的设计与优化 / 132
  5.1.8 如何设置推广创意的流量分配方式 / 134

5.2 高手必会的直通车优化技巧 / 136
  5.2.1 直通车精选人群:让广告更加精准 / 136
  5.2.2 优化直通车质量分的技巧 / 144
  5.2.3 直通车质量分上10分的操作思路、优化要点和稳分思路 / 148
  5.2.4 如何分析直通车报表中的数据 / 154
  5.2.5 用好这3招,让转化率飙升 / 160
  5.2.6 4步法优化投入产出比 / 162

第6章 超级推荐让店铺流量轻松翻倍

6.1 认识超级推荐 / 165
  6.1.1 超级推荐及其展位 / 165
  6.1.2 超级推荐的后台操作 / 167
  6.1.3 创建自定义的超级推荐计划 / 170

6.2 三大超级推荐配置法 / 175
  6.2.1 测图配置法 / 175
  6.2.2 测款配置法 / 176
  6.2.3 提升手淘首页流量配置法 / 177

第7章 巧用超级钻展快速推广店铺与品牌

7.1 认识超级钻展的作用、展位和推广形式 / 182
  7.1.1 超级钻展的作用 / 182
  7.1.2 超级钻展的展位 / 183
  7.1.3 超级钻展的推广形式 / 184

7.2 开通超级钻展 / 185

7.3 5步创建超级钻展计划 / 186

7.4 人群定向投放技巧 / 191

7.5 选择优质资源位 / 192

7.6 选择计费方式 / 193

7.7 创意图设计技巧 / 194

7.8 3类店铺通过超级钻展防守流量 / 196
  7.8.1 高客单价、低转化率的店铺 / 197
  7.8.2 低客单价、高转化率的店铺 / 198
  7.8.3 动销型(风格型)店铺 / 199

第8章 雇佣淘宝客高效分销店铺产品

8.1 认识淘宝客 / 201

8.1.1 淘宝客成交付费模式与展位 / 201
8.1.2 淘宝客开通条件与后台识别 / 202
8.1.3 淘宝客对于店铺的作用 / 204

8.2 淘宝客计划配置方法和技巧 / 205
8.2.1 营销计划与通用计划的作用和配置方法 / 206
8.2.2 定向计划与自选计划的作用和配置方法 / 209
8.2.3 如意投计划的作用和配置方法 / 212
8.2.4 淘宝客活动报名的方法与技巧 / 213
8.2.5 淘宝客常见的推广方式 / 216
8.2.6 淘宝客佣金设置技巧 / 220
8.2.7 使用淘宝客推广产品的实操流程 / 221

第 9 章 手淘引流思路与实操技法

9.1 快速理解手淘引流思路 / 224
9.1.1 店铺引流步骤建立 / 224
9.1.2 手淘首页流量展位与推荐算法 / 227
9.1.3 手淘首页流量获取必备条件 / 229

9.2 关键词引流 / 231
9.2.1 手淘搜索流量分配机制 / 231
9.2.2 标题关键词数据收集 / 233
9.2.3 标题关键词词库的筛选 / 234
9.2.4 五要素判断标题关键词好坏 / 236
9.2.5 标题关键词选择注意事项 / 239
9.2.6 优质关键词的组合运用 / 240

第 10 章 通过营销活动提高访客转化率

10.1 活动营销的魅力所在 / 247
10.2 官方活动：吸引更多平台流量 / 248
10.2.1 聚划算 / 249
10.2.2 淘金币 / 250
10.2.3 淘抢购 / 251
10.2.4 天天特卖 / 252
10.2.5 免费试用 / 252
10.2.6 "双十一"活动 / 253

10.3 店铺活动：吸引更多关注量 / 253
10.3.1 迎合目标消费者的需求 / 253
10.3.2 常见的店铺活动 / 254
10.3.3 策划活动的基本流程 / 259

10.4 "双十一"活动实战经验与技巧 / 261
10.4.1 报名"双十一"活动 / 262
10.4.2 活动节点规划 / 263
10.4.3 活动团队的规划与准备 / 265
10.4.4 活动时间规划表 / 267
10.4.5 活动后期处理 / 268
10.4.6 实战：通过聚划算活动使流量持续上涨 / 268

第 11 章 内容运营：吸引消费者的"心理磁铁"

11.1 优秀文案的策划技巧 / 272
11.1.1 文案的作用 / 272
11.1.2 文案的分类 / 274
11.1.3 策划电商文案的技巧 / 276

11.2 微淘：社区型营销 / 278
11.2.1 发布微淘信息 / 279
11.2.2 微淘运营的方法 / 280
11.2.3 实战：LOVO 家纺微淘活动 / 281

11.3 直播：强互动营销 / 282
11.3.1 直播购物新方式 / 282
11.3.2 开通淘宝直播 / 283
11.3.3 策划直播内容 / 285

11.4 短视频：丰富的内容营销 / 286
11.4.1 根据消费者特征策划短视频内容 / 287
11.4.2 制作短视频的步骤 / 287

第 12 章　客服越好，生意越火

12.1　建设一支精干的客服队伍　/ 290
- 12.1.1　客服工作的重要性　/ 290
- 12.1.2　客服团队建设与培训　/ 291
- 12.1.3　客服人员的基本要求　/ 293
- 12.1.4　客服人员的工作职责　/ 293
- 12.1.5　客服考核的重要指标　/ 295

12.2　客服工作技巧　/ 297
- 12.2.1　客服常用的沟通技巧　/ 297
- 12.2.2　提升询单转化的方法　/ 299
- 12.2.3　正确处理消费者的评论　/ 300

第 13 章　社群运营：卓有成效的用户管理方式

13.1　社群运营面面观　/ 302
- 13.1.1　池塘、鱼与社群运营　/ 302
- 13.1.2　社群运营的步骤　/ 303
- 13.1.3　社群运营的要素　/ 304
- 13.1.4　社群运营的日常工作内容　/ 304

13.2　客户分析与管理　/ 305
- 13.2.1　分析店铺客户　/ 306
- 13.2.2　设置店铺客户的等级　/ 307
- 13.2.3　客户的分组管理与分群管理　/ 308

13.3　客户留存与转化　/ 312
- 13.3.1　网店的私域流量池渠道　/ 312
- 13.3.2　客户转化三板斧　/ 313
- 13.3.3　把客户吸引到流量池　/ 314
- 13.3.4　促使客户进行二次转化　/ 316

第 14 章　通过数据分析解决运营问题

14.1　数据分析　/ 320
- 14.1.1　数据分析的逻辑思路和价值　/ 320
- 14.1.2　核心指标的监控分析　/ 320
- 14.1.3　数据分析工具略解　/ 321

14.2　流量太少？分析访客数　/ 322
- 14.2.1　只有少量访客的情况　/ 323
- 14.2.2　有访客但转化率很低　/ 323
- 14.2.3　访客数突然下降的诊断及处理　/ 325

14.3　访客不愿购物？分析转化率　/ 326
- 14.3.1　转化率的作用　/ 327
- 14.3.2　影响转化率的三大核心板块　/ 327
- 14.3.3　访客精准度优化　/ 328
- 14.3.4　客服转化优化　/ 332
- 14.3.5　页面转化优化　/ 336

14.4　交易多但盈利少？分析客单价　/ 338
- 14.4.1　深入了解客单价　/ 338
- 14.4.2　查看店铺的客单价数据　/ 339
- 14.4.3　5 种方法提高客单价　/ 339

第 15 章　店铺成本控制与盈亏预测

15.1　剖析店铺成本构成与控制方法　/ 341
- 15.1.1　网店成本及其费用构成　/ 341
- 15.1.2　控制店铺成本　/ 342
- 15.1.3　制作网店进销存管理表　/ 343

15.2　店铺盈亏预测　/ 346
- 15.2.1　盈亏预测与规划的重要性　/ 346
- 15.2.2　估算固定成本　/ 347
- 15.2.3　估算盈亏平衡点　/ 348
- 15.2.4　分解年度计划　/ 349

10分钟建立网店运营知识框架

本章导读

电商商家要想让店铺健康发展,赚取丰厚的利润,需要提升产品竞争力和网店运营能力。网店运营是一个系统化、整体化的工作,在学习之初,需要建立起相应的知识框架,才能更有针对性地补足自身的短板,提高运营水平。

1.1 网店运营的六大主题

很多商家认为,"运营"工作就是推广网店,却不知运营工作其实是由多个部分组成,只有将每个部分的工作都做好,才能快速有效地运营好整个网店,提升店铺订单数和交易金额。网店的运营工作主要包括如图 1-1 所示的产品运营、营销推广、活动运营、内容运营、客户运营和数据运营这六大主题,其具体的工作内容各不相同。

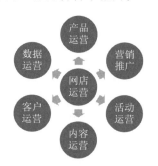

图 1-1 网店运营的六大主题

1. 产品运营

产品运营,简而言之,就是产品的定位、选品、规划、管理和推广等一系列的工作。例如,根据产品特点分析消费者的细分需求,通过消费者需求找到合适的潜力主推产品,通过分析产品的用户需求调整产品布局。这些都是需要商家和运营人员一同思考并解决的问题。

本书将在第 2 ~ 4 章中详细讲解产品运营的方法,找到符合店铺定位的产品,做好产品视觉营销及店铺管理工作。只有将产品运营做好做扎实,才能吸引更多消费者,增加产品的流量和销量。

2. 营销推广

营销推广主要是如何将产品推广给更多消费者,俗称"引流"。例如,通过优化人工干预产品的各项数据提升搜索排名位置,让产品获得更多的曝光,从而获得更多的潜在消费者进店;通过平台提供的付费引流工具(如直通车、超级推荐)将产品以广告的形式推送到精准消费者眼前,从而提高产品曝光,吸引潜在消费者进店。

例如，在"抽纸"的搜索结果中，排名第一的产品带有"广告"字样，属于投放直通车推广的产品，如图1-2所示。要实现这样的效果就需要掌握直通车的投放操作和优化技巧，营销推广的效果是由投放人员的营销能力直接决定的，同样的推广预算，不同的投放技巧会让营销效果有较大的差距，营销能力越强，投放效果越好。

图1-2 投放直通车推广计划的产品

本书将在第5～8章中详细讲解当前热门营销工具的实操方法，如直通车、超级推荐、超级钻展和淘宝客等。同时，为了便于大家顺应手机淘宝的发展和使用，还将在第9章中讲解手机淘宝的引流方法与技巧，为店铺带来更多的消费者与订单。

3. 活动运营

活动运营指通过组织活动来实现特定目标，如参加平台活动或策划店铺活动等，让销售额短时间内提升到预期的水平。要做好活动运营，可根据营销需求主动报名参加平台的日常活动（如聚划算、淘抢购）或大促活动（如"6·18"年中大促与"双十一"购物狂欢节）；也可以为店内产品策划如产品秒杀活动、限时预售、限量促销等活动。本书将在第10章中详细讲解参与平台官方活动与举办店铺活动的方法，吸引更多流量到店，提升店铺转化率与销量。

如图1-3所示为某店铺参加聚划算活动的产品页面显示，消费者可领取聚划算专享券，降低最终成交价格，吸引更多消费者下单购买产品。

4. 内容运营

内容运营主要是围绕产品和用户喜好创造多元化的内容来吸引消费者，如围绕产品撰写有趣的文案，或用喜闻乐见的潮流化内容来吸引消费者阅读并认同产品，在用户心里"种草"（网络流行语，表示分享推荐某一商品的优秀品质，以激发他人购买欲望的行为），促使用户购买。

内容运营看似简单，实则复杂，需要运营者将产品特点与有趣的创意有机结合起来，才能更好地传递产品价值。本书将在第11章中讲解策划优秀文案的方法，以及结合微淘、直播、短视频等新型推广方式来吸引消费者关注店铺的方法。如图1-4所示为某食品类店铺将产品上新信息整合成图文形式，并发布在微淘板块，吸引了5.1万粉丝留言。

图 1-3　参加聚划算活动的某产品页面

图 1-4　发布在微淘板块的内容

5. 客户运营

图 1-5　商家将已成交客户引入淘宝群

客户运营主要是将新客户留存转化为老客户，并对老客户进行再营销，提高客户黏性和复购率。客户运营工作包括：不断提高客户留存率，分析客户需求；对客户进行分类管理；策划老客户营销活动，提高客户黏性与活跃度等。

如图 1-5 所示，该商家将已成交客户引入淘宝群进行统一维护，旨在提高客户活跃度和成交率。本书将在第 12 章和第 13 章中，详细讲解如何建立一支可靠的客服队伍来提升客户服务水平，以及通过社群形式留存与管理客户的方法，包括客户分组、分群管理，以及建立私域流量池等内容。

6. 数据运营

店铺运营不能靠"拍脑门"决定运营方向，所有网店运营的决策都应有数据作为参考依据。通过分析数据来为商家做运营方向指引，这个工作就叫作"数据运营"，一般包括市场行情数据分析、竞争对手数据分析、消费者人群画像数据分析、自身店铺数据分析等。

数据运营的主要工作步骤是收集数据、整理数据、分析数据，并能从分析结果中得出结论。例如，当发现某主推产品转化率突然大幅下降，运营人员就需要通过分析自身店铺数据和竞争对手数据进一步寻找转化率下降的原因，并给出提高转化率的具体改进方案。本书将在第 14 章中讲解通过分析店铺数据解决经营问题的方法，如解决流量问题、转化率问题及盈利问题等；

同时，还将在第 15 章中详细讲解控制店铺成本与预测盈亏的方法，以此提升店铺整体竞争力。

以上各项运营工作需要根据店铺不同阶段的运营情况采用不同的运营方式。例如，店铺初期无法参加平台的大促活动和日常活动，可将产品运营和营销推广作为主要运营工作，其他运营工作可在店铺运营到需要的阶段再利用起来。

1.2 怎样才算是一名合格的网店运营人员

一名合格的网店运营人员需具备六大运营能力和掌握运营相关专业术语，并能熟练使用运营工作来完成网店运营目标，帮助店铺实现利润最大化。

1.2.1 熟悉运营相关术语

运营人员必须熟悉与运营相关的术语，如常见的浏览量、访客数、转化率等，否则难以开展运营工作。

- B2B（Business to Business）模式：企业对企业模式，如阿里巴巴、慧聪网等。
- B2C（Business to Customer）模式：企业对个人模式，如天猫、京东、亚马逊、当当等。
- C2C（Customer to Customer）模式：个人对个人模式，如 eBay、淘宝网等。
- O2O（Online to Offline）模式：线上对线下的团购模式，如美团网。
- 浏览量（Page View，PV）：店铺各页面被查看的次数。
- 访客数（Unique Visitor，UV）：店铺各页面的访问人数。
- 收藏量：用户访问店铺页面过程中，添加收藏的总次数。
- 跳失率：用户进入目标页面后，没有点击目标页面上任何链接就离开的访问次数占该页面总访问次数的比例。
- 平均访问深度：访客平均每次连续访问浏览的店铺页面数。
- 动销率：店内有销量的产品总数与店内总产品总数的比率。
- 客单价：每个消费者平均购买产品的金额，即平均交易金额。
- 成交转化率（简称"转化率"）：消费者成交数量在独立访客数量中的占比。
- 搜索引擎优化（Search Engine Optimization，SEO）：即在百度、搜狗等搜索引擎上通过优化关键词等方式提高目标网页的排名，使其更容易被用户看到并点击。
- DSR（Detail Seller Rating）评分：电商平台中的服务评级系统。例如，在淘宝、京东等电商平台经营店铺，消费者在收货后可对商家的服务、物流、产品给出评分，系统根据消费者的评分情况，计算出综合得分。
- 交易金额：店内成交的实际金额。
- 净利润：交易金额－总成本（含产品成本、运费、包装费用、人工成本、仓储费用、营销推广费用等）。
- 毛利润：产品的销售收入或营业收入（即产品的销售价）－产品进货成本（即产品进货价）。

- 净利率：净利润 ÷ 交易金额。
- 毛利率：毛利润 ÷ 交易金额。

其中，如净利率、毛利率、访客数、成交转化率、客单价、交易金额等数据，都是验证商家运营效果的关键数据，值得商家引起重视。

> **注意**
> 更多与运营相关的术语可在电商平台的商家后台中查看和了解。

1.2.2 熟练掌握运营中常用的工具

在店铺运营的过程中，需要根据店铺的运营阶段采用不同的运营手段。在这些工作中，可以使用工具来提高工作效率。常见的运营工具如图 1-6 所示，主要包括后台操作工具、推广工具及数据分析工具等。通过本书的学习，将能熟练掌握这些常用工具。

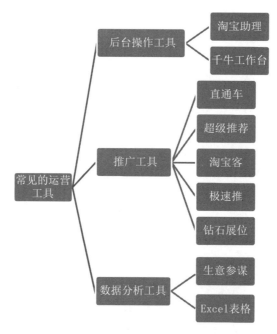

图 1-6 常见的运营工具

1. 后台操作工具

后台操作工具主要包括网店经营中常用到的操作工具，如批量上下架产品的淘宝助理，商家对店铺进行全方位管理的千牛工作台等。

（1）淘宝助理

网店经营中需要批量编辑修改产品信息时，如果一个一个地修改会比较耗时耗力，因此商家会使用淘宝助理批量编辑、上传产品。"淘宝助理"软件可以实现产品的离线批量编辑和上传，同时也可解决在线上传商品时出现断线、网络故障等现象而导致商品资料丢失的问题。

（2）千牛工作台

千牛工作台是淘宝网为商家设计的店铺管理与沟通工具，商家可通过该工具与消费者交流、沟通。除此之外，千牛工作台还提供了店铺设置、商品管理、交易管理、评论管理、营销推广等功能，以供商家和运营人员管理店铺。千牛工作台的核心是整合店铺管理工具，便于商家与消费者的信息交流，提高商家经营效率。

2. 推广工具

为满足部分商家使用广告推广产品的需求，多个电商平台陆续推出推广工具。以淘宝平台为例，它推出了如图1-7所示的多个推广工具。

图1-7 淘宝推广工具（部分）

这些工具的推广方法有所不同，运营人员需充分了解各个工具的功能，并能熟练掌握其应用方法。这里列举直通车、超级推荐、淘宝客、极速推和钻石展位的功能和实例供大家参考，具体运用和效果优化方法在第5～8章进行详细描述，如表1-1所示。

表1-1 推广工具的功能和实例

工具名称	功能	实例
直通车	直通车是按照点击付费的竞价排名推广工具，在消费者搜索指定关键词的搜索结果页中展现推广产品，实现产品的精准推广	商家为某款水杯投放直通车计划后，当消费者搜索"水杯""杯子"等关键词时，该款产品将展现在搜索结果页面中的直通车专属广告位中，在消费者点击产品广告后，商家需支付一定的推广费用
超级推荐	超级推荐是一款基于大数据算法的推广工具，在"猜你喜欢""购物车"等推荐场景中，通过人群定向和算法匹配方法把广告产品展现在感兴趣的消费者眼前，实现精准获取目标消费者	商家为某款水杯投放超级推荐计划后，当系统识别到某些消费者近期有搜索、浏览"水杯"的记录，判断这些消费者可能需要购买水杯，超级推荐便将该款水杯展现在"猜你喜欢"商品列表中，当消费者点击产品广告后，商家需支付一定的推广费用
淘宝客	淘宝客是一种雇用他人推广店铺产品，以及佣金按成交量计费的推广模式。被雇用的推广者称为"淘宝客"	商家为某款水杯投放了淘宝客计划，淘宝客们在后台接受商家的任务并从推广区获取产品代码，将代码分享给其他消费者。当消费者下单后，系统将自动从商家的余额里扣除费用支付给淘宝客
极速推	极速推是一种快速获得曝光的自动推广工具，在淘宝"猜你喜欢""购物车"等推荐场景中展示，商家只需要通过创建需要的曝光量即可自动开启推广展示	某商家是一家女鞋店铺，希望在冬季来临初期进行款式测试以选择主推款作为数据参考，商家在后台开启极速推让多款女鞋快速在消费者面前曝光，商家为此支付广告费，按曝光量计费

续表

工具名称	功能	实例
钻石展位	钻石展位是一款固定资源广告位竞价推广工具，是一款适合品牌商家突破圈层的广告工具。钻石展位的重点资源位为首页焦点图，商家通过资源位选择和人群圈定进行竞价获得曝光，按照点击计费	某商家近期希望快速提升品牌知名度和引入大量新客，故为店铺投放了钻石展位计划，该商家希望近期关注"水杯"相关的消费者在打开淘宝时就能看到自己的产品，通过人群选择和资源位选定进行计划投放，当消费者符合被圈定的条件，打开淘宝时就会看到该商家的店铺广告，当消费者点击广告后，商家需要支付一定的推广费用

电商平台的推广工具种类繁多，上面介绍的只是其中比较具有代表性的几类。商家可根据产品特点和推广需求，选择适合自己的推广工具，让推广工作能够更加顺利地展开，让更多消费者留意到自己的产品。

3. 数据分析工具

运营人员在进行数据运营时，势必需要借助数据分析工具。常见的数据分析工具包括生意参谋、Excel 表格等。

（1）生意参谋

生意参谋是淘宝天猫官方平台的数据中心，商家可使用此工具进行自身店铺数据和市场数据分析。运营人员可通过生意参谋提供的数据，掌握店铺运营最新状况，也可以通过生意参谋提供的竞争数据掌握同行的最新状况，还可以通过生意参谋提供的市场数据掌握市场大盘整体的历史与最新变化。如图 1-8 所示为某店铺生意参谋首页。

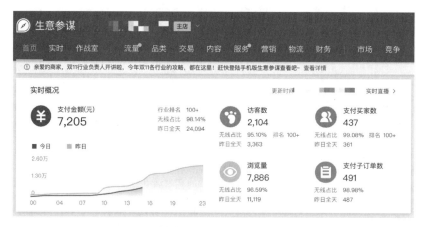

图 1-8 某店铺当天实时生意参谋首页

通过生意参谋可查看店铺每天的支付金额、访客数、支付买家数、浏览量、支付子订单数等与运营相关的重要数据，是运营人员必须熟练掌握的数据工具。运营人员可通过观测这些数据，为运营方向提供参考依据，帮助店铺提升盈利能力。

（2）Excel 表格

Excel 是微软公司开发的一款电子表格软件。在日常办公中，Excel 经常被用于初级的数据分析和处理，而要用到 Excel 中的专业数据分析工具，则需要用户自行添加。

Excel 是应用较广泛的分析工具,具有强大的数据分析、统计功能,直观的数据图表展示,良好的兼容性,因其使用门槛低、上手快、用户体验佳等特点成为大众首选的数据分析办公软件。

商家可将店铺数据下载下来并保存到 Excel 表格中,便于整合、处理数据,让数据以更清晰、更直观的形式进行展现,如柱状图、散点图等。Excel 常见的数据整理包括以下内容。

- 快速去重:在 Excel 表格中可以对原始数据进行快速去重处理,删除关键词重复的项目。
- 快速标注数据:对 Excel 表格中一些重点数据进行标注,使用户不易漏看。
- 数据分组处理:店铺数据的量通常比较大,可能包括多个月份的数据或多种流量渠道数据。商家可使用 Excel 将这些毫无规律的数据进行分组整理,使数据分析工作更轻松。

1.2.3　网店运营人员应具备的六大能力

网店运营工作的核心任务是销售出更多产品,获得更多利润。围绕这个核心任务,运营人员应具备以下六大能力。通过本书的学习,可帮助各位运营人员提升各项能力。

1. 策划能力

运营人员要参与店内大量的策划工作,如产品策划、卖点策划、营销活动策划等,这就要求运营人员具备一定的策划能力。以产品策划为例,所有的订单交易都围绕产品开展,运营人员须经过对比、分析,找到有潜力的产品,策划出引流产品、利润产品的布局。确定产品后还需根据产品自身特点与竞品对比找出差异,为产品卖点呈现做出策划方案等。

2. 执行能力

运营人员不仅需要具备策划能力,还需要具备执行能力将其策划的内容落到实处。例如,在策划一个产品活动后,需根据活动计划表将活动实施下去,包括活动前营销策划、活动中推广引流、活动后的售后与客户留存等工作,都要能安排得井井有条。

当需要查看近期店铺运营报告时,运营人员要进行访客量分析、产品销量分析、推广效果分析等工作,并将工作结果撰写为报告。这不仅需要运营人员具备数据分析能力,更要有明确的思路,能从一些关键数据中洞悉店铺问题。例如,当发现店铺动态评分降低时,需要综合客户最近对产品的评论、客服话术及物流信息等因素,分析是哪一方面出现了问题,并落实解决方案,提升评分。

3. 沟通能力

运营人员经常需要与同事和客户沟通,特别是在执行活动的过程中,需要与客服部门、美工部门、仓库部门等同事做好衔接工作,以确保活动的顺利进行。当进行产品调研时,运营人员可直接与用户进行沟通获得第一手资料,来改善店铺经营状况,为店铺带来更多收益。

例如,在启动某产品上新活动之前,运营人员要先联系美工部门的同事设计产品海报,为产品"穿"上亮丽的"衣服";再联系客服部门的同事,讨论产品的尺码、面料等细节信息及活动规则,让客服更熟悉产品信息;还需联系仓库部门同事划分新品的储存空间,以及协商一些发货注意事项等,让发货工作有序进行。因此可以说,运营工作是一个系统性的工作,离不

开运营人员的沟通能力,否则,各部门无法紧密配合,工作中必然徒增损耗。

4. 营销能力

营销能力,具体来说是指把客户吸引到店,以及打动客户购买的能力。运营人员要吸引客户到店,通常是通过各种引流工具和方法,让产品尽可能多地曝光在消费者面前,需要测试出投入产出比好的推广引流渠道,并持续投放相应的计划,提高产品曝光率,吸引精准的消费者进店才能提高转化率。因此,运营人员必须具备为店铺引流的能力。

当吸引访客进店查看产品后,还需要运营人员通过数据分析不断优化产品卖点、评价及策划活动等工作,促进这些访客成交,这种能力通常称为转化能力。转化能力强的运营人员,可通过各种手段,刺激更多访客下单,让更多的访客转化为客户,使流量价值最大化。

5. 分析能力

在运营过程中,会涉及多方面的问题。运营其实就是在不断解决问题,如果没有发现问题,那就是最大的问题。通过数据来发现问题是一种非常好的方式,数据在一定程度上反映了店铺的实际情况。

例如,近期某产品的转化率急剧下降,运营人员需要从产品详情页、产品推广计划、客服服务及客户评价等多个方面入手,寻找转化率低的原因,并给出解决方案。运营人员还需具备数据分析能力,能根据数据去发现店铺中存在的问题,并能着手进行解决,使店铺朝着健康、积极的方向发展。

6. 抗压能力

运营人员的工作在店铺经营中至关重要,直接关系到店铺的盈利,因此他们常常会受到来自同行和老板的压力,这就需要运营人员具备一定的抗压能力,能进行自我调节,更好地完成运营工作。

运营工作是一个系统化的流程,其中任何一项出了状况,都可能影响其他几项。所以,运营人员必须努力提升自己,尽量具备这六大能力,使之管理的店铺生意兴隆。

1.2.4 网店运营人员的日常工作内容

网店运营是一项涉及店铺产品、营销、推广、内容、活动等多方面因素的工作,而这些工作是由一些日常工作组成的。运营人员要每日完成这些工作,才能熟知网店的经营情况,策划起活动来也更加得心应手。淘宝某店铺运营人员的日常工作内容如表1-2所示。

表1-2 淘宝某店铺运营人员的日常工作内容

工作任务	具体工作内容
制订运营计划	店铺在开始运营之前,需要制定运营目标,并围绕运营目标制订运营工作计划。例如,某店铺运营目标为一个月后日销100单,则需要对这个目标进行任务拆解,了解100单需要多少访客量、多少转化率,并且需要计算预计投入成本,做出月、周计划表

续表

工作任务	具体工作内容
数据分析总结	根据数据工具进行数据收集、整理、分析得出结论,并以数据结论作为参考为下一步的运营操作做出具体方案
全面分析店铺数据	通过生意参谋分析店铺数据,精准到单品的核心数据,如流量、转化率、客单价等。计算利润率投入成本和销售额,如果亏损严重,需要反思具体哪个数据出现异常,应该如何优化
竞争对手分析	通过关注同行店铺的产品上新、详情页描述及消费者评价等内容,来调整自己店铺的产品、图片、评价等信息,并观察调整后的效果
付费推广分析	查看店内付费推广工具的投产比,分析是否需要优化计划,如查看直通车的点击率、平均点击花费、展现排名、转化率、成交额、投入产出比等数据。如果发现某关键词的质量分降低,导致平均点击成本增加,则要思考如何提升质量分,并降低点击单价,提高投入产出比
策划店铺活动	店铺活动是引流新访客的关键,因此需要尽可能多地策划店铺活动。主动查看报名活动的进展情况,或者策划店铺活动,再将活动信息通过多个渠道传播出去
检查细节工作	如果上午的工作基本完成,在午休前需要检查以上工作的落实情况及一些细节工作,如检查直通车花费情况、软件是否过期,以及是否有售后问题需要处理等
合理规划、分解工作	针对问题进行规划、分解。例如,售后出现质量问题,需主动联系厂家协商解决方法。再如,遇到某产品转化率忽然降低,需分解优化其转化率的工作和步骤
流量运营	所有的推广方法都要关注到流量,根据运营者自己的看法和思路,分析现行的推广方法是否有效。如果无效,在思考如何优化的同时还要思考能不能找到其他推广方法
转化运营	配合美工工作人员优化产品页面,提高产品转化率。如新品上架前,需规划完成页面描述的时间,包括图片、视频和文字,提升产品卖点表现力,提升访客转化率
客户运营	与客服部门做好衔接工作,提升询单转化率和复购率。通过查看客服的各项工作数据,对客服工作进行监管。如果出现客服询单转化率低的情况,应及时联系客服主管讨论解决方法
内容运营	收集适宜的内容,编辑成图文或视频,坚持每天在微淘、微信、微博、抖音等平台发布3条左右的信息,持续增强商家与消费者之间的黏性

通过表1-2可以大致了解运营人员的工作内容,这些工作有可能是由多个运营人员分工合作,如一些中大型电商团队会将内容运营交由专职人员负责,直通车投放安排专员负责等。总而言之,网店运营是个非常重要的岗位。当然,表1-2展示的工作并不是绝对一成不变的,运营人员可根据自己的实际情况进行调整和优化,让具体的工作方式与店铺更加匹配。

1.3 电商团队中的运营岗位建设

电商商家需要组建一支优秀的运营团队,提高综合竞争力,才能将整个店铺运营得更好。

在组建团队之前,需了解常见的电商团队组织架构,以及各部门的职责、工作内容。为了更好地管理各部门员工,还应制定相应的考核表进行考核和激励。

1.3.1 电商岗位配备及运营岗位职责

标准配置的电商团队一般有5个岗位,分别为美工岗位、运营岗位、客服岗位、仓库岗位和财务岗位。这5个岗位在电商团队中承担着各自的职责,又相互促进、相互依托。下面大致介绍各个岗位的工作职责。

- 美工岗位的工作职责:对已拍摄的产品照片进行排版设计,对店铺文案、页面进行美化。例如,对不同产品选择不同的布局、环境来进行实物图的拍摄;根据不同产品结合运营人员提出的产品卖点进行呈现,把产品实物图与针对性的文案结合,制作出具有较强竞争力的电商图片,如产品主图、详情页、直通车图等。
- 运营岗位的工作职责:完成店铺运营目标(一般为销售额或毛利润)。具体工作包含店铺定位、选品、卖点提炼与策划、店铺日常管理、店铺引流、营销转化优化、数据分析等。
- 客服岗位的工作职责:不断提高客户咨询转化率,为客户提供满意的售前售后服务。例如,售前客服引导消费者下单,售后客服处理好消费者购物的退换货等事宜。
- 仓库岗位的工作职责:完成商家下达的各项采购、发货等任务。例如,根据订单及仓库的状况及时进行当天商品采购;与不同的供应商联系,保持良好商务关系等。
- 财务岗位的工作职责:整理公司财务数据,对日常收入、支出等有关财务的资料进行记录。例如,记录收入与支出,整理出每天的财务报表,根据每天的财务报表整理出月报、季报、年报等。

其中,运营岗位的工作内容可以分为三大部分,具体内容如表1-3所示。

表1-3 运营岗位的职责内容

序号	内容名称	具体内容
1	网络交易平台SEO与优化整治	● 利用有关软件,对产品关键字进行SEO优化 ● 研究消费者的心理需求,优化对应产品文案 ● 分析竞争对手运营情况及市场最新动态,发掘新商机或产品 ● 研究平台类目及搜索引擎,提炼有用信息促进店铺经营 ● 利用平台自带软件,对店铺进行优化 ● 研究店铺统计数据,发掘隐含的内在问题并及时处理
2	网络交易平台内部营销	● 有价流量的获取(如淘宝天猫平台的直通车、超级推荐、钻石展位等)的效果优化 ● 平台日常活动与大促活动策划与报名实施 ● 店铺内部活动(增加成交转化率与客单价活动)的策划和实施 ● 交易平台促销活动(增加店铺信誉度及新顾客)的策划和实施
3	与其他岗位的交接管理	● 积极指导美工岗位的工作,对商品卖点文案、设计要求给出具体的改进建议和提升思路 ● 积极配合财务岗位的工作,在不影响自身职务的情况下优化处理财务岗位所需的资料(费用细则、活动预算等) ● 客服岗位是最直接面对终端的岗位,故要积极向客服岗位咨询及调查最新的用户需求及意见,了解市场最新情况

除以上职责和内容外,运营人员可根据店铺最新需要与发展,自发地做一些任务工作,如微博运营、抖音运营等。

1.3.2 运营人员的考核

考核是一种管理方式,核心目标是通过评估企业、部门、员工的绩效,来提升员工工作效率,同时也可提高企业水平和业绩。各个岗位的工作重心不同,考核内容也有所不同,由于本书主要讲解运营方面的工作,因此这里主要以运营岗位考核为例进行讲解。

运营岗位的主要考核内容分为两部分:KPI(Key Performance Indicator,关键绩效指标)和工作计划综合能力,具体内容如表1-4所示。其中,KPI占据总考核中的80%,重点考查运营人员的日常工作能力、产品描述页面通过率、活动报名能力和部分商品销售量等。

表1-4 运营岗位考核表

项目	具体指标	指标权重	指标定义/评分规则	备注
KPI	利润目标	80	● 完成利润目标70%以内扣50分 ● 完成利润目标80%以内扣40分 ● 完成利润目标90%以内扣30分 ● 完成利润目标95%以内扣15分 ● 完成利润目标99%以内扣10分 ● 完成利润目标100%或以上获得80分	
工作计划综合能力	部门协作	7	● 十分积极主动,参与部门内外配合协作,遇事主动参与付出不计较,7分 ● 能积极主动配合部门工作,并获得部门满意,5~6分 ● 团结协作性一般,但能配合部门间工作要求,3~4分 ● 不注重团结协作,部门工作勉强配合,0分	
	部门执行力	7	● 工作积极主动,能分清轻重缓急,遇到问题及时解决处理,6~7分 ● 工作上不能分清轻重缓急,按部就班,按自己的节奏工作,3~5分 ● 工作被动,交办的工作事项不闻不问,没有结果,0分	
	学习与分享	6	● 进步速度快,岗位相关专业水平不断提升,办事效率明显提高,经常积极主动帮助部门其他成员完成任务,6分 ● 进步明显,能随着公司的发展需要,逐步提升岗位能力,办事正确率提高,有时主动帮助部门其他成员完成任务,4~5分 ● 进步一般,在领导指导下,能胜任岗位要求,有时主动帮助部门其他成员完成任务,3分 ● 进步不明显,安于现状,不思进取,且从不主动帮助其他成员,0分	

以上计分有的可通过数据来决定分数,有的则由部门主管灵活计分。对考核表中未规定的却做出了成果可另行加分,如为公司做出重大贡献等;对考核中未规定的地方做出负面效果则另行减分,如因为重大失误造成公司损失等。

第2章

5步分析找到适合经营的产品

本章导读

在电商平台开店，能够经营的产品看似多不胜数，但要找到适合自己经营的产品类型，并以之盈利却并不容易。要解决这个问题，商家首先需要掌握一定的综合分析能力，在进行自我分析、市场分析、产品定位、价格定位及竞品分析之后，才能找到适合自己经营的产品。

2.1 自我分析：自己适合经营何种产品

商家或运营人员在运营产品时，应先从自身角度出发，思考自身熟悉什么产品，能整合哪些资源等，再综合自身优势选择产品，例如以下几种情况。

- 如果是实体店商家，自身已有产品渠道，可以经营天猫旗舰店或专营店，专卖特定品牌下的产品。
- 如果是在校大学生，业余时间多，资金少，可以以代销产品或虚拟产品为主。
- 如果是拥有某项技能的人，则可以以服务类产品为主。
- 如果是全职开店的自由职业者，则应综合自己的兴趣爱好、地理优势、产品发展的角度来选择实物产品。

下面主要介绍代销产品、虚拟产品、服务产品和实物产品。

1. 代销产品

代理销售产品属于低投资、零库存的销售方式，可以快速启动项目，较为适合在校大学生和一些有闲暇时间的职员。代销产品的优点是有专门的供应商为代销商家提供商品货源、商品发货及商品售后等服务。商家只需要在自己店铺中发布所代理的商品信息，负责店铺推广引流、接待买家、引导下单等工作。当有订单后，再去供应商的网店下单，填写买家地址。供应商会根据该地址将商品发给买家。在这个过程中产生的利润，就是代销卖家的收益。

代销产品的缺点是产品同质化较为严重且价格没有竞争力。代理产品通常会出现供应量和产品质量不稳定的情况，这让运营人员在经营店铺中的运营难度加大，选择此产品的商家需要重点关注产品的性价比和供应稳定性。

2. 虚拟产品

淘宝网对虚拟商品的定义为：无邮费，无实物性质，通过数字或字符发送的商品。简而言之，虚拟产品指没有实物的产品，如网络游戏点卡、网游装备、手机话费、计算机软件、设计素材等。

虚拟产品因为无实物性质，所以其交易以自动发货为主。例如，某客户在淘宝平台充值手机话费，直接按照产品详情页下单即可，系统收到客户支付的费用后自动为手机充值。所以，开设网店经营虚拟产品有易打理的优势，是很多在校大学生开网店的首选。其缺点是单笔盈利较少，交易量要做大才有较多利润。

3. 服务产品

服务产品，指生产者通过由人力、物力和环境所组成的结构系统，来销售、生产、交付能被消费者购买和接收的功能和作用。例如，同城跑腿、预约美甲、上门维修或代运营等服务。

在传统观念中，只有实物形态的产品才是产品，随着科学技术和社会经济的发展、变化，服务产品在总产品中的比重不断增大。如果自身拥有某项技能，则可以考虑开设网店经营服务类产品。

> **注意**
>
> 有的人自身没有技能，但能组织有技能的人为客户提供服务产品，也可以开网店经营服务类产品，如组织一些技术人员远程为用户维护计算机或手机等电子产品。

4. 实物产品

实物产品，指以物质实体的形式存在的产品。实物产品覆盖了客户对于衣食住行的需求。常见的实物产品的范围包括服饰、箱包、美妆、数码、食品等领域。

经营模式中，除了虚拟产品模式外，其余都属于实物产品。也正因如此，实物产品的市场需求最大，竞争也最激烈。

综上所述，商家可结合自身特点来选择经营的产品。产品和运营能力都非常重要，在产品优势不明显的情况下，要强化运营能力来提升整体竞争实力，如果产品实力很强，运营能力也很强，那运营效果会更好。

2.2 市场分析：了解产品所属市场特点

运营人员在进行店铺定位时，除了需要自我分析外，还需对市场进行分析。通过分析某个产品的市场需求、市场容量和竞争度等问题，从而找到消费者需求大，但竞争相对较小的产品。例如，某商家准备开设女装网店，在着手开店之前，他需要分析女装市场需求及女装竞争环境等，要对市场前景有一个大概的了解，便于后期制订相应的运营计划。

2.2.1 分析商品类目

类目指商品的类型和目录。"类"指的是产品所属的类别，是一个较大范围的内容；"目"就是指"类"下面的具体内容目录。在电商平台中有多不胜数的商品，为了方便平台管理品类繁多的商品，电商平台会将商品进行分类，如服装、食品、图书、配饰、电器等类别。例如，淘宝平台的产品类目，其左边区域为一级类目，右边区域为二级类目，如图2-1所示。

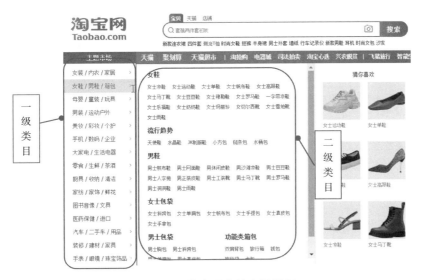

图 2-1 淘宝平台的产品类目

> **注意**
>
> 类目有一个重要作用，即便于商家查询一个商品在淘宝中属于哪个大类目或哪个细分类目，方便商家在发布商品时正确地将商品归类，平台也能更好地让商品匹配消费者需求。

电商产品的类目多而繁杂，商家在进行市场分析时，务必要对类目市场的数据进行分析，从而找准市场切入点。那么，新手商家如何选择类目呢？淘宝天猫商家可以通过官方提供的生意参谋工具查看某个市场的市场行情数据（需要付费订购）。

商家可以从生意参谋的市场模块中，通过类目之间（如牛仔衣和皮衣）的市场大盘数据来分析对比各个类目（包括其子类目）的市场容量、需求规模及竞争情况等，如图2-2所示，以帮助商家判断市场的趋势和竞争情况，辅助商家决策是否进入该市场。

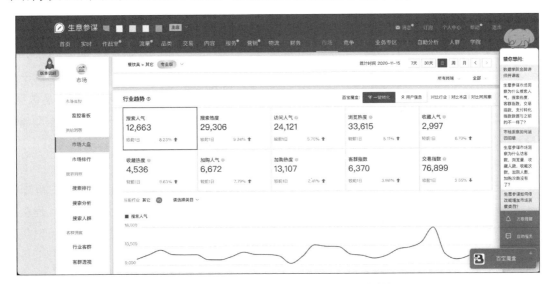

图 2-2 生意参谋 - 市场行情 - 市场大盘数据

> **注意**
>
> 生意参谋,是淘宝天猫商家的一个数据分析工具。商家通过生意参谋,可获取行业大盘、属性分析、竞争分析、商品排行等数据。

通过对比不同类目的搜索人气(搜索人数的指数)、交易指数(交易金额的指数)、收藏人数、加购人数、客群指数等信息[官方将具体人数、金额等关键数据进行指数化,商家如果需要将指数转换成实际数据需要借助第三方工具进行转换,如百宝魔盒(指数还原功能),如图2-3所示],得出需求量大的商品类目。

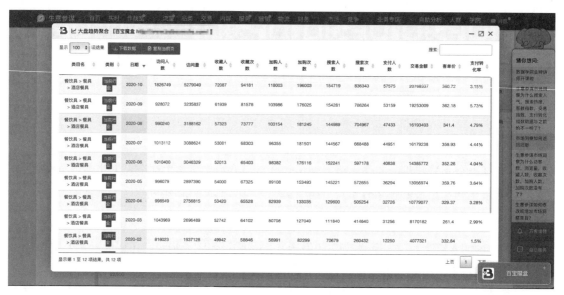

图2-3 百宝魔盒一键转换后的数据

> **注意**
>
> 百宝魔盒,是第三方的一个数据分析辅助工具。商家通过百宝魔盒可方便快捷地获取原始数据,并经过软件计算得出商家更为直观的数据。

商家还可以在大盘页面查看该类目的"行业构成"和"卖家概况",了解该类目下的子行业,以及这些子行业的交易指数(交易金额)、交易增长速度、各子行业的交易占比等交易数据。通过卖家概况可以得到子行业下的卖家总数和有交易卖家数等商家数量,通过交易数据和商家数量两个核心数据可分析出子行业的市场供求分析,帮助商家更准确地选择子行业。

商家在进行类目分析时,需注意以下几个重要事项。

- 无论是大类目还是小类目,都应该做好充分的市场分析。比如,分析类目的市场容量、类目的发展趋势、类目的季节性。市场容量大小决定市场规模大小,也就是决定市场最大可以做到多大的市场规模;类目发展趋势可以帮助商家掌握行业的历史趋势及未来的发展态势,辅助商家掌握行业动态;具有季节性的行业还需要通过每个月的交易数据来判断淡季和旺季,找准合适的入市时机。所以,选择一个类目时,不能只看一个方面，要全面考虑，方可做出更好的选择。如果没有资源优势、充足的资金实力、专业运营团队，不要选择以品牌为王、垄断性的类目，也不要轻易挑战竞争激烈的类目。

- 不要选择同质化严重的类目，要善于挖掘淘宝天猫的蓝海小类目。由于热门类目需求量大，竞争也相对较为激烈，对于新手来说操作难度大，贸然进入很容易亏本。因此，商家可以考虑挖掘蓝海小类目，打造属于自己小而美的店铺。
- 都说"知己知彼，百战不殆"，在选择类目时，最好选择自己最熟悉、最感兴趣的类目。因为只有熟悉行业和竞争对手的类目，成功的概率才大。此外，因为感兴趣，也才会去努力钻研，才会有做好的激情和动力。另外，由于类目的专业性较强，如果对产品的特性不熟悉，无法专业地回答客户的问题，也无法专业地提供售后服务，就会造成店铺的评分降低，导致店铺订单流失。

分析类目能帮助商家选择一个更好的类目切入电商市场。例如，某商家是一家生产工作服的厂家，如果现在想要进入电商市场，应该如何开始呢？首先需要通过数据分析，得到有数据支撑的分析结果，这样才能判断出自己要从事的工作服类目在电商市场上的具体市场规模、竞争激烈程度等。商家在分析类目时，应从以下4个方面入手。

1. 判断类目需求趋势

市场需求，指消费者对某个产品购买的数量，购买数量越大代表需求越大，购买数量越小代表需求越小。很多人都说"有需求才有市场"，这样说并不是没有道理，在选择类目前首先要判断的就是该类目的需求情况。如果市场中对该类目产品的需求量很小，那么该产品营销起来势必会比较困难。

商家可以通过分析该类目的交易金额趋势，来分析该类目的需求趋势。例如，商家可以对比2017—2020年羽绒服类目的交易数据，判断该类目近四年的交易趋势。如果该类目每年的交易趋势都在下降，那说明该类目可能在走下坡路，这时选择进入这样的类目，商家则需要慎重考虑。

2. 判断类目供应趋势

单纯判断类目的需求趋势还不足以说明问题，因为存在这样的情况：某类目需求增长很快，但是它的供应商数量趋势也增长很快。这就意味着该类目竞争可能十分激烈，这样的类目对商家的运营能力和产品竞争力都有非常高的要求，商家需要谨慎选择进入这样的类目。

所以，商家还需要通过查看该类目的卖家数来了解该类目的供应趋势。类目的需求趋势和供应趋势则是供求关系的分析，需要将两个数据指标同时分析对比，二者缺一不可。

3. 判断类目淡旺季节点

商家除了判断类目需求趋势和供应趋势以外，还要判断类目的淡旺季节点，特别是服饰鞋包、水果生鲜等类目产品，淡旺季尤为明显。如果在淡季进入市场，势必得不到想要的效果，浪费推广费用和精力。故商家应分析类目的热卖时间和退市时间，提前做好准备，以确保在旺季来临前进入市场。

4. 判断类目竞争环境

商家除了分析以上信息外，还要通过类目的交易情况来判断该类目的竞争环境。例如，有的类目，部分商家已经占据了该市场80%的销售量，有垄断趋势，若进入这样的市场，经营起来也会很困难。

例如，在可乐市场中已经有百事可乐和可口可乐两大品牌占据了较大的市场份额，如果再有其他品牌想进入该市场，不仅需要花费高额资金，还要承受较大的失败风险。所以，商家在选择类目时，还要分析该类目是否处于垄断市场。

商家通过分析一个类目的需求趋势、供应趋势、淡旺季节点及竞争环境后，就能大致判断该类目是否能做，是否好做。很多商家在选择类目前没有进行市场数据分析，根据个人经验选择类目，最后发现这个类目不仅需求不大，竞争还很激烈，白白损失了一大笔推广费用，也没有取得好的销售效果。因此，商家在选择经营类目之前，一定要先对类目进行分析，前景不好的类目应该直接放弃，节省自己的试错成本。

2.2.2 分析市场属性

商品属性是指商品本身所固有的性质，是商品在不同领域差异性的集合。例如，某筷子的商品详情页展示的产品参数就是该商品的属性信息，如图2-4所示。

图2-4 某筷子的属性信息

同为一个市场的商品，因为属性不同，在受欢迎的表现方面也有所差距。因此，商家需要了解市场中热门属性的商品。商家可以在淘宝天猫官方提供的生意参谋工具的属性洞察中，查看商品的热门基础属性。例如，"筷子"类目的近期热门材质属性为木、金属、竹、密胺、塑料，如图2-5所示。

那么，商家在选择筷子类目时，就应考虑自己能找到的货源是否具有这些热门属性。当然，不同商品的属性关键词也有所不同。例如，草莓、西瓜、苹果等水果，属性词主要包括发货地、原产地、品种、净含量等；裙子、外套等服饰，属性词则主要包括款式、面料、花色等，通过属性分析可以更快地确定该类目热卖的产品特点，辅助商家选择主推产品。

图 2-5　近期筷子的热门属性信息

2.2.3　分析市场容量

分析市场容量，指对某个产品在市场中的成交规模进行评估。只有全面地掌握市场容量，才能够明确在该市场能做到多大的交易规模，了解市场的天花板。这里以淘宝天猫平台为例，使用淘宝天猫平台提供的生意参谋工具中的市场洞察功能，通过市场大盘可以查看类目的交易金额数据，该数据代表所选类目的市场容量，如图 2-6 所示。

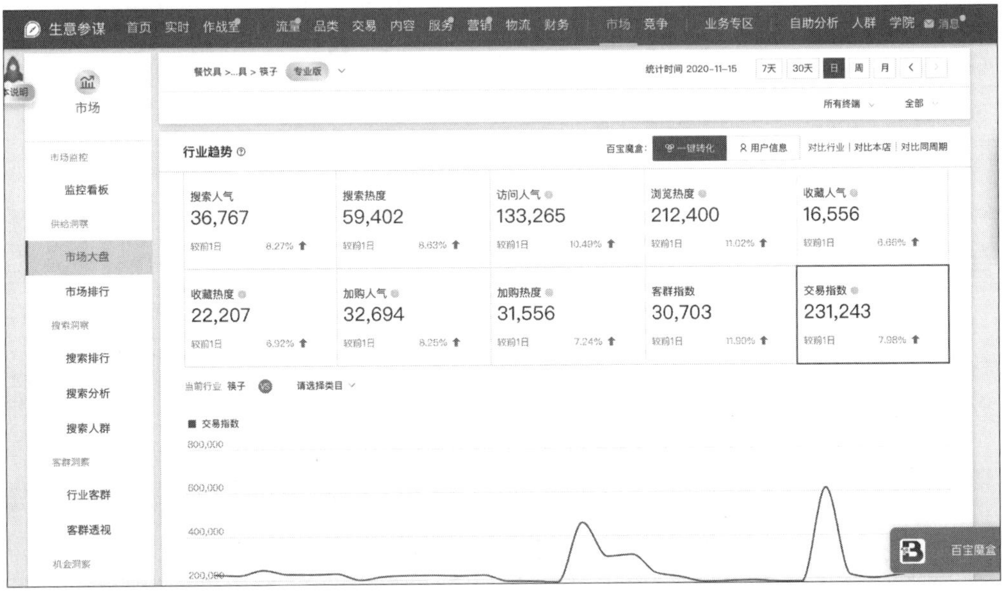

图 2-6　生意参谋中"筷子"类目大盘数据

由图 2-6 可见在生意参谋中"筷子"类目的交易指数，该数据可通过插件导出后结合 Excel 软件进行详细的分析，后面实战中将通过实际操作步骤演示具体分析方法。

2.2.4 实战：分析白酒和葡萄酒的市场

某商家熟悉白酒和葡萄酒的销售、包装等工作，也接洽到了这两种酒的供应链，准备在淘宝进行销售。销售前，该商家想在白酒和葡萄酒之间进行对比以确定哪个品类更适合主推，并想对这两个品类进行详细的市场分析。分析流程主要包括获取数据、整理数据、数据分析3个步骤。

1. 获取数据

商家分析产品的需求趋势、供应趋势、淡旺季节点时，需要数据作支撑，所涉及的重点数据包括类目交易金额、类目搜索人数、类目总卖家数和类目有交易卖家数，如图2-7所示。类目交易金额和搜索人数代表整个行业的需求规模，交易金额（或搜索人数）越高说明需求量越大；类目总卖家数和类目有交易卖家数代表整个市场的供应情况，有交易的卖家数越多，则说明该类目市场竞争越激烈。

图 2-7　分析类目所需的重点数据

以上数据可通过淘宝天猫官方数据工具——"生意参谋"来获取。商家可通过以下操作步骤在生意参谋中获取数据。

第1步：选择"卖家中心"→"数据中心"→"生意参谋"，如图2-8所示。

第2步：进入生意参谋页面，选择"市场"选项卡，跳转至市场洞察页面（需商家自行订购），如图2-9所示。

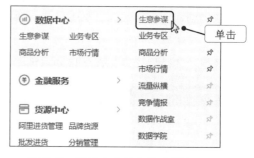

图 2-8　数据中心的生意参谋入口

图 2-9　市场洞察页面

值得注意的是，市场洞察工具分为标准版和专业版，二者在功能和价格方面存在明显差异，商家可根据自己的实际情况进行购买，如需要分析市场大盘多年数据则需要选择专业版。

注意

部分新手商家创业初期资金不足，在无力支付市场洞察费用的情况下，可选择租借同类目商家已购买的市场洞察功能。

第3步：商家在购买或租借市场洞察功能后，再次进入生意参谋页面，选择"市场"选项卡中的"市场大盘"选项，即可看到行业趋势，如图2-10所示。

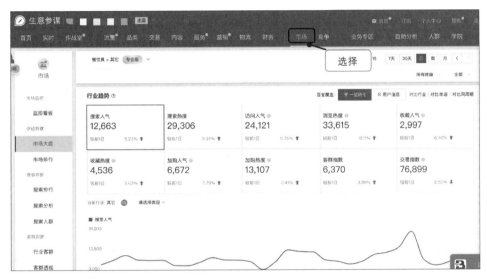

图 2-10　行业趋势

第4步：下拉页面，可看到行业构成、卖家概况等数据。这里先查看行业构成，可看到各个子类目相关的交易数据，如图2-11所示。

图 2-11　行业构成

第5步：继续下拉页面，可看到子行业分布中显示有各个子行业的卖家数，如图2-12所示。

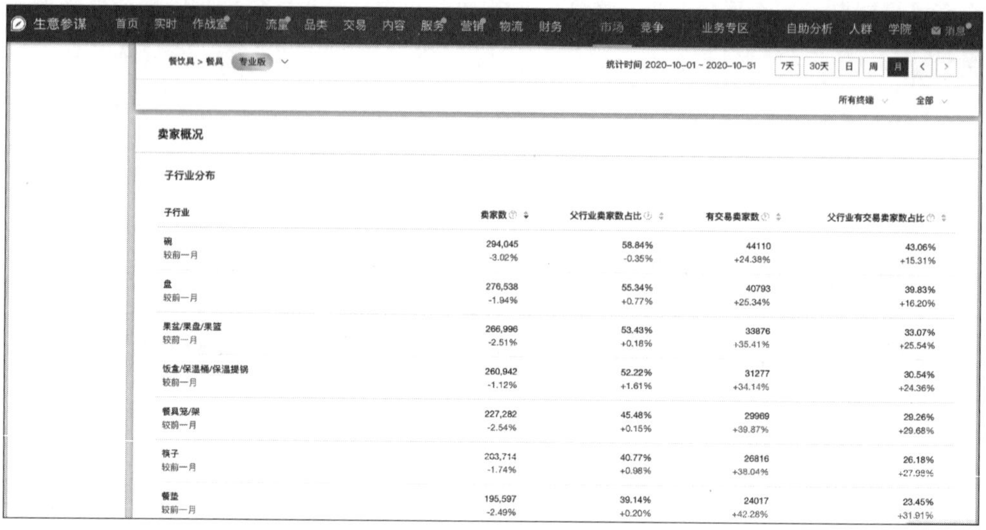

图 2-12　卖家概况

在行业构成和子行业分布两个页面中，基本包含了商家所需的类目交易金额、搜索人数、总卖家数等数据，故商家可以将以上数据下载整理到Excel表格中，便于后期整理分析。

> **注意**
> 生意参谋的市场洞察页面暂不支持一键下载数据，且数据被指数化，无法查看实际人数和金额。需要手动复制需要的数据，然后将其粘贴到Excel表中，过程繁杂，这里不做步骤讲解。如果商家认为一个个复制粘贴过于烦琐，可下载"小旺神"插件，该插件能够一键转化并下载数据。

2. 整理数据

商家将类目数据下载到Excel表格后，需要对数据进行进一步整理。这里以"2016—2019年白酒和葡萄酒"类目为例，将下载后的类目数据进行整理，其操作步骤如下。

第1步：双击下载后数据压缩包中名称为"卖家数"的文档，如图2-13所示。

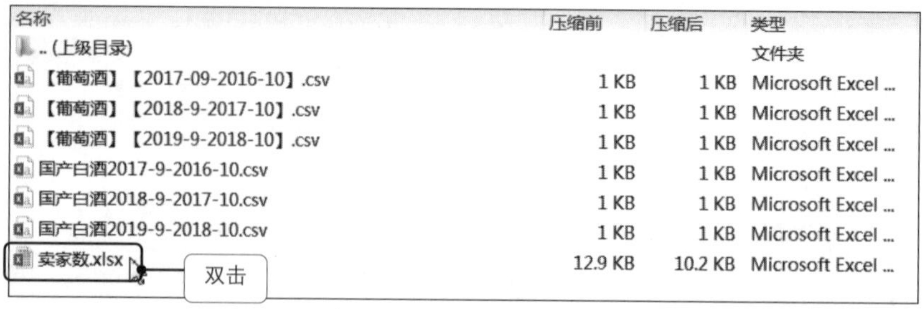

图 2-13　双击"卖家数"文档

第2步：在打开的Excel表中选中"卖家数"这一列的数据并右击，在弹出的快捷菜单中选择"插入"命令，如图2-14所示，然后插入两个空白列。

第3步：在两个空白列的首行中分别输入标题"搜索人数"和"交易金额"，如图2-15所示。

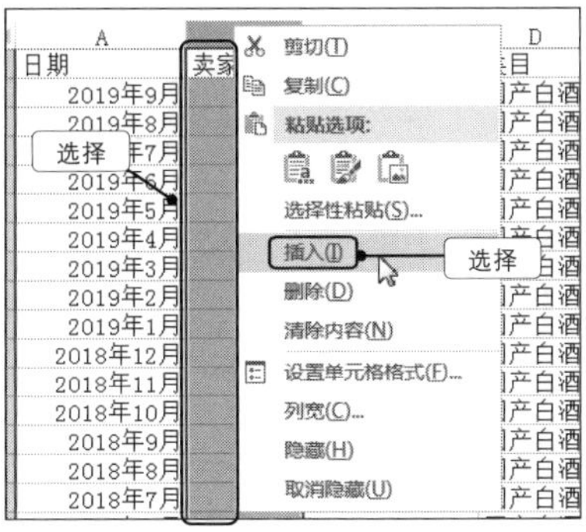

图 2-14　插入两个空白列 　　　　　　　　图 2-15　分别输入标题

第 4 步：打开 2019 年国产白酒的数据包，选中 2019 年 1—9 月的搜索人数数据并右击，在弹出的快捷菜单中选择"复制"命令，如图 2-16 所示。

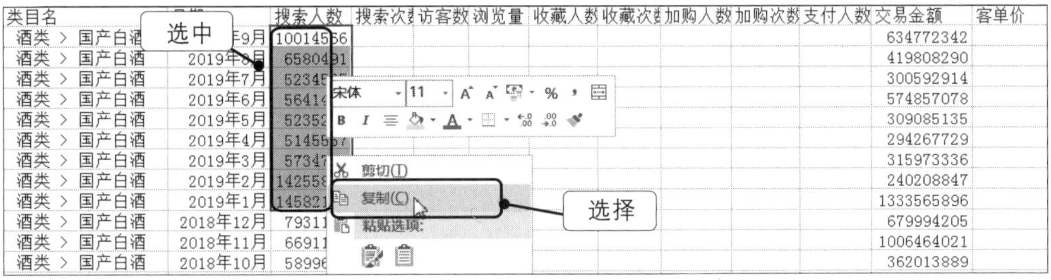

图 2-16　复制 2019 年 1—9 月的搜索人数数据

> **注意**
> 如果商家初次打开类目数据包，发现日期是英文状态，可选中"日期"栏，将格式调整为时间，即可展现正常的年份和月份。

第 5 步：返回"卖家数"文档，将数据粘贴到对应日期后面的"搜索人数"列中，如图 2-17 所示。

图 2-17　将国产白酒的搜索人数数据粘贴到"卖家数"文档中

第 6 步：重复上述方法，将 2019 年 1—9 月的交易金额数据粘贴到对应日期后面的"交易金额"列中，如图 2-18 所示。

第 7 步：重复上述操作，直至将收集到的两种类目的所有搜索人数和交易金额数据都填充到"卖家数"文档中，如图 2-19 所示。

日期	搜索人数	交易金额	卖家数	有交易卖家数
2019年9月	10014566	634772342	4,953	3426
2019年8月	6580491	419808290	4,918	3374
2019年7月	5234595	300592914	4,801	3300
2019年6月	5641491	574857078	4,697	3206
2019年5月	5235277	309085135	4,762	3112
2019年4月	5145557	294267729	4,582	3006
2019年3月	5734706	315973336	4,508	2922
2019年2月	14255824	240208847	4,375	2766
2019年1月	14582107	1333565896	4,446	2950
2018年12月	7931134	679994205	4,395	2931

图 2-18 将国产白酒的交易金额数据粘贴到"卖家数"文档中

日期	搜索人数	交易金额	卖家数	有交易卖家数	类目
2019年9月	10014566	634772342	4,953	3426	国产白酒
2019年8月	6580491	419808290	4,918	3374	国产白酒
2019年7月	5234595	300592914	4,801	3300	国产白酒
2019年6月	5641491	574857078	4,697	3206	国产白酒
2019年5月	5235277	309085135	4,762	3112	国产白酒
2019年4月	5145557	294267729	4,582	3006	国产白酒
2019年3月	5734706	315973336	4,508	2922	国产白酒
2019年2月	14255824	240208847	4,375	2766	国产白酒
2019年1月	14582107	1333565896	4,446	2950	国产白酒
2018年12月	7931134	679994205	4,395	2931	国产白酒
2018年11月	6691147	1006464021	4,283	2866	国产白酒
2018年10月	5899660	362013889	4,063	2742	国产白酒
2018年9月	6910838	622547982	3,903	2693	国产白酒
2018年8月	4302856	295887191	3,756	2550	国产白酒
2018年7月	3507713	193880146	3,693	2496	国产白酒
2018年6月	3814007	375691459	4,733	2445	国产白酒
2018年5月	3832816	224193432	4,707	2399	国产白酒
2018年4月	3990270	297676830	4,699	2301	国产白酒
2018年3月	5181549	317195374	5,351	2185	国产白酒
2018年2月	14379367	462008840	5,469	2057	国产白酒
2018年1月	9351238	1040670080	5,926	2127	国产白酒
2017年12月	5956735	643909435	5,986	2014	国产白酒
2017年11月	5422167	795669203	7,408	1920	国产白酒
2017年10月	7726464	230387475	7,704	1741	国产白酒

图 2-19 将两个类目的数据分别粘贴到"卖家数"文档中

第8步：为了更清晰地查看数据，商家可选中表格中所有有用的数据，在菜单栏中选择"插入"→"表格"命令，在弹出的对话框中单击"确定"按钮，如图 2-20 所示。

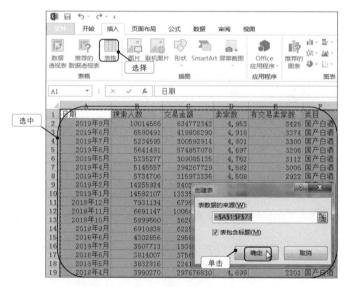

图 2-20 单击"确定"按钮生成表格

根据上述操作，商家可得到如图 2-21 所示的数据表格，为了便于与其他数据区分，可将此表格另存为"白酒葡萄酒类目整理后数据"表。

日期	交易指数	搜索人气	卖家数	有交易卖家数	类目
2019年9月	10014566	634772342	4,953	3426	国产白酒
2019年8月	6580491	419808290	4,918	3374	国产白酒
2019年7月	5234595	300592914	4,801	3300	国产白酒
2019年6月	5641491	574857078	4,697	3206	国产白酒
2019年5月	5235277	309085135	4,762	3112	国产白酒
2019年4月	5145557	294267729	4,582	3006	国产白酒
2019年3月	5734706	315973336	4,508	2922	国产白酒
2019年2月	14255824	240208847	4,375	2766	国产白酒
2019年1月	14582107	1333565896	4,446	2950	国产白酒
2018年12月	7931134	679994205	4,395	2931	国产白酒
2018年11月	6691147	1006464021	4,283	2866	国产白酒
2018年10月	5899660	362013889	4,063	2742	国产白酒

图 2-21　生成"白酒葡萄酒类目整理后数据"表

3. 数据分析

在整理好数据以后，还需要进一步做好销售趋势分析、竞争情况分析及市场淡旺季分析等工作，有助于商家找到销售趋势高且竞争小的产品。为了进一步进行数据分析，需要用到 Excel 表中的"数据透视表"工具，将整理好的数据以更直观的形式表现出来，其具体操作步骤如下。

第 1 步：打开整理好的数据表格，把鼠标光标放在表格任意地方，在菜单栏中选择"插入"→"数据透视表"命令，如图 2-22 所示。

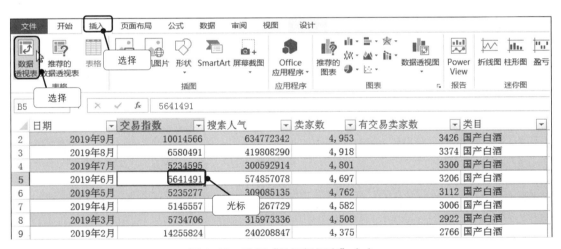

图 2-22　选择"数据透视表"命令

第 2 步：在弹出的对话框中查看选择区域和放置数据透视表的位置，单击"确定"按钮，如图 2-23 所示。

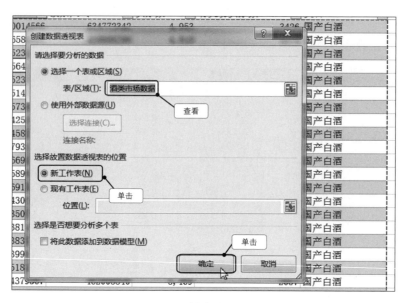

图 2-23 创建数据透视表

> **注意**
>
> 选择表区域后,表格四周都有虚线。商家在进行这一步操作时,如果表格四周没有虚线,则说明操作有误,需返回上一步,重新操作。

第 3 步:生成一个新的 Excel 工作表,如图 2-24 所示。

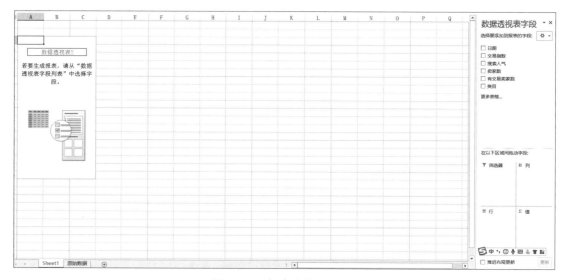

图 2-24 新生成的数据表

第 4 步:在"数据透视表字段"窗格中选中"日期"复选框,日期数据自动出现在"行"组中,可单击表格中"行标签"下方的"+"号来拓展更多数据,如图 2-25 所示。数据透视表功能会将日期自动调整为以季度、年度为单位的数据。

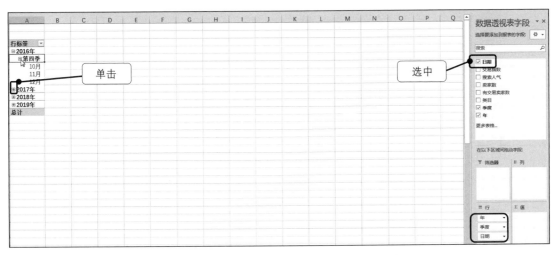

图 2-25　在"数据透视表字段"窗格中选中"日期"复选框

第 5 步：在"数据透视表字段"窗格中选中"交易指数"复选框，交易指数的数据将自动出现在"列"组中，可单击表格中"行标签"下方的"＋"号拓展更多季度的数据，如图 2-26 所示。

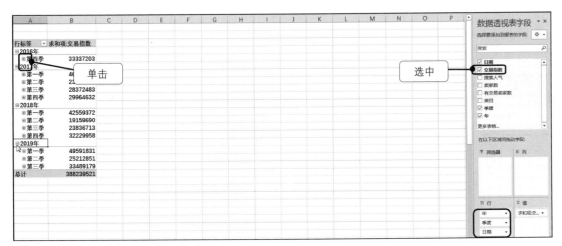

图 2-26　在"数据透视表字段"窗格中选中"交易指数"复选框

注意

由于第 4 步操作将日期从月份组合成季度、年度，所以这里的交易指数也自动求和成为季度、年度数据。例如，某类目 1 月交易指数为 100，2 月交易指数为 100，3 月也是 100，通过数据透视表整理后展现的数据就是：第 1 季度（1 月、2 月、3 月）的交易指数为 300（100+100+100）。

第 6 步：将鼠标光标放在表格中任意处，在菜单栏中选择"插入"→"二维折线图"命令，即可在该数据表中插入一个折线图，如图 2-27 所示。

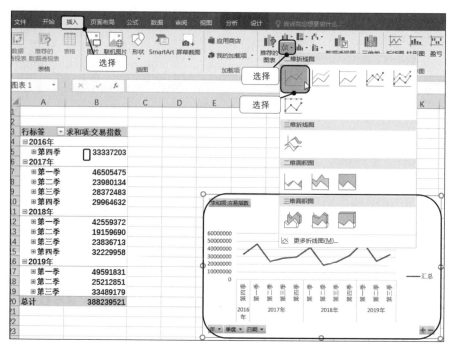

图 2-27　插入折线图

第 7 步：由于收集到的数据不是完整年份和完整季度的数据，如 2016 年的数据只有第四季度，所以不能以年度或季度数据来查看该类目的交易指数。可单击折线图右下方的"＋"按钮展开整个字段，即可生成两个类目在 2016 年 10 月至 2019 年 9 月的总交易指数折线图，如图 2-28 所示。

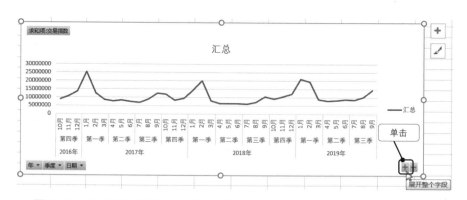

图 2-28　生成两个类目在 2016 年 10 月至 2019 年 9 月的总交易指数折线图

> **注意**
>
> 　　系统自动生成的交易指数折线图可能较小，无法完整查看各个月份的数据，可手动拉动折线图的边框，放大折线图。

第 8 步：由于第 7 步操作所得的是两个类目的交易指数折线图，故这里需要将"数据透视图字段"窗格中的"类目"拖动到"图例"中，折线图会自动发生变化，出现两条分别代表国产白酒交易指数和葡萄酒交易指数的折线，如图 2-29 所示。

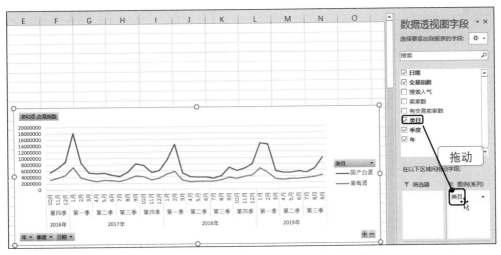

图 2-29 国产白酒和葡萄酒的交易指数折线图

以上是国产白酒和葡萄酒的交易指数分析，可以看到国产白酒的交易指数高于葡萄酒的交易指数，但两个类目的增长趋势都比较平稳，没有特别大的起伏。

> **注意**
>
> 正常情况下，类目交易指数已经代表了消费者的需求。商家如果想更加详细分析消费者的需求，可重复上述操作，得出国产白酒和葡萄酒的搜索人数折线图。

商家重复以上操作（"行"组仍然选择日期，"值"组选择卖家数），还可以得出国产白酒和葡萄酒的卖家数折线图，如图 2-30 所示。由折线图可知国产白酒的卖家数呈下降趋势，而葡萄酒的卖家数发展趋势较为平稳。

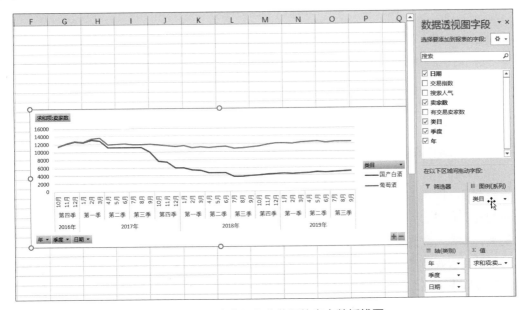

图 2-30 国产白酒和葡萄酒的卖家数折线图

> **注意**
>
> 从图 2-30 中看出，2017 年国产白酒卖家数呈现明显的下降趋势，其原因在于 2017 年淘宝推出《淘宝网食品行业标准》，规定产品发布在"酒类国产白酒"二级类目的商家须缴纳 5 万元的店铺保证金，很多不是专营酒类的商家不愿意缴纳保证金，纷纷退出白酒市场。

为了进一步分析两个类目的卖家数情况，商家可重复以上操作（"行"组仍然选择日期，"值"组选择有交易的卖家数），再得出国产白酒和葡萄酒的有交易卖家数折线图，如图 2-31 所示。

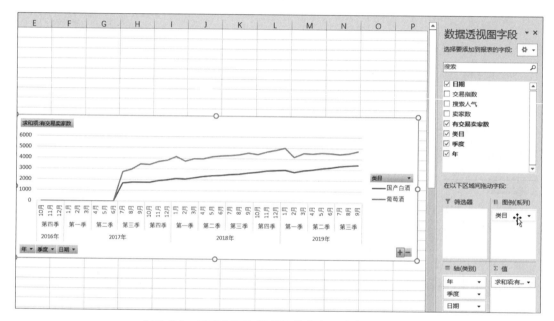

图 2-31　国产白酒和葡萄酒的有交易卖家数折线图

通过以上分析，可大致得出以下结论。

- 国产白酒和葡萄酒购买需求整体增长缓慢，并且国产白酒的购买需求明显高于葡萄酒的购买需求。
- 国产白酒总卖家数从 2017 年开始不断下降，出现大量退店情况，初步推算是平台政策原因导致。
- 国产白酒和葡萄酒的有交易卖家数趋势都在不断增长，且国产白酒的有交易卖家数增长较快。

由此可见，国产白酒和葡萄酒类目的整体竞争比较激烈，因为整个购买趋势增长不明显，但商家却在不断增加，未来这个市场必定出现严格的价格战或品牌战。相较而言，国产白酒的需求更大，卖家人数更少，比葡萄酒类目更具优势。

为帮助商家找到产品切入时间，商家还需要根据交易指数折线图来分析该类目的淡旺季，尽量选择在旺季来临之前进入市场。分析国产白酒和葡萄酒的交易指数，可知每年、每季度、每月的国产白酒和葡萄酒交易指数趋势，如图 2-32 所示。

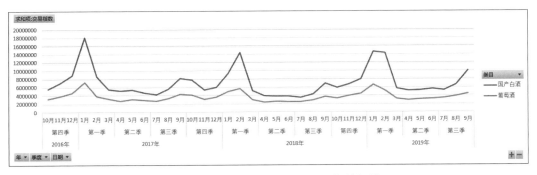

图 2-32　国产白酒和葡萄酒的交易指数折线图

以国产白酒类目为例，其在淡旺季的特征大致如下。
- 每年春节期间（1月、2月）是白酒需求量最高的时间段。
- 春节一结束，白酒的交易指数呈直线下降趋势。
- 每年的中秋节期间（8月、9月）交易指数才开始逐渐增长，持续增长到12月左右，开始进入热卖期。

商家如果想进入国产白酒这个类目，应该选择什么时间进入最合适呢？考虑到提前布局的问题，商家不能选择在需求最大的时间点进入市场，比如春节期间或中秋节期间；考虑到下半年电商节庆活动较多，如"双十一""双十二"、年货节等，竞争激烈，也不适合新商家入驻。因此，最好的入市期应该是在淡季面临结束，需求刚开始的这个时间点，如中秋节之前。综上所述，可将国产白酒类目根据淡旺季分为入市期、热卖期和退市期，如图2-33所示。

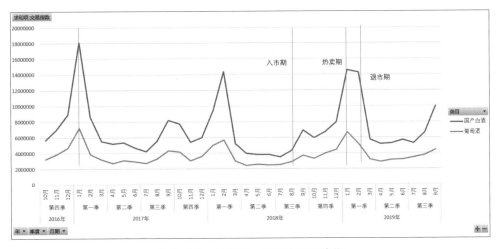

图 2-33　入市期、热卖期和退市期

商家应该在入市期进入市场，提前布局产品的销量和评论，推广产品，这样有利于产品在热卖期获得更多销量；在热卖期，商家可以多策划几场活动来推广产品；在退市期，交易数开始直线下滑，商家需考虑处理库存产品。

商家在进行类目分析时，一定要分析出产品的入市期、热卖期、退市期，并在相应的期间做好对应工作。例如，服装类目的季节性特别明显，如果在退市期不处理库存产品，就会导致库存积压，资金流转出现问题。

2.3 产品定位：研究目标消费者的购买需求

产品定位，指商家选择什么样的产品来满足目标消费者的需求。一个店铺的发展，离不开产品和服务，只有消费者认可商家提供的产品和服务，店铺才能呈现良好的发展趋势，因此产品定位对于店铺的发展来说至关重要。

2.3.1 标品与非标品

标品，指具有统一市场标准的产品，这类产品一般有明确的规格、型号，如手机、计算机、家电产品等；非标品，指没有统一的市场标准和明确的规格、型号的产品，如服装、鞋、食品等。商家进行产品定位的第一步，就是要明确自己应该选择标品或者非标品。

1. 标品

因为标品的款式少，且功能和卖点的相似度都很高，所以标品的同质化现象严重，其标题、主图、价格、详情页等信息也相差不大。影响标品转化率的重要因素主要是价格，经营标品类产品，如果商家的产品定价略低于其他商家，其竞争优势就比较明显，转化率也可能更高，而且排名靠前的产品，更容易保持好销量，后续商家往往难以超越。

标品类产品一般都有统一的规格、型号。例如，在天猫平台搜索"手机"，默认排序下前4名产品同为"华为"品牌下的某款手机，如图2-34所示。从图2-34中可见，4个手机主图类似，价格差异不大，且来自不同商家。

图2-34 天猫平台"手机"搜索结果

新手商家如果想选择某个标品类商品，首先应分析自己是否具有竞争力很强的供应商，否则很难支撑自己打价格战；另外，还应分析该标品的市场情况，如果市场内已经有特别强的产品或店铺在运营，那么应该慎重考虑自己是否能超越对方。

> **注意**
> 如果商家已经决定经营标品类产品,除了与竞争对手打价格战外,还可以从赠品及服务等方面入手,突出自己的优势,超越竞争对手。例如,某型号手机如果全网价格相差不大,但商家可以在官方标配的基础上赠送手机配件与碎屏险等产品,来提升自身的竞争力。

2. 非标品

非标品类产品的特点在于款式多、卖点多、风格差异化大。例如,在淘宝平台中搜索"连衣裙"关键词,其默认排序结果下展示的产品价格为 19.9～299 元不等,且各个产品的卖点和款式也有明显差异,如图 2-35 所示。

图 2-35　淘宝平台"连衣裙"搜索结果

非标品类产品的特点决定了其可用关键词的数量更多,而且关键词越精准越有利于打造个性化标签。例如,一个女性消费者搜索"连衣裙"时,可能会考虑产品的品牌、价格等因素,但更多的是考虑产品的款式,以及是否适合自己。当消费者一旦选购某个标签的服装,今后在浏览同类产品时,可能收到更多此标签的产品推荐。

决定商家能否经营好非标品的关键在于商家的选品能力。因为,对于非标品而言,产品卖得好不好主要是看产品的风格、款式是否能被更多消费者喜欢。经营非标品的商家,一般有以下两种选择。

- 选择大众产品:大众产品指消费者众多的产品,如洗护用品、牛奶、均码服饰等。大众产品里的很多热卖产品,因为款式、功能受欢迎,常常被打造成爆款。如果商家在开店之前能及时发现大众都喜欢的爆款产品,并且能联系到产品渠道,则可以选择大众产品进行销售。
- 专做小众产品:小众产品是相对大众产品而言受众消费者较少的产品,如大码女装、西装私人订制等。虽然小众产品的市场远不如大众产品,但因为竞争力小、消费者黏性高等特点,利润空间非常可观。所以,商家如果能发现有潜力的小众产品,或者具有设计小众产品的能力,则可以专做小众产品。

以上是选择标品或非标品的要点,商家可综合自身实际情况,选择适合自己的产品。标品一般追求销量,只要销量上升,排名就比较稳定;而非标品,与标品相比起步更容易,如果定位明确，产品后期溢价空间将很大，利润也较为可观。无论选择标品还是非标品，都应以消费者需求为导向，才能获得长期发展。

> **注意**
> 一般建议新手商家选择非标品，因为标品对价格更为敏感，差异化也较小；而非标品可以在功能、款式等方面打造更多差异化，拉开价格差距。

2.3.2 产品方向定位

通过产品方向定位，确定一个适合自己、适合市场的产品。具体的产品定位方向有以下3个方面。

1. 与同类产品竞争的产品定位

与现有竞争者的产品相比，确定本店铺产品的市场位置，并争取占领市场与增加销售额，力图在市场营销竞争中获胜。商家需要根据自己的生产技术、质量水平、市场潜力、市场容量及自己的经营实力、调价的可能性等因素去与同类产品竞争。

例如，某商家以售卖日用品中的纸质用品为主，但在纸质用品这个市场中已经有诸如维达、洁柔、心相印等品牌产品占据了大部分市场份额，而且自己的生产技术也不如品牌商家。那么，针对这种情况，该商家可以考虑生产出质量次于品牌商家的产品，在价格方面做出让步，让自己的纸质用品得到更多低端消费人群的认可，占据纸质用品的低价市场。

2. 拾遗补缺的产品定位

商家可以对市场现有的产品进行分析，去发现其中的空档，并采取拾遗补缺的方式为自己的产品进行定位，让产品具有优势，减少同行的竞争威胁。拾遗补缺产品定位策略所需考虑的因素包括：有庞大的消费者人群，而且商家有一定的开发、经营能力，产品技术也不错。

例如，聚美优品有自己的市场，是因为其创始人陈欧把握住了拾遗补缺的产品定位原则。当时整个电商市场上缺少以化妆品为主的平台，故陈欧决定将化妆品作为自己的产品定位。

3. 突出特色的产品定位

商家根据市场需求情况与自身特点，选择有特色定位的产品。商家对消费者的需求和偏好越了解，其市场潜力预测也就越准确，也更容易选择出有特色定位的产品。

相关数据显示，2019年4月水饮行业网络零售品牌主要有：农夫山泉、怡宝、巴黎水、依云等。其中，农夫山泉占据榜首，市场份额达到34.3%。农夫山泉为什么能取得如此佳绩？这与其品质定位密不可分。农夫山泉的多个广告中都强调自己水源具有无污染、纯天然等优势，使得消费者相信其产品的品质很好，可以放心购买。

2.3.3 产品规划定位

商家在进行产品方向定位后，基本能确定自己所经营的产品类目。但商家如果想取得更好的发展，还应该对产品进行规划定位。根据产品的不同作用，把产品分为引流款、利润款、活动款和形象款4种类型。

1. 引流款

引流款，指用于吸引流量的产品。引流款具有流量大、销量高、转化率高、利润率低等特点。例如，某日用品淘宝店，选用价格低至3.9元的垃圾桶作为引流款，并将其展现在店铺首页，如图2-36所示。

图2-36　某店铺的引流款产品

引流款产品的毛利率趋于中间水平，因此它不是店铺利润的主要来源，建议每个店铺设立5件左右的引流产品即可。

> **注意**
> 引流款的流量入口一般展现在类目、搜索结果和店铺首页中。

2. 利润款

根据"二八定律"，店铺的大多数利润是由约20%的产品带来的，这20%的产品就是利润款。利润款，指用于锁定特定消费者的产品，是一个店铺必不可少的款式。利润款有着质量好、退货少、备货压力小、利润空间大等特点。

> **注意**
> 二八定律于19世纪末20世纪初由意大利经济学家帕累托发现。帕累托认为，在任何一组东西中，最重要的部分只占约20%的比例，其余80%即使是多数部分，却是次要的。

利润款产品适用于目标客户群体里面某一特定的小众人群，这部分人群追求个性。因此，利润款产品应尽可能地突出产品卖点及特点，来满足这部分人的购物心理。例如，在网上销售的很多私人订制产品，由于价格高昂，只适用于小部分人群。但正是这部分产品，往往能为店铺带来较多的利润。

> **注意**
> 商家应该精准分析小众人群的偏好，结合产品款式、设计风格、价位区间、产品卖点等多方面因素，找到能够满足小众人群需求的利润款产品。

3. 活动款

活动款产品指商家用于做活动的产品。在店铺需要清理库存产品、打造爆款时，可策划活动来售卖产品。活动款产品有着大众化、折扣高、利润低等特点。活动款必须是针对大多数消费者的产品，活动才具有吸引力；而且活动折扣必须要高，才能让消费者看到原价与折扣价的鲜明对比，从而促使消费者下单。

例如，某运动品牌选择童鞋做活动，受众为所有儿童，且活动折扣力度很大，活动前原价为279元，活动价为89元，产品在价格方面形成鲜明对比，如图2-37所示。

图2-37 童鞋活动页面

> **注意**
> 部分商家在开店初期，也会推出一些引流款来做活动，通过低价先把消费者吸引过来，待消费者购买、认可产品后，再恢复原价来增加店铺利润。

4. 形象款

形象款，指代表店铺新一季产品主要特点的款式，其主要作用是展示品牌形象。例如，在2020年3月发布的小米10手机就是小米在2020年的形象款，展现在店铺首页，如图2-38所示。

图2-38 形象款产品

商家应选择款式独特、风格独特、设计感强、价格偏高，且能够体现品牌价值的产品作为形象款。一个店铺可以铺设3~5个形象款产品，其客单价和利润要保持在一个较高的水平，以此体现产品价值，更好地提升品牌形象。

综上所述，商家在进行产品规划定位时，应明确自己店内有哪些款式的产品，以及这些款式定位是否合理等。

2.3.4 产品策略定位

产品策略定位，指商家根据消费者对产品的重视程度，给产品确定市场地位的策略。通过产品策略定位，可以与竞争对手的产品形成对比，彰显自己产品的独特性，同时也可以满足不同消费者的需求。下面主要介绍价格定位策略、功能定位策略和包装定位策略。

1. 价格定位策略

价格定位，是指根据产品或服务价格的高低来确定店铺产品的价格路线。不同的价格定位策略，会为产品吸引不同的人群。

例如，劳斯莱斯采用高价定位，主打手工制作多个部件，以及出厂前的无故障测试，使得该产品吸引了大批成功人士的关注。购买该产品的人群，也大多数为家境殷实的企业家。

2. 功能定位策略

功能定位指通过产品功能、功效的表现，为消费者提供比竞争对手更优质的产品，由此给消费者留下深刻印象。

例如，早在云南白药牙膏问世之前，市面上已经有不少具有清洁、预防蛀牙等功能的牙膏品牌。但云南白药认为，清洁是牙膏必备的基础功能，而防蛀主要是针对儿童的功能，更多成年人需解决的问题应该是牙龈出血、口腔溃疡、口臭等问题。所以，云南白药推出中草药牙膏，在牙龈、口腔等软组织中发挥其独特功能，因而获得广大消费者的认可和喜爱。

3. 包装定位策略

包装定位，主要从产品的消费群体入手去设计产品包装。例如，购买婴幼儿产品消费群体大多是宝妈，那么在这类产品的包装上主要以展现活泼可爱的婴儿为主，刺激宝妈们的购买欲望。如图2-39所示，某款纸尿裤的包装图片就是一个笑脸婴儿。

部分产品还会根据消费的便利性去设计包装。例如，可口可乐的瓶子凸凹起伏，曲线优美，抓在手里不仅不容易滑落，还有很好的手感，颇受年轻人喜欢。

图2-39 婴幼儿产品包装

产品策略定位不仅限于以上3种，商家可以根据市场、竞争等情况策划产品。另外，定位应该是一个循序渐进的过程，不可能一蹴而就，需要商家多对比、多分析。

2.3.5 产品进货渠道

商家在进行产品定位后，接下来的工作就是寻找货源和进货。在以前，很多商家的进货渠道主要以各大批发市场为主。随着网上交易越来越便利，网上进货也逐渐走进大众视野，下面列举几种常见的进货渠道。

1. 大型批发市场

国内批发市场多不胜数，如广州、深圳、义乌等城市都分布着大大小小的批发市场。在批发市场进货的好处在于进货时间、进货数量自由度相对较大；并且可以亲手触摸产品，感知产品质量；如果进货数量大，则还可以向批发商压价，有利于控制成本。

批发市场的类型各有不同，如服装批发市场、箱包批发市场、日用品批发市场等。商家在进货之前，可对类目中名气较大的批发市场有个基础了解，例如以下几类。

- 服装类：广州十三行服装批发街、深圳南油服装批发市场、湖州织里中国童装城、成都荷花池批发市场、上海七浦路服装批发市场、哈尔滨海宁皮革城等。
- 鞋类：深圳东门老街鞋业批发城、杭州九堡华贸鞋城、无锡皮革城等。
- 箱包类：广州桂花岗皮具批发市场、辽阳佟二堡海宁皮革城、广州狮岭（国际）皮革皮具城等。
- 美妆类：上海美博汇化妆品批发市场、郑州中陆洗化城、北京美博城化妆品批发市场、武汉化妆品批发市场等。
- 百货特产类：昆明螺蛳湾日用商品批发市场、长春远东商品批发市场、上海干货批发市场、成都府河桥市场等。
- 小商品、礼品、工艺品类：浙江义乌小商品城、深圳市义乌小商品批发城、广州荔湾广场精品饰品批发市场等。
- 小家电、电子五金类：佛山市华南五金电器城、重庆汽车配件批发市场、广州电子市场等。

商家可以根据自己的产品和地理位置选择就近的批发市场。在同一个批发市场看货时，也要遵循多对比、多讲价的原则，尽量做到用最低的价格买到质量最佳的产品。

> **注意**
>
> 部分外商在国内工厂下订单时，往往有部分多出来的外贸尾单货。这些外贸尾单货有着价格低、产品优等特点。商家如果有渠道，也可以选择联系这方面的货源。

2. 厂家进货

一件产品从生产厂家到客户手中，往往要经过许多环节，如生产厂家、全国批发商、地方批发商等。经过这些环节的流通，产生的额外费用将被分摊到每一件产品上，增加了产品的售价。所以，商家如果能直接从生产厂家进货，可大幅度减少流通环节的费用，也就降低了进货成本。

图 2-40　供应链示意图

商家直接从厂家进货，能够大幅度减少供应链环节，不仅能够获得价格优势，还便于退换货的处理。供应链是指由供应商、制造商（生产商）、分销商、零售商，以及消费者组成的具有整体功能的网络链，如图 2-40 所示。

在供应链中，产品是从供应方到销售方再到需求方，物流是从供应方到需求方，而资金流则是从需求方到供应方，其中还包括信息流各种角色之间的相互传递。供应链也可以概括为是由物流、资金流和信息流组成的一个网络链。

供应链是连接供应商、商家和消费者的一条通道，对于商家而言，有利于提升店铺的运营效率。一条优秀的供应链具有产品更优（品质、价格）、物流更优、服务更优等特点。商家应掌握供应链的基本内容，如计划、采购、配送、退货等。

- 计划：根据自身运营需求，制订适宜的计划，旨在降低成本，为消费者提供高质量的产品或服务。
- 采购：对比供应商，从而选择出最适合自己的产品或服务的供应商，并建立一套完整的定价、配送、付款流程。
- 配送：处理订单、建立仓库与派送网络，派送人员提货并送货给消费者。
- 退货：建立网络，接收并处理消费者退货及售后服务问题。

3. 电子商务批发网站

随着电商市场的日益壮大，互联网上出现了不少电子商务批发网站。在电子商务批发网站进货，可以节省亲自到批发市场选品的时间，也可以降低诸如差旅费、运输费等成本。例如，1688批发网站就是一个典型的电子商务网站，有着查找信息方便、起批量小等优点。1688批发网站首页如图2-41所示，该批发网站上产品的类目多而广，适合新手商家试水。

图2-41　1688批发网站首页

网上批发网站虽是近几年才兴起的进货渠道，但相比传统渠道进货优势更为明显，除了提到的成本优势以外，它还具有批发数量不受限制、款式更新快等优势。在电子商务批发网站进货的方法很简单，这里以在1688批发网站查找"抽纸"这一货源为例进行讲解，具体的操作步骤如下。

第1步：进入1688网站主页，在搜索框内输入关键词"抽纸"，单击"搜索"按钮，如图2-42所示。

图2-42　在搜索框内输入"抽纸"

第2步：进入新页面，单击选择满意的商品，如图2-43所示。

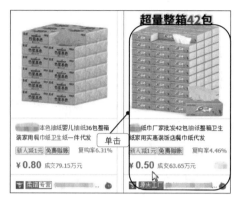

图 2-43 单击选择满意的商品

第3步：进入新页面，查看货源详细信息后，选择购买数量，单击"立即订购"按钮，如图 2-44 所示。

图 2-44 选择购买数量页面

注意

该抽纸的规格为1件42包，商家在下单时输入"1"则表示购买1件42包的抽纸，因此这里若输入购买数量"10"，则显示的产品数量是420包。

第4步：进入新页面，输入收货人、地址和联系电话，单击"确认收货信息"按钮，如图2-45所示。

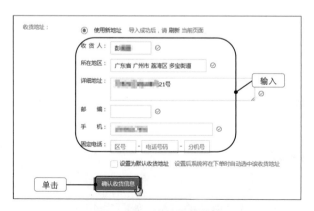

图 2-45 填写收货信息

第5步：收货地址和联系信息会被保存起来，用户确认之后，单击"提交订单"按钮，如图2-46所示。

图2-46 提交订单页面

在下单之前最好先和批发商核对好商品产地、包装、发货方式等信息。厂家在看到订单信息后即可安排发货。选购货物过程中，选择"诚e赊"，可以在下单后的5天内采用诚e赊额度支付，待厂家发货后，商家在10天内确认收货，并在账期到期时再付款，降低资金压力。

2.3.6 实战：根据市场需求定位产品

为进一步迎合消费者的细分需求，商家应该根据市场需求定位产品，具体到产品的风格、材质、颜色等信息。同一个类目的产品，所满足的消费者也有所区别。比如连衣裙这个产品，就存在着明显的差异化需求。一些身材丰盈的女性，在看到自己心仪的连衣裙款式时，可能会因为没有合身的码数而放弃。为了满足这部分人群的连衣裙需求，有商家专门推出了大码女装，专为这些身材丰盈的女性量身定做连衣裙。

同理，有的女性身材娇小，即使是穿最小码的连衣裙也显得有些大，而且还会显得整个人很矮。那么，这类消费者就需要找到既符合身材比例，又能从视觉效果上显高的连衣裙。也有商家为迎合这类消费者的需求，主营"小个子"穿搭服饰。

诸如"大码""小个子"等需求，就是差异化需求的体现。商家在考虑切入连衣裙类目的时候，如果发现这个类目竞争已经很激烈，但又不愿放弃该类目，就可以考虑进入连衣裙的细分类目，找到竞争小、需求大的产品。

某商家在确定主营"水杯"产品后，又通过"生意参谋"工具获取数据，配合Excel表进行详细的数据分析，选出市场需求大、竞争小的产品。

1. 产品数据获取

商家需要获取类目搜索人数比较多的关键词数据，再根据这些关键词数据判断哪些产品还有机会。商家运营人员通过购买生意参谋的"搜索排行"功能来获取品类流量数据，其具体步骤如下：

第1步：进入生意参谋的市场功能页面，单击"搜索排行"，选择类目，即可看到该类目在一段时间内的搜索热词和飙升词，如图2-47所示。商家如果想下载这些数据，可单击"小旺神一键转化"按钮。

图2-47 "搜索排行"页面

> **注意**
> 部分页面的数据不提供下载功能，运营人员如果想下载数据信息，可在浏览器中安装"小旺神"插件，重新打开数据页面后即可看到页面右侧显示有"小旺神一键转化"按钮。

第2步：进入"一键转化"页面，可看到热搜关键词的搜索人数、点击人数、支付转化率等数据，单击"导出csv表格"按钮，如图2-48所示。

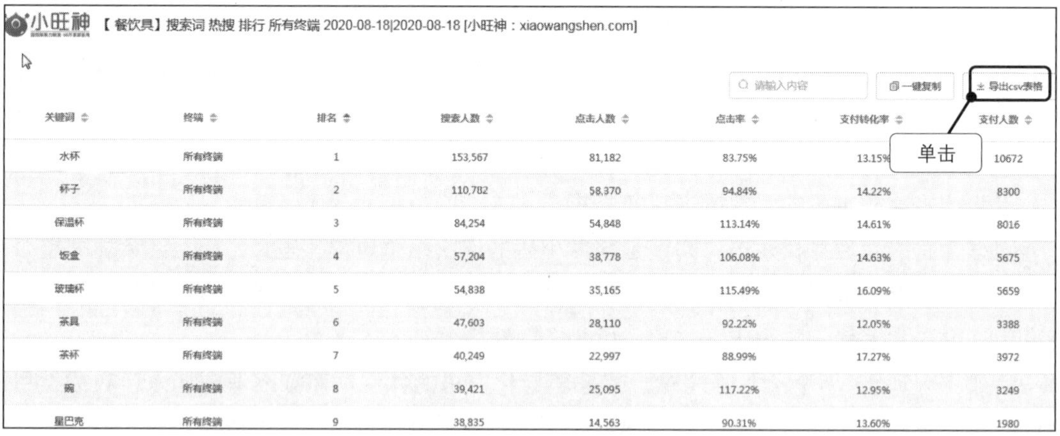

图2-48 导出数据

按照上述操作，即可下载详细数据至Excel表中，便于后期的分析、整理。订购有生意参谋的市场洞察功能的商家，可直接进入"搜索排行"中下载该数据。

2. 产品数据整理

商家在获取品类热门关键词后，还要对这些关键词信息进行分析，判断产品的具体情况。因为收集到的都是单个关键词，所以，这里要将关键词进行分类。如图2-49所示，下面以搜索"保温杯"关键词为例,分析关键词分类情况。

关键词	终端	排名	搜索人数
保温杯	所有终端	1	66391
保温杯女	所有终端	2	16076
膳魔师	所有终端	3	13153
保温杯大容量	所有终端	4	11372
保温杯儿童	所有终端	5	9801
儿童保温杯	所有终端	6	9359
杯具熊	所有终端	7	8005
保温杯男	所有终端	8	7244
杯具熊旗舰店官方旗舰	所有终端	9	7006
膳魔师旗舰店	所有终端	10	5906
膳魔师保温杯	所有终端	11	5354
不锈钢水杯	所有终端	12	4650
杯具熊保温杯	所有终端	13	4274
杯子男	所有终端	14	4128
儿童水杯 幼儿园	所有终端	15	3945
虎牌	所有终端	16	3933
儿童水杯 小学生	所有终端	17	3581
虎牌保温杯	所有终端	18	3535
星巴克保温杯	所有终端	19	3493
迪士尼水杯	所有终端	20	3456
儿童保温杯带吸管	所有终端	21	3302
象印	所有终端	22	3197
保温杯女 便携小	所有终端	23	2990
杯子女	所有终端	24	2731
保温杯女 学生 简约	所有终端	25	2439
tiger	所有终端	26	2348
小学生水杯	所有终端	27	2045

图 2-49 保温杯的搜索词数据(部分)

从图 2-49 中可以看出,"保温杯"相关的关键词分类如下。

- 按消费者性别分类,如"保温杯女""保温杯男"。
- 按消费者群体分类,如"儿童水杯""小学生水杯"。
- 按品牌分类,如"膳魔师保温杯""虎牌保温杯"。
- 按材质分类,如"不锈钢保温杯""纯银水杯"。

商家根据以上分类,找到一些具有代表性的关键词做详细分析。接下来在下载的搜索排行词表中插入一列,分别标注分类名称,如图 2-50 所示。

A	B	C	D	E
分类	日期	关键词	终端	排名
大词	2020/8/10	保温杯	所有终端	1
性别	2020/8/10	保温杯女	所有终端	2
品牌	2020/8/10	膳魔师	所有终端	3
容量	2020/8/10	保温杯大容量	所有终端	4
人群	2020/8/10	保温杯儿童	所有终端	5
人群	2020/8/10	儿童保温杯	所有终端	6
品牌	2020/8/10	杯具熊	所有终端	7
性别	2020/8/10	保温杯男	所有终端	8
品牌	2020/8/10	杯具熊旗舰店官方旗舰	所有终端	9
品牌	2020/8/10	膳魔师旗舰店	所有终端	10
品牌	2020/8/10	膳魔师保温杯	所有终端	11
材质	2020/8/10	不锈钢水杯	所有终端	12
品牌	2020/8/10	杯具熊保温杯	所有终端	13
性别	2020/8/10	杯子男	所有终端	14
人群	2020/8/10	儿童水杯 幼儿园	所有终端	15
品牌	2020/8/10	虎牌	所有终端	16
人群	2020/8/10	儿童水杯 小学生	所有终端	17

图 2-50 插入分类名称

商家对下载的 300 个左右的关键词进行逐一分类，遇到含有多个分类的关键词，可按照"少数服从多数"的原则进行分类。例如，"膳魔师保温杯女"这一关键词，品牌名称排名在前，因此可归类于"品牌"类。

3. 分析和判断

将关键词进行分类后，需要通过数据透视表功能对数据进行进一步分析。再结合生意参谋的实时数据，判断哪些分类下的关键词值得切入。分析和判断品类细分数据的具体操作步骤如下。

第 1 步：选中全表，在菜单栏中选择"插入"→"数据透视表"命令，在弹出的对话框中单击"确定"按钮，插入数据透视表，如图 2-51 所示。

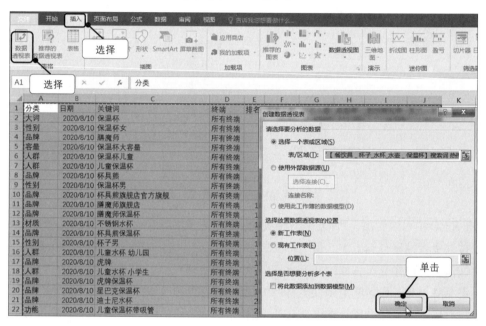

图 2-51　插入透视表

第 2 步：进入数据透视表创建页面，将"数据透视表字段"窗格中的"分类"拖入"行"栏中；将"支付人数"和"搜索人数"拖入"值"组中，即可得到一个完整的数据透视表，如图 2-52 所示。

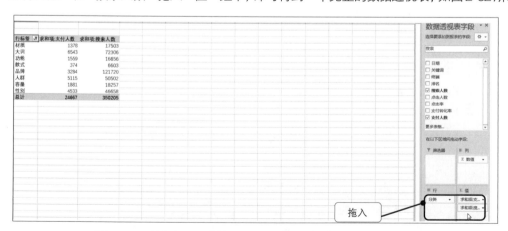

图 2-52　将数据透视表字段拖入相应的"行"和"值"组中

第3步：选中"支付人数"列并右击，在弹出的快捷菜单中选择"排序"→"降序"命令，即可将分类数据从高到低进行排序，如图2-53所示。

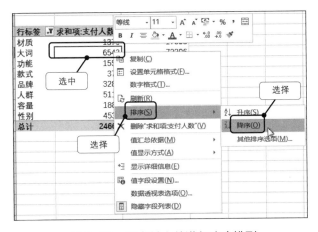

图2-53 将支付人数进行降序排列

第4步：关键词的某个分类，如其支付人数越高，则代表消费者越关心该分类，排序后显示，"大词"分类的支付人数最高。为进一步分析是哪些关键词的支付人数高，在"数据透视表字段"窗格中将"关键词"字段拖入"行"组中，即可看到分类下各个关键词的支付人数和搜索人数情况，如图2-54所示。

图2-54 将"关键词"字段拖入"行"组中

从图2-54中可见，"大词"分类下的"保温杯"这一关键词，支付人数最高。但由于"保温杯"这一关键词与类目名称重复，故该关键词分解得还不到位。再看整个分类关键词的支付人数，发现"人群"分类下的"儿童保温杯"及"保温杯儿童"这两个关键词的支付人数共计2063人；"性别"分类下的"保温杯女"的支付人数达到1405人；"容量"分类下的"保温杯大容量"的支付人数达到1286人。由此可见，关注儿童保温杯、保温杯女、大容量保温杯的消费者为多数，可首要考虑以上这几个关键词的产品。

商家还可通过生意参谋对比各个产品的趋势分析，选择交易指数高、支付转化率高的产品。

如图 2-55 所示为儿童保温杯的趋势分析页面。从图中可见,儿童保温杯的搜索人气、搜索热度、点击人气等数据都相当不错。

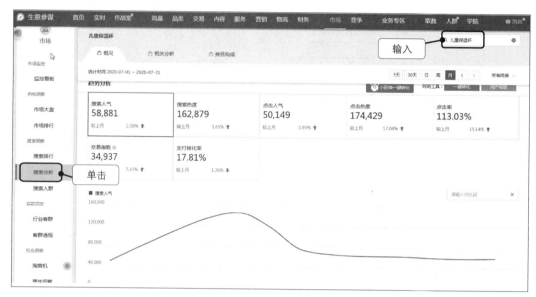

图 2-55 儿童保温杯的趋势分析页面

为了确定产品竞争情况,选择"相关分析"选项卡,进入产品的相关分析页面,如图 2-56 所示。在页面的搜索框中输入"儿童保温杯",单击"30 天"按钮,再单击"一键转化"按钮,即可进入新页面。

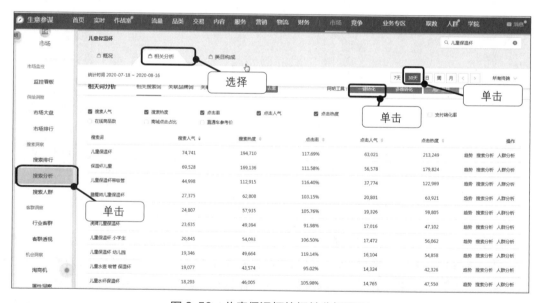

图 2-56 儿童保温杯的相关分析页面

跳转至新页面,即可看到"儿童保温杯"的在线商品数和交易金额等数据,如图 2-57 所示。

为了与"大容量保温杯"的数据进行对比,商家再次回到相关分析页面,在搜索框中输入"大容量保温杯",单击"一键转化"按钮,得到如图 2-58 所示的页面。

关键词	搜索人数	搜索次数	点击率	点击人数	点击次数	交易金额	支付转化率	在线商品数	商城点击占比	直通车参考价	支付人数	客单价
儿童保温杯	236,367	1,299,904	117.69%	174,842	1,529,898	2,569,682	16.37%	944,557	84.33%	1.86	28,622	89.78
保温杯儿童	207,993	1,010,451	111.58%	144,546	1,127,453	1,661,214	14.34%	1,115,307	85.05%	1.86	20,728	80.14
儿童保温杯带吸管	96,594	491,542	116.40%	71,050	572,137	1,069,324	19.61%	152,819	82.77%	2.02	13,933	76.75
膳魔师儿童保温杯	40,466	173,802	103.15%	25,096	179,275	254,939	4.75%	11,005	54.16%	0.91	1,192	213.86
保温杯儿童 婴儿	34,086	150,718	105.76%	22,090	159,404	210,219	10.55%	171,135	86.34%	2.05	2,330	90.20
虎牌儿童保温杯	31,333	113,799	91.98%	17,720	104,672	239,591	5.16%	6,169	64.20%	1.50	914	262.03

图 2-57 "儿童保温杯"的数据页面

关键词	搜索人数	搜索次数	点击率	点击人数	点击次数	交易金额	支付转化率	在线商品数	商城点击占比	直通车参考价	支付人数	客单价
保温杯大容量	320,947	1,387,764	101.38%	206,727	1,406,886	2,615,604	18.33%	913,721	82.01%	1.95	37,893	69.03
大容量保温杯	22,498	114,768	110.37%	16,392	126,664	196,290	14.81%	913,660	78.31%	1.95	2,428	80.86
保温杯女 大容量	14,109	66,515	104.35%	9,169	69,408	69,850	12.90%	241,064	75.98%	1.86	1,183	59.05
保温杯大容量女 可爱	10,931	48,679	94.88%	6,831	46,188	30,397	9.30%	404,986	66.36%	1.61	635	47.85
保温杯大容量1000ml便携	8,597	34,775	94.86%	4,947	32,989	52,638	16.13%	27,065	81.81%	2.16	798	65.97
水杯大号大容量保温杯	4,858	19,332	84.39%	2,716	16,314	20,547	13.88%	512,305	77.78%	1.93	377	54.50
保温杯大容量5000 4升	4,786	16,737	61.79%	2,248	10,342	31,758	12.14%	7,493	42.67%	2.08	273	116.37

图 2-58 "大容量保温杯"的数据页面

经对比，发现"儿童保温杯"的在线商品数量为 944557 件，交易金额为 2569682 元，平均每个商家可分配的交易金额为 2.72 元；"大容量保温杯"的在线商品数量为 913721 件，交易金额为 2615604 元，平均每个商家可分配的交易金额为 2.86 元。虽然二者差距不是特别大，但"大容量保温杯"的竞争更大。如果商家能找到"儿童保温杯"的供应链，且利润空间也不错的情况下，应优先选择"儿童保温杯"这一产品。

由此可见，运营人员在确定产品时，需借助分析工具下载数据，再将数据进行逐一分类，再进行分析和判断，从而才能找到有竞争力的产品。

2.4 价格定位：以合理定价让产品稳定盈利

想要提高一件产品的竞争力，不仅要挖掘产品卖点、提升产品质量，还需要制定合理价格。同一件产品，价格合理的自然更具竞争力。如果产品价格高于市场均价，消费者能敏锐地察觉到并拒绝购买；如果产品价格过低，又会牺牲商家的利润空间，甚至带来亏本的风险。故商家应了解影响价格的因素，分析价格环境情况，并掌握定价策略和技巧。

2.4.1 影响价格的因素

价格定位并非一成不变，在不同的营销环境和不同的产品生命周期中，产品价格都会发生变化。商家必须根据自己的目的，制定出合理且有吸引力的产品价格，使得商品获得更多销量。总体而言，影响产品价格的因素主要有以下 4 种。

1. 产品成本

产品成本是决定价格的基本因素。成本低，则可以设置低价；成本高，就不得不设置高价，否则容易带来亏本的风险。决定产品成本的因素也是多种多样的，如果是商家自己生产产品，则必须考虑到产品原材料、加工成本等因素；如果是找厂家拿货，则应考虑到产品的成本费用、运输费用等。作为商家，最好能压低成本，才有利于后期的发展。

当然，成本也不是越低越好，部分产品成本低廉，质量也较差，这种产品往往难以获得消费者的信任。商家在拿货时，最好参考同行价格，找到价格、质量适中的产品，特别是一些外观、功能类似的产品，同行价格更具参考性。商家可在阿里指数中找到同行价格进行参考。例如，某经营抽纸的商家可以在阿里指数中输入关键词"抽纸"，在"属性细分"中查看该类目的价格带分布，如图 2-59 所示。

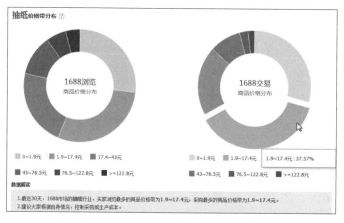

图 2-59　阿里指数中抽纸的价格带分布图

根据阿里指数，最近 30 天 1688 市场的抽纸行业，浏览和购买最多的产品的价格为 1.9 ~ 17.4 元。商家在拿货时，其成本应尽量控制在这个价格区间之内。

商家除了要了解同行成本价，还可以参考同类热销产品价格，如可在淘宝平台中查看抽纸最受欢迎的产品，其价格区间为 14 ~ 67 元，如图 2-60 所示。

图 2-60　淘宝平台抽纸最受欢迎的价格

2. 市场需求

商家应了解产品的市场需求弹性。对于需求弹性大的产品，一旦调整价格，就有可能会影响市场销量；而需求弹性小的产品，调整价格对销量影响不大。所以，商家在定价前应对市场需求进行分析。例如，在夏季，大多数人对防晒产品有着大量需求，可以适当地涨价；同理，夏天对于保暖性产品基本没有需求，应该适当降价。

3. 营销环境

在不同的营销环境中，同一产品的价格也有所区别。例如，淘宝和拼多多同为企业对个人（B2C）或者个人对个人（C2C）经营模式的商品直销平台，但这两个平台售卖的产品价格却有着明显差异。分别在两个平台搜索"抽纸"产品，对默认搜索结果中前两名的产品进行对比，如图 2-61 所示。可以看到，同一规格（30 包）的抽纸，淘宝平台推荐的是价格为 59.9 元的抽纸产品，而拼多多平台推荐的是价格为 23.69 元的抽纸产品。

图 2-61　淘宝与拼多多"抽纸"默认搜索结果

因此，商家在定位产品价格时，要考虑到营销环境下的市场大小及消费者的消费习惯。如果店铺开设在拼多多这种以低价为主的平台中，产品的定价则应该考虑低价定位。

4. 市场特点

不同的产品，无论从产品本身还是消费者的购买频率来看，都具有不同特点。同是服装产品，质量好、口碑好、私人订制的产品，价格会较高；而偏向于大众、成本低的产品，价格会较低。例如，在淘宝中搜索"连衣裙"关键词，在搜索结果页面中可以看到产品价格低至 19.90 元，高至 1499.00 元，如图 2-62 所示。

图 2-62　淘宝搜索"连衣裙"结果

另外，不同的销售策略将会产生不同的定价。例如，销售高端的名牌产品，则需要定高价，才能让消费者感受到品牌价值；而销售一些大众化产品，则需要定低价，才能利用价格优势使产品获得更多销量。

2.4.2 定价策略

产品的价格是吸引消费者、塑造店铺形象的重要因素。因此，运营人员应该掌握一定的产品定价策略，常见的定价策略包括渗透定价、吸脂定价、满意定价、分层定价、竞争定价和组合定价。

1. 渗透定价

渗透定价（又名低价定价）策略，指产品在进入市场初期时，采取低定价的方式来吸引更多消费者的一种定价策略。这种策略常见于活动中，商家通过较低的价格将产品打入市场，凭借价格优势占领市场，以牺牲利润来获得高销售量和市场占有率。

例如，淘宝平台的"聚划算"活动板块，其中很多产品采用的就是这种渗透定价策略，如图2-63所示的苹果、荸荠等产品价格都略低于市场价。

当然，渗透定价并不意味着产品的定价绝对便宜，而是相对于价值（同类产品）来讲，有价格优势。渗透定价具有如下优点。

- 产品有机会迅速占领市场，且销售量大有利于产品获得好排名。
- 可以有效地阻碍新竞争对手进入。
- 有利于促进消费市场的消费需求。

图2-63 淘宝"聚划算"专区

不过，渗透定价的产品利润比较微薄，还有不利于投资收回、不利于日后提价等缺点，所以商家应在充分评估后使用。

2. 吸脂定价

吸脂定价（又名撇脂定价）策略，指商家在把新品推向市场时，抓住消费者的求新心理，将价格定位在高于平均价格的水平；并在竞争者研制出类似产品前，快速收回投资且获得丰厚利润；随着时间的推移，再逐步降低价格使新产品进入普通消费者的市场。

一些高科技行业很适合使用吸脂定价策略，因为这个行业的产品通常很新奇，消费者愿意为之支付较高的价格；而且这类产品有一定的技术先发优势，先发者有一定时间来出售高价产品而不用担心出现竞品。

例如，苹果公司每年都在发布新款机型，在发布初期，价格都是居高不下。但由于其手机功能的新奇和品牌效应，产品受到部分消费者的追捧，纷纷花钱购买。待次年更新的产品上市，价格才有所下降。苹果公司就是通过这种高价法，赚取了丰厚利润。

3. 满意定价

满意定价（又名君子定价、温和定价）策略，是一个介于渗透定价策略和吸脂定价策略之间的中间定价策略，是一个令厂家和消费者都比较满意的定价方式，常见于需求弹性适中、销量稳定增长的产品定价中。

例如，华为旗下的手机使用了多个定价策略，其中 Nova 系列作为中端商务手机，它的定价在 2000 元左右。该系列手机主动放弃了一些利润，在同类产品中采取中间价位进行定价。在手机市场中，中端手机的消费者占据着很大的市场份额，而且这部分消费者对产品也有一定的敏感度，Nova 系列的手机在质量和功能上又优于其他同类产品，所以该价格策略吸引到更多消费者，极大地增加了手机的销量。

4. 分层定价

分层定价策略，指商家向不同的消费者提供相同等级、相同质量的产品或服务时，实行不同的销售价格或收费标准。在网上商城中，分层定价策略可以针对不同级别或层次的消费者设置不同价格，如会员价、新人专享等；也可以针对同一个消费者的不同购买数量或购买规格收取不同价格。例如，同一抽纸，由于不同规格，其价格也有所不同。如图 2-64 所示为拼多多平台同一店铺的抽纸商品，30 包的抽纸商品价格为 23.9 元，40 包的抽纸商品价格为 29.9 元。

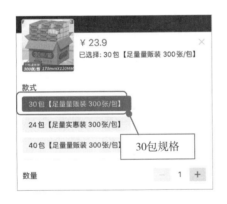
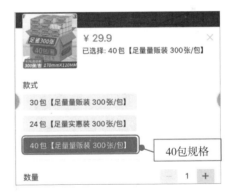

图 2-64　不同规格抽纸的价格差异

5. 竞争定价

竞争定价策略，指以市场上相互竞争的同类产品或服务的价格为依据的产品定价策略。商家通过对比竞争对手的成本、服务、质量、价格等因素，根据自己的实际情况来确定产品的价格。

部分商家如果有品牌优势、质量优势，提高自身产品价格也能吸引消费者；而如果商家自己的产品与同类产品相比不具有品牌优势和质量优势，但自身成本较低，则可以降低产品价格，以价格优势来吸引消费者。例如，同为抽纸商家，清风作为知名品牌，有着品牌优势，销量达到 20 万；而丝飘作为小品牌，凭借其价格优势，也获得了 15 万的销量，如图 2-65 所示。

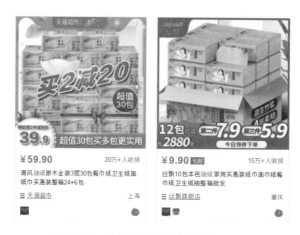

图 2-65 清风与丝飘抽纸的销量对比

6. 组合定价

组合定价策略,指对互补、关联类产品通过价格高低搭配组合的方式进行定价销售的一种定价策略。组合定价策略常见于相关类、搭配类、附加类、主副类等产品,有利于提高产品销量,是很多产品定价的不二之选。

消费者往往对高价值的产品价格敏感,而对低价值的产品价格不太敏感。这时商家就可以考虑将高价值与低价值的产品组合起来,设置一个合理价格,让消费者更容易接受产品的价格。

例如,因为开心果、夏威夷果、碧根果等产品的价格高于瓜子、花生等产品的价格,所以很多食品类目商家就把高价产品和低价产品组合成礼盒装,用一个合理价格吸引消费者,如图 2-66 所示。

图 2-66 高低组合定价

采取组合定价策略,应合理确定产品价格,以便于消费者接受。此外要注意,价格一旦确定后尽量不要做变动,以免引起消费者的不满。

定价策略远不止上述提到的 6 种,还包括折扣定价、心理定价、差别定价、地区定价、新产品定价等。商家可以根据产品的成本、属性、质量等实际情况,多多尝试各种定价策略,从而找到最适合自己产品的定价策略。另外,部分产品有时间、地点等限制,还可以采取时间定价或地点定价。例如,产品在旺季设置高价格,在淡季设置低价格。

2.4.3 定价技巧

除了上述产品定价策略以外，还有一些产品定价技巧。常见的定价技巧包括整数定价法、非整数定价法、吉利数字定价法、习惯定价法和分割定价法。恰到好处的产品定价，能够迎合消费者的需求和心理，从而促成更多订单。

1. 整数定价法

整数定价法，指商家为迎合消费者"求方便"的心理，将产品价格定为以"0"结尾的整数。整数定价的产品容易给消费者留下方便、简洁的印象，适用于名气大、品质高的产品。例如，某进口钢琴就采用了整数定价法，如图 2-67 所示。

图 2-67　采用整数定价法定价的产品

2. 非整数定价法

与整数定价法相比，非整数定价法更为常见。对于非整数定价法，产品的价格采用接近整数的方式来设定。非整数定价法能为消费者带来价格更低、更划算等感受，很好地迎合了消费者喜欢物美价廉的心理。

例如，一件价值 100 元左右的产品，可将价格定为 99 元或 98 元，带给消费者这样一种感觉：花费不到 100 元，就能得到价值 100 元的产品，从而刺激消费者下单。如图 2-68 所示，一双定价为 99.90 元的鞋子月销量已过万。

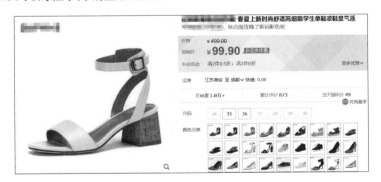

图 2-68　采用非整数定价法定价的产品

3. 吉利数字定价法

吉祥数字定价法，指商家利用消费者对某些数字的发音联想和偏好制定价格，满足消费者的某种心理需求。在我国，6、8、9这类数字通常都代表着吉祥的寓意，比较受欢迎，也经常出现在产品定价中。

例如，在淘宝平台中搜索"四件套"产品，通过搜索结果页面可以看到，虽然产品价格差异较大，但大多产品都用到了"6""8""9"等寓意吉祥的数字，如图2-69所示。

图2-69 采用吉利数字定价法定价的产品

> **注意**
> 商家在定价时，应充分利用消费者对数字的这种偏好心理，尽量采用吉利数字；同时应避免使用不被大多数消费者喜欢的"4""7"等数字。

4. 习惯定价法

习惯定价法，指根据消费者的消费习惯而采取的一种心理定价方法。特别是一些生活用品，由于销售时间长，在消费者的潜意识里已经形成一种习惯性的价格。例如，在天猫平台搜索关键词"醋"，可以看到同为500ml规格的醋类产品，虽然厂家不同、包装不同，但价格差异都不大，如图2-70所示。生活用品的价格基本上趋于稳定，商家在经营这类产品时可以参考习惯定价。

图2-70 采用习惯定价法定价的产品

产品如果已形成习惯的价格,即使生产成本降低或增加,也不要轻易降价或涨价,否则容易引起消费者的反感。

> **注意**
> 习惯的价格并非绝对不能打破,如果商家想打造"小而美"的精品,只要有确切的理由能说服消费者接受高价,也可以设置高于习惯的价格。

5. 分割定价法

分割定价法,指通过分解价格的方式,让消费者认为产品价格更优惠。通常,商家会在产品主图中展示这种定价方法。如图2-71所示,某纸尿裤主图中显示了"2组券后:136/箱""单片低至2.13元"等信息,就是把原来几百块的价格分割到每一片上,以2.13元计价,给人更便宜、实惠的感觉。

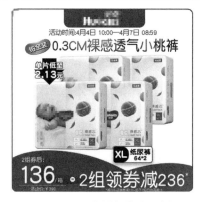

图 2-71 分割定价法示例

> **注意**
> 产品的定位与消费者有密切关联,所以商家在定价之前,应先分析目标消费者的性别、年龄、消费层级等信息。

2.5 竞品分析:了解对手才能超越对手

商家想在市场中长久发展,必须先了解整个市场的竞争情况及竞争对手的实力。分析对手的产品(即竞品),有利于提高自己的综合竞争能力,从而获得更多市场份额。竞品分析主要包括竞品的页面视觉分析、SKU(Stock Keeping Unit,库存量单位)成交分析、口碑评价分析及流量和销量分析。

商家可登录生意参谋,在竞争情报的"流失竞店发现"页面中查看访客流失到哪些同行店铺,如图2-72所示。为进一步分析竞品信息,商家可单击进入竞争店铺查看竞品的页面视觉、口碑分析等内容。

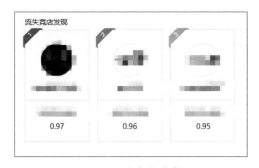

图 2-72 流失竞店发现

2.5.1 竞品的页面视觉分析

商家想要抢占竞争对手的市场，必须做好与产品相关的每个工作，如产品图片、视频等与视觉相关的内容，因为这些内容是直接影响消费者单击与否的重要因素。所以，商家应该通过分析竞争对手的视觉设计，主动学习竞争对手的视觉营销技巧。

（1）主图分析

运营人员可在确定竞争对手后，复制数据表中的商品链接，将其放入搜索框中，进入该产品详情页。根据消费者的浏览习惯，当他们打开一个产品详情页链接时，通常最先看到的是产品主图。消费者面对搜索结果时，一般采用快速浏览的方法，此时吸引消费者单击的主要因素还是产品主图。因此，如果主图做得不够好，就无法吸引消费者单击，自然也就无法获得流量，所以主图的重要性不言而喻。

如图 2-73 所示为某盘子产品的主图，图中直接展示了盘子的使用场景，并加以文字说明产品的利益点，如活动到手价 9.8 元、限时直降 5 元 / 买二送叉勺等。商家在看到该主图时，要分析自己产品的主图并与之进行对比，评估其效果能否达到竞品图片的水平。

（2）主图视频

视频相较于静态的图片，能在短时间内传递更多有用的产品信息给消费者，因此越来越多的商家选择在产品主图的展示位置上添加主图视频，这样做不但能增加产品权重，还可以提高产品的转化率和销售量。如图 2-74 所示为某盘子的主图视频，在短短的 29 秒内，视频中展示了几个使用盘子的场景，再加上富有感染力的背景音乐，让人不禁将盘子与高质量生活、优雅的情调等联系起来，从而产生购买的欲望。

图 2-73　某产品的主图

图 2-74　某产品的主图视频

（3）详情页其他内容

接下来再看详情页的其他内容。如图 2-75 所示，商家使用一张大海报注明活动前后的价格对比，突出现在下单的优势，并加以利益引导，促使消费者收藏、加购产品。

继续下拉详情页，可看到商家使用简洁文字罗列的产品卖点，如"安全健康又环保""易清洗耐热经久耐用"等，如图 2-76 所示。

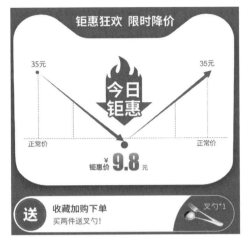

图 2-75　某产品的详情页海报

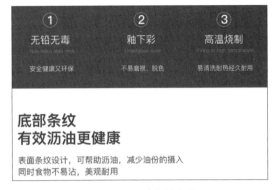

图 2-76　罗列产品卖点

为了给消费者拓展一些相关知识，加深消费者对产品的印象，商家在详情页中还详细描述使用该产品烹饪美食的方法。在此过程中，再次展示产品（烤盘）的使用场景，引发消费者的联想，看到这里可以想象自己制作美食的场景，如图 2-77 所示。

考虑到消费者可能担心盘子在运输过程中有破损，故商家在详情页尾部放置了店铺承诺信息，如图 2-78 所示。该信息表明产品采用的是防破损包装，可以实现运输 0 破损，即使破损也可在 30 天内免费补发，以此来打消消费者的顾虑。

图 2-77　描述烹饪美食的方法

图 2-78　承诺信息

（4）产品的评价页面

在评价页面可以看到累计销量达到 24711 条，并有多个诸如"颜值在线""质量很好""配色很好看""性价比高"等正面评价标签，如图 2-79 所示。

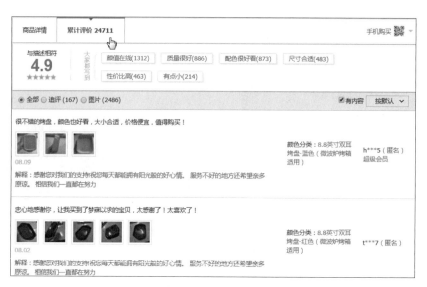

图 2-79 某产品的评价页面（部分）

纵观该产品的页面，不难发现诸多优点：图片美观，视频诱人，价格合理，通过展示卖点与使用场景的方式多次引发消费者的购物欲，这也是该产品高销量和正面评价多的原因。如果商家把这家店铺当作竞争对手，在价格相差不大的情况下，必须要在主图、视频、提炼卖点等方面超过该店铺，才能留住消费者。

如果商家发现对方很优秀，无从下手提升自己的视觉能力，则建议先模仿竞争对手，如拍摄产品的角度、主图文字的提炼等，通过多对比、多学习，达到提升自己视觉营销能力的目的。

2.5.2 竞品的SKU成交分析

SKU，指保存库存控制的最小可用单位。例如，某件连衣裙的SKU通常表示为规格、颜色和款式。分析竞争对手SKU成交数据的主要目的在于了解同行中销量较好的产品规格，了解消费者的兴趣所在，从而有针对性地展开营销工作。

商家在分析竞争对手SKU成交数据时，需用到"百宝魔盒"插件。竞品的SKU成交分析操作步骤如下。

第1步：通过安装有百宝魔盒插件的浏览器打开淘宝网，在搜索框中输入细分类目名称（这里以"客厅吊灯"类目为例），单击"搜索"按钮，如图2-80所示。

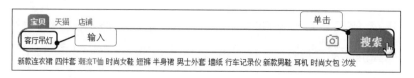

图 2-80 在淘宝搜索框中输入类目名称

第2步：在搜索结果中任意单击一款产品进入其详情页，如图2-81所示。

第3步：进入产品详情页后，单击右侧百宝魔盒插件中的"SKU成交分析"按钮，如图2-82所示。

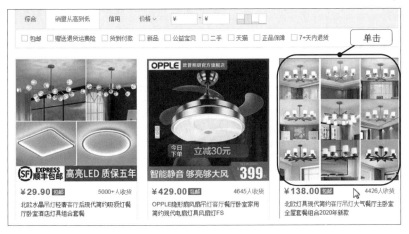

图 2-81 在搜索结果中任意单击一款产品

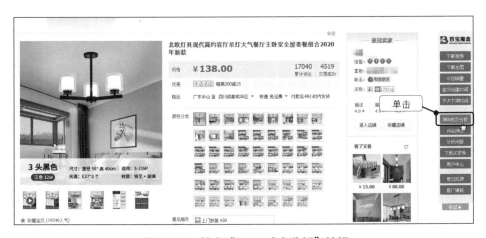

图 2-82 单击"SKU 成交分析"按钮

第 4 步:自动跳转到该产品的 SKU 成交分析页面,可看到 SKU 为"香槟银款 -3 头三色"的产品销量最好,如图 2-83 所示。

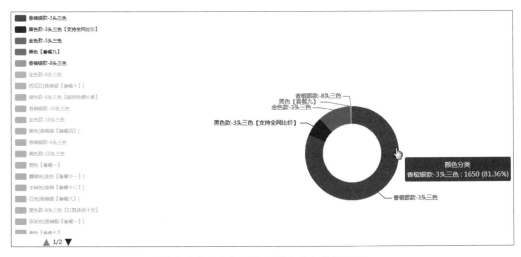

图 2-83 该产品的 SKU 成交分析页面

百宝魔盒的"SKU 成交分析"功能，主要通过系统自动抓取单品的所有评价，然后根据评价中的产品 SKU 来生成环形图。如图 2-84 所示，在每个评价下方都会展示产品的颜色分类，百宝魔盒就是根据这些评价下方的颜色分类，来分析产品各个规格的占比情况。

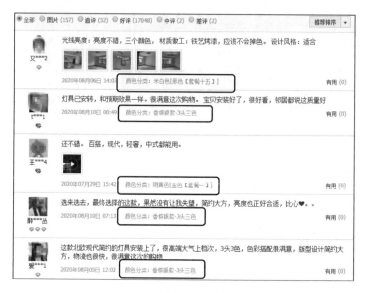

图 2-84　消费者评价下方的颜色分类

从产品的 SKU 成交分析页面中可以看出，销量最好、评价最多的一款产品是规格为"香槟银款 -3 头三色"的产品，占据整个产品销量的 81.36%。返回其产品的详情页，如图 2-85 所示，可看到该热销规格的产品价格为 158 元。通过分析其他商家的热销 SKU，可以掌握消费者的需求和喜好，如果商家也想售卖同类产品，则可以优先考虑热销款。

图 2-85　某产品的详情页

回顾该产品的详情页（如图 2-82 所示），可以发现该款热销规格并不是之前展现在搜索结果页面中的规格（原展现在搜索结果页面中的产品规格默认为"黑色款-3头三色"，价格为138元）。这也侧面解答了很多的疑惑，比如在搜索结果页面中，可以看到一些产品价格低于市场价，这些产品如何盈利？实际上，部分商家会选择将低于市场均价的产品以主图形式展现在搜索结果中，但当消费者进入产品详情页后，会因为其他规格的产品更具吸引力，价格差异又不大，转而购买其他规格的产品。所以，低价规格只是作为一个引流款将消费者吸引进来，至于后期的转化，则由其他款式来完成。

商家通过分析竞争对手SKU成交数据，可以掌握市场上大多数竞品的热卖SKU，有利于商家合理备货，避免库存积压。以"夏季凉鞋"类目为例，任意打开一款凉鞋产品的详情页，单击右侧的"SKU成交分析"按钮，如图2-86所示。

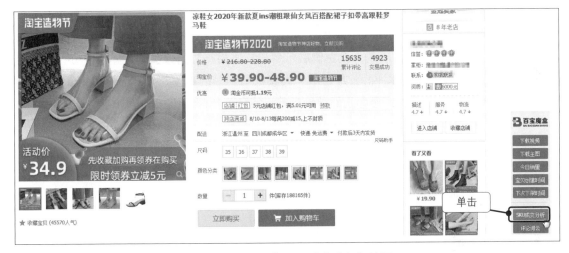

图2-86　单击"SKU成交分析"按钮

跳转到该产品的SKU成交分析页面，如图2-87所示。从产品颜色属性来看，米色的凉鞋销量最佳；从产品尺码属性来看，37码的凉鞋销量最佳。如果商家店内也准备售卖该产品，在备货时，就可以考虑多备热销款式。对于部分销量极少的颜色和码数，尽量少备，避免因为无法售卖而导致库存积压。

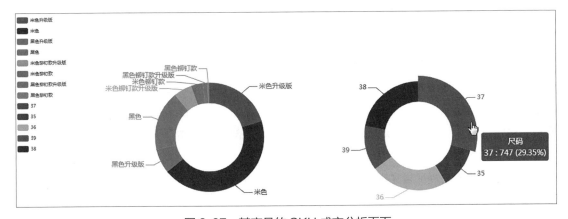

图2-87　某产品的SKU成交分析页面

了解竞争对手的 SKU 成交数据，既能帮助商家选款，还为商家备货提供了参考，减少库存积压的风险，在日常运营中非常重要。

2.5.3 竞品的口碑评价分析

分析竞品的口碑评价，有利于商家掌握同行的优缺点，进行取长补短。分析同行的差评，可以找到产品的弱点及竞争对手的弱点，如果自己能有针对性地对这些薄弱点进行优化和改进，就能得到更多消费者的认可；分析同行的好评，掌握同行的优势，进行学习使用，也能提升自己的运营水平。

在进行竞品口碑评价分析时，主要就是通过查看竞品的评价页面，分析消费者对该产品的评价内容。以某天猫店销售的一款牛仔裤产品为例，打开产品详情页，切换至评价页面中，如图 2-88 所示。从页面中可以看到，最左侧展示"与描述相符"的分值，总分为 5 分，该产品的分值为 4.7 分，属于中等水平；上方显示"大家都写到"的标签，如"质量很好""尺码合适""有点短"等标签，其中红色为正面评价标签，绿色为负面评价标签。

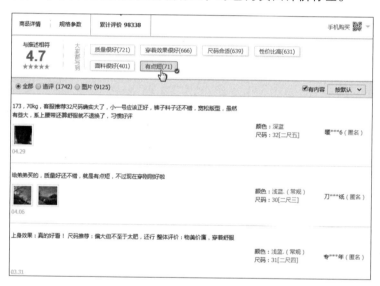

图 2-88　某天猫店产品的评价页面

商家可通过分析竞品的红色标签和绿色标签，将红色标签内容提炼成卖点，放在产品详情页中；将绿色标签理解为竞品或竞店的问题，自身应注意避开这些问题。如该牛仔裤被很多消费者提到"有点短"。如果商家也打算上同款裤子，应该先考虑能否联系供应商改版，将其裤子改长；如果不能，则应该主动在产品详情页中标明"部分消费者认为该牛仔裤偏短，大家在选择尺码时可选大一号，或联系客服推荐尺码"。

商家也可以通过百宝魔盒来查看评价。打开安装有百宝魔盒的产品详情页，单击"评论词云"按钮，如图 2-89 所示。

图 2-89　某天猫店产品详情页

进入该产品的"评论词云"页面，如图 2-90 所示。系统会抓取并提炼产品的评价内容，将评价内容以关键词进行展现。关键词的字号越大，说明评论该关键词的内容越多，图中大部分消费者对该产品都是正面评价，如"还可以""还行""挺好的"等。

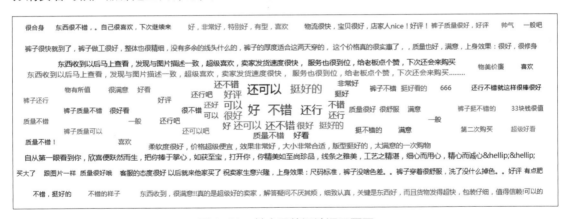

图 2-90　某产品的评论词云页面

商家也可以在产品详情页中单击百宝魔盒的"分析问答"按钮，查看某个产品的问答情况，如图 2-91 所示。

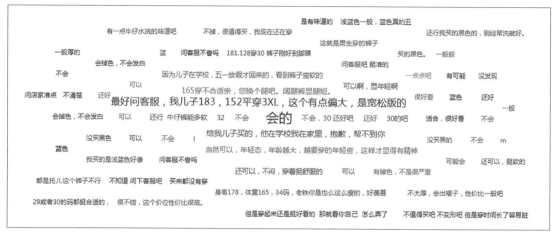

图 2-91　某产品的分析问答页面

分析问答页面主要是根据"问大家"板块里的内容，提炼出关键回答进行展现。"问大家"的入口位于手机淘宝的产品详情页中，如图 2-92 所示。当消费者对产品存疑时，可以直接在该手机淘宝的"问大家"板块提出问题，由平台推送该问题给购买过的消费者来回答。当然，商家也可以自己回答。

在手机淘宝"问大家"板块，很多问题都是消费者比较关心的问题，如果大家的回答不能令访客满意，则会影响产品转化率。例如，访客在查看某产品"问大家"内容时，看到其他消费者提问"质量好吗"，而连续几个回答都说质量不好，容易碎，那该访客很可能就不会购买该产品。

图 2-92　"问大家"板块

商家通过分析竞品的"评论区""问大家"等板块的内容，可以大概得知该产品或商家有什么值得借鉴的地方，也可找到产品需要优化的地方。主动优化竞品存在的问题，有利于提升自己产品的价值。例如，同一款牛仔裤，如果消费者在 A 店铺的产品页面中看到差评较多，但在 B 店铺的产品页面中发现差评很少，即使价格略高一点，消费者也会考虑购买 B 店铺中的产品。

因此，建议各商家在准备上架产品之前，应先了解竞争对手的产品评价情况，提炼消费者关注的卖点；提前处理好消费者可能会提到的差评问题，使产品更具竞争力。

2.5.4　竞品的流量和销量分析

商家通过分析竞品流量及销量，可以了解竞争对手的流量主要来源于哪些渠道，然后有针对性地展开营销推广工作。

1. 获取竞品流量和销量数据

竞品流量和销量数据获取需要用到生意参谋工具，具体操作步骤如下。

第 1 步：打开并登录生意参谋，在页面中单击"竞争"，在跳转的页面中再单击"竞争配置"，如图 2-93 所示。

图 2-93　单击"竞争配置"

第 2 步：单击"竞争店铺"或"竞争商品"，然后单击"查询竞品"下面的"＋"按钮来添加店铺名称或产品链接，即可完成添加竞品工作，如图 2-94 所示。

图 2-94　添加竞品

第 3 步：已添加好的竞品会展现在监控商品列表中，单击想监控产品后面的"竞品分析"即可跳转至新页面，如图 2-95 所示。

图 2-95　单击"竞品分析"

第4步：跳转至新页面，可看到竞品在一定时间（这里以30天为例）内的访客数、客群指数、支付转化指数、交易指数等数据，如图2-96所示。

图2-96 竞品数据页面

> **注意**
>
> 生意参谋展现在页面中的数据已经全部指数化，不会展现具体交易金额、具体百分比。

第5步：如果商家想下载竞品的详细信息，可在浏览器中安装"小旺神"插件，重新打开竞品分析页面，然后单击页面右侧显示的"小旺神一键转化"按钮，如图2-97所示。

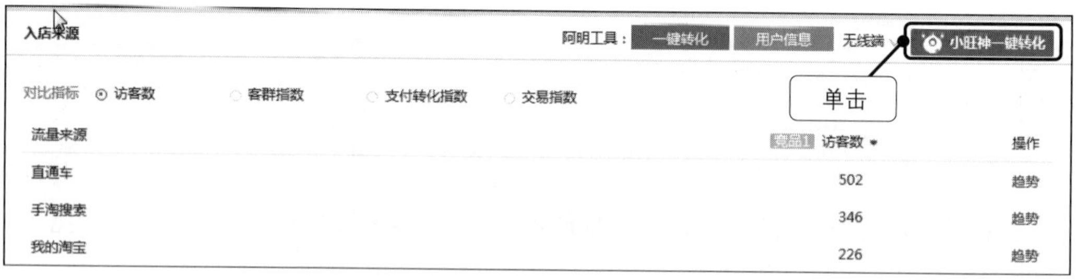

图2-97 单击"小旺神一键转化"按钮

第6步：系统自动跳转至"小旺神"插件页面，这时可看到竞品分析的具体数值，单击"导出数据"按钮，即可将竞品分析数据以Excel表的形式保存到计算机中，如图2-98所示。

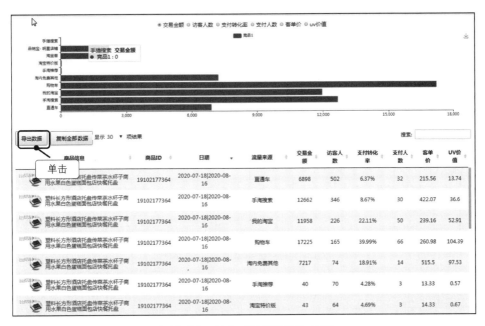

图 2-98 单击"导出数据"按钮

商家根据以上操作,即可完成竞品流量、销量的数据获取。部分未购买生意参谋市场功能的商家,可通过共享参谋工具,租用他人的生意参谋软件,对竞品数据进行收集。

2. 分析竞品流量和销量数据

商家在获取竞品数据后,还要通过 Excel 表对数据进行进一步的整理分析,以清楚地看到竞品的流量、销量情况,进一步了解竞品。竞品流量和销量数据分析的步骤如下。

第 1 步:打开下载好的竞品数据,选中全部数据,在菜单栏中选择"插入"→"数据透视表"命令,插入表格,如图 2-99 所示。

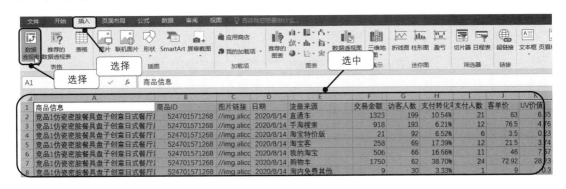

图 2-99 插入表格

第 2 步:跳转至数据透视表创建页面,将"数据透视表字段"窗格中的"流量来源"和"日期"拖入"行"组下,再把"访客人数""支付人数""支付转化率""交易金额"等数据拖入"值"组下,如图 2-100 所示。

第 3 步:由于部分流量来源下面分布有日期,故将鼠标放在"日期"列中任意一处,右击,在弹出的快捷菜单中选择"展开/折叠"→"折叠整个字段"命令,如图 2-101 所示。

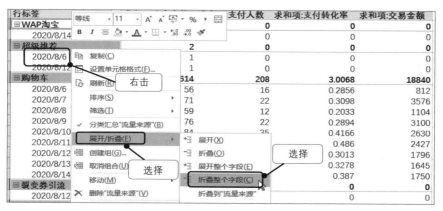

图 2-100　设置数据透视表字段

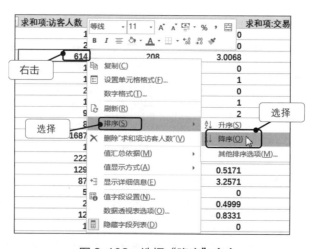

图 2-101　选择"折叠整个字段"命令

第4步：将鼠标放在"访客人数"列中的任意一处，并右击，在弹出的快捷菜单中选择"排序"→"降序"命令，如图 2-102 所示。

图 2-102　选择"降序"命令

第 5 步：为了更清晰地分析各个渠道的流量和销量数据，这里将支付转化率以百分比的形式进行展现。先计算出各个渠道的平均支付转化率，右击"支付转化率"列中的任意数据，在弹出的快捷菜单中选择"值汇总依据"→"平均值"命令，如图 2-103 所示。

第 6 步：计算出的支付转化率呈数值状态，在"开始"菜单中"数字"组中单击旁边的下拉按钮，在弹出的下拉菜单中选择"百分比"命令，支付转化率即可呈现百分比格式，如图 2-104 所示。

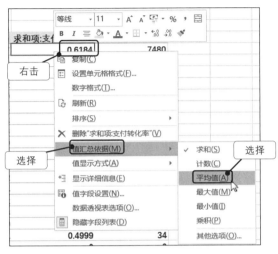

图 2-103　选择"平均值"命令

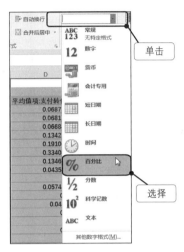

图 2-104　选择"百分比"命令

第 7 步：为了让各部分数据对比更明显，选中任意一列数据（这里以选中"访客人数"为例），在菜单栏中单击"条件格式"下拉按钮，在弹出的下拉菜单中选择"数据条"命令，再选择"实心填充"下的任意一个颜色，生成数据条，如图 2-105 所示。

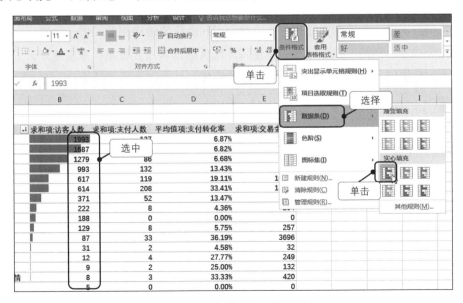

图 2-105　生成访客人数据条

第8步：重复上一步操作，依次生成支付人数、支付转化率及交易金额这几项的数据条，如图2-106所示。

行标签	求和项:访客人数	求和项:支付人数	平均值项:支付转化率	求和项:交易金额
⊞直通车	1993	137	6.87%	7480
⊞手淘搜索	1687	116	6.82%	7440
⊞淘宝特价版	1279	86	6.68%	309
⊞淘宝客	993	132	13.43%	1541
⊞我的淘宝	617	119	19.11%	10317
⊞购物车	614	208	33.41%	18840
⊞淘内免费其他	371	52	13.47%	5198
⊞手淘淘金币	222	8	4.36%	264
⊞直接访问	188	0	0.00%	0
⊞手淘推荐	129	8	5.75%	257
⊞手淘旺信	87	33	36.19%	3696
⊞手淘找相似	31	2	4.58%	32
⊞手淘消息中心	12	4	27.77%	249
⊞手淘其他店铺	9	2	25.00%	132
⊞手淘其他店铺商品详情	8	3	33.33%	420
⊞手淘微淘	5	0	0.00%	0
⊞手淘我的评价	2	1	49.99%	34
⊞手淘买家秀	2	0	0.00%	0
⊞超级推荐	2	0	0.00%	0
⊞手淘拍立淘	1	1	100.00%	42
⊞WAP淘宝	1	0	0.00%	0
⊞手淘汇吃	1	1	100.00%	7
⊞淘宝短视频	1	0	0.00%	0
⊞手淘有好货	1	0	0.00%	0
⊞手淘淘宝直播	1	0	0.00%	0
⊞裂变券引流	1	0	0.00%	0
⊞躺平频道	1	0	0.00%	0
总计	8259	913	14.62%	56258

图2-106 生成各种数据条

从数据条中，可看到来自直通车的访客人数最多，但支付人数却一般，支付转化率也不是很理想；虽然来自购物车的访客人数很普通，但支付人数却稳居第一，支付转化率和交易金额也比较理想。

通过各种数据条，能得知竞品较好的流量渠道和转化渠道有哪些，便于商家优化自己的流量渠道和转化渠道。例如，知道竞品的流量和转化大多都来自直通车，商家就要去了解直通车的操作规则，并通过实践得到更多直通车流量及转化，从而提高产品竞争力。

> **注意**
>
> 商家如果不知道"手淘汇吃""躺平频道"等渠道，可以进入生意参谋的帮助页面，搜索这些渠道的相关解释，从而了解更多竞品的流量来源渠道。

第3章

必知必会的店铺管理技能

本章导读

网店与实体店一样,也需要精心管理。不过网店作为一种虚拟店铺,其管理方法与实体店铺有较大区别。运营人员需先完成网店基础设置,完善网店的功能与信息,让店铺更有可信度;之后再准备好产品的信息,并将产品发布上架供消费者挑选。此外,运营人员需要了解如何管理交易。

3.1 设置网店的运营信息

商家可以根据自己的特点开设不同的电商店铺。比如,品牌商家可以开设天猫店,电器品牌商家可以开设京东店铺,中小企业可以开设淘宝企业店,个人商家可以开设淘宝个人店或微店……各个平台的开店步骤并不一致,商家在了解平台规则后,依照提示进行操作即可。

在店铺开设成功后,商家需要完成相关信息的设置工作。例如,在淘宝平台开设个人店后,需要设置网店、子账号、运费模板、千牛等。这里就以在淘宝平台进行相关设置为例进行讲解。

3.1.1 设置网店基本信息

在网店申请成功后,应立即完善网店的信息,如店名、店铺简介等。消费者看到的店铺信息越完善,就越容易对店铺产生信任感。这里以淘宝个人店为例,介绍设置网店信息的方法。

第1步:在"卖家中心"选项中的"店铺管理"栏目下,单击"店铺基本设置"链接,如图3-1所示。

第2步:进入新页面,在这里可重新设置店铺名称,单击"上传图标"按钮可上传店铺标志,如图3-2所示。

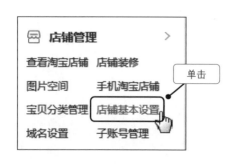

图3-1 单击"店铺基本设置"链接

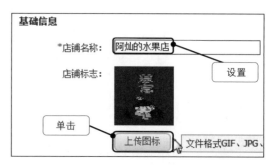

图3-2 设置店铺名称并上传图标

第3步:接下来输入店铺简介、经营地址、店铺介绍等信息,选中"我声明,此页面所填写内容均真实有效……"复选框,最后单击"保存"按钮,如图3-3所示。

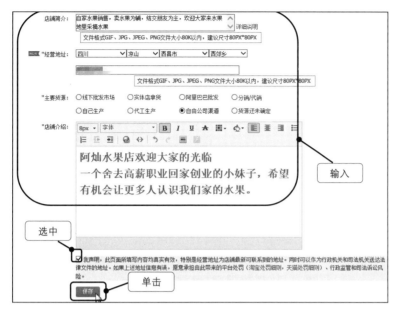

图 3-3　输入店铺信息页面

商家根据实际情况逐一完善店铺信息后，即可创建出属于自己的店铺。如果商家想让店铺看起来更加美观大气，可以进一步装修店铺。

3.1.2　设置子账号及其权限

商家用于申请网店的账号是主账号，一个主账号下可以设置若干子账号。运营、客服、财务等岗位的员工可登录子账号，进行上下架产品、与消费者交流等操作。主账号可对子账号的业务操作进行监控和管理。这里以在淘宝平台创建一个运营岗位的子账号为例进行讲解。

第 1 步：在"卖家中心"选项中的"店铺管理"栏目下，单击"子账号管理"链接，如图 3-4 所示。

第 2 步：进入账号概况页面中，可以直接看到已经拥有的子账号和还可以创建子账号的数量，如图 3-5 所示。

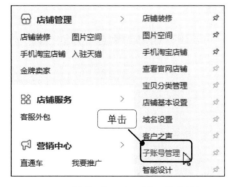

图 3-4　单击"子账号管理"链接

图 3-5　账号概况

第 3 步：在子账号后台，单击"员工管理"进入其页面，然后在默认的"部门结构"选项卡下单击"运营"，再单击"新建员工"按钮，如图 3-6 所示。

图 3-6　新建员工

第 4 步：进入新页面，按提示输入员工和子账号信息，输入完毕后单击"确认新建"按钮，如图 3-7 所示。

图 3-7　输入子账号信息

第 5 步：返回员工管理页面，可查看刚创建好的子账号信息。单击"修改权限"可修改该子账号的权限，如图 3-8 所示。

图 3-8　单击"修改权限"

第 6 步：跳转至运营岗位的子账号权限页面，可看到该子账号拥有宝贝管理、子账号管理等权限，商家可单击右上方的"修改权限"按钮对这些权限进行开放或关闭，如图 3-9 所示。

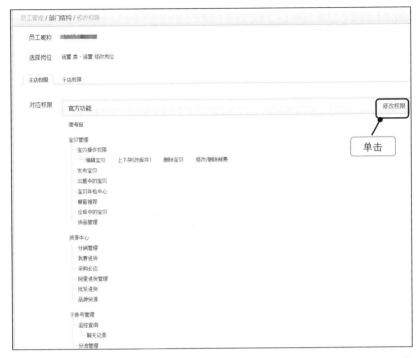

图 3-9　运营子账号权限（部分）

在进行上述操作后，商家可将管理店铺的权限交给各个岗位的工作人员，大家可以登录各自的子账号，做好各自分内的工作。

3.1.3　设置方便套用的运费模板

网上交易的实物产品，都需要通过物流来进行运输。物流费用跟目的地、服务商等有紧密的联系。商家可设置多个运费模板，在发布产品时根据需要指定相应的模板即可。

新店刚创建时，店内不存在任何运费模板，需要用户手工设置。这里以淘宝个人店为例，讲解创建一个新的运费模板的过程。

第 1 步：进入"卖家中心"后，单击"物流工具"，再选择"运费模板设置"选项卡，然后单击"新增运费模板"按钮，如图 3-10 所示。

图 3-10　新增一个运费模板

第 2 步：设置模板名称、宝贝地址及发货时间等信息，选择是否包邮、计价方式、运送方式等信息，然后单击"保存并返回"按钮，如图 3-11 所示。

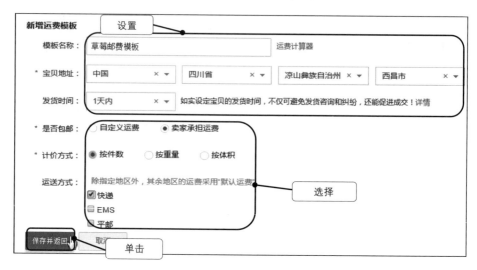

图 3-11　设置运费模板信息

第 3 步：设置成功后，运费模板如图 3-12 所示。

草莓邮费模板			最后编辑时间:2020-03-27 13:48	复制模板 | 修改 | 删除	
运送方式	运送到	首件(个)	运费(元)	续件(个)	运费(元)
快递	中国	1	0.00	1	0.00

图 3-12　设置成功的运费模板

上面设置的是包邮运费模板，如果商家想选择不包邮方式，则可以在"是否包邮"选项中选中"自定义运费"单选按钮，选择快递按件数或按重量收费并设置运费价格，单击"保存并返回"按钮即可。

3.1.4　设置千牛进行综合管理

在经营网店过程中，客服必须实时接待消费者，完成答疑、建议、催单等工作。如果店铺产品种类少，员工也不多，可以直接在网页中完成接待。但如果店铺较大，接待量相应也就较大。为了方便接待，商家可以下载工具，如淘宝天猫的千牛、拼多多的商家版等，在这些工具中与消费者沟通更加方便。

千牛是淘宝网为商家设计的网店管理与沟通平台，可用于监管店铺、客户管理、订单管理、产品管理等。这里以千牛为例，讲述该类软件的设置方法。千牛软件安装完成后，会在桌面生成一个软件图标，双击该图标即可运行软件，并按提示进行登录，再进行必要的设置。

商家进入千牛的接待中心后，单击左下角的"≡"按钮，即可进入系统设置页面，如图 3-13 所示。商家可根据自身需要，对千牛账号的状态、会话窗口、提醒、声音、自动回复等信息进行设置。

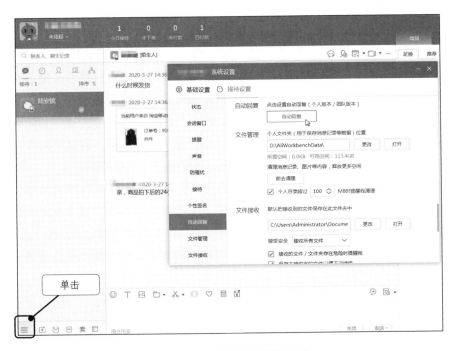

图 3-13　千牛系统设置页面

千牛软件的用法与 QQ 聊天软件差不多。商家可用千牛软件及时与客户、同行联系，获取更多重要信息。在开店初期，商家可多进入同行交流群，学习运营经验，提高自身运营水平。

3.2　管理产品信息

在设置好店铺信息后，接下来就可以发布产品了。一个完整的产品发布信息涉及标题、主题、详情页等内容。商家可以提前设计标题和主图等信息，便于发布产品时直接填写和上传。新手商家还应了解一些基础的产品管理知识，如掌握发布产品信息的流程、分析产品上下架时间、修改产品信息等。

3.2.1　产品标题的构成与优化

任何一个产品的销量都与其标题密切相关，因为一个好的标题有助于提升产品的搜索排名，帮助产品获得更多展现量和点击量。撰写一个好的产品标题并不容易，商家必须掌握产品标题的结构及撰写技巧，才能轻松创建出合格的产品标题。

通常，一个产品标题由 3 部分内容构成：名称词、感官词和优化词。

- 名称词：主要让消费者快速了解所销售的产品是什么。名称词一般就是产品本身的名字，如"外套""长靴""水杯""键盘"等。
- 感官词：主要让消费者对产品感兴趣。感官词最好能突出产品卖点，直击消费者痛点，如"显瘦""保暖""简约"等。

- 优化词：主要用于提高产品被搜索到的可能性。优化词主要是一些经常被消费者搜索的高频关键词，如"日系""上衣""百搭"等。

为更好地找到与产品相关的关键词，商家可通过淘宝搜索框推荐和选词助手来查找关键词。

- 淘宝搜索框推荐：淘宝系统会根据不同人群的搜索历史与热门推荐关键词相结合，组成联合关键词，并推荐给用户。例如，当消费者在搜索框中输入"连衣裙"时，系统会自动联想出"连衣裙儿童""连衣裙春秋""连衣裙显瘦"等关键词。如果再次将这些联想的关键词输入搜索框中，又会扩展出很多新的关键词。商家可以收集好这些系统推荐的关键词，整理成产品词库，以为将来设置产品标题所用。
- 选词助手：生意参谋中的"选词助手"工具不仅提供了店内引流搜索关键词、竞店搜索关键词及行业相关搜索关键词，还提供了关键词搜索热度、引导效果等数据。相比其他寻找关键词的途径，"选词助手"工具所提供的数据更为精准，但需付费才能使用。

另外，商家在用关键词组建产品标题时，应清晰准确地将产品的卖点信息传递给消费者，不要使用不明确的词或者过于"大"的词，使消费者产生误解。

3.2.2 上传产品信息到网店后台

发布产品，是指将产品的类目、属性、描述、物流及售后保障等信息上传到网店后台，形成一个独立的产品信息单元，当消费者查看该产品时，即可看到该产品的所有信息。在发布产品时，需正确设置产品的详细信息，并按照规定的步骤进行操作。

1. 正确选择产品类目

产品类目，指在发布产品时可在分类列表区域中选择所销售产品的详细分类。类目的设置方式一般为从左到右，先选择产品大类，然后再进一步选择小的分类、品牌等。如图3-14所示为选择发布产品类目页面。

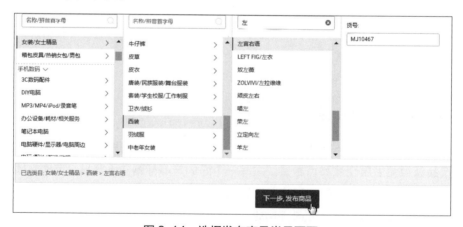

图3-14　选择发布产品类目页面

部分没有购买目标的消费者，会通过类目搜索来查找产品。因此，为了让产品获得更多曝光，在设置产品类目时，必须要细致、准确，这样才能增加产品被搜索到的可能性。

2. 正确设置产品类目属性

在填写产品的各项基本信息时，要特别注意类目属性的选择，不同产品的属性有所不同，商家根据产品实际情况，正确选择产品各个属性即可。如图3-15所示为设置产品的类目属性页面。

图 3-15　设置产品的类目属性页面

部分消费者在购物时，会选择用属性词来搜索产品，如消费者可能用"中长款西装领外套"来搜索该产品。所以这也要求商家在填写产品类目属性时，应秉承真实、有吸引力的原则。如果商家为了让产品获得好的排名，故意乱写产品类目属性，则容易因为产品与描述不符而造成交易纠纷或差评。

3. 完善产品信息

为了使产品信息更加全面、具体，商家还应对产品的信息进行完善。不同产品所需完善的信息略有不同，如服装类目将显示"颜色分类"与"尺码"两个选项，商家完善相应选项内容即可。如图 3-16 所示为完善产品信息页面。

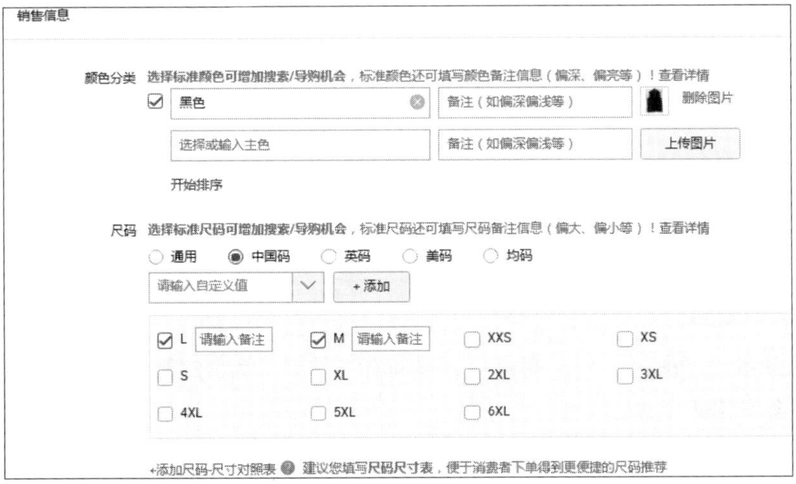

图 3-16　完善产品信息页面

产品信息在很大程度上影响着产品的销量，因此商家在设置上述信息时，应力求做到细致、精确，减少不必要的错误。另外，商家还需要填写好产品库存信息和价格信息。

4. 产品描述

产品描述是众多消费者最为关注的内容，商家在填写时，应通过图片、文字及视频展现出产品的功能、卖点等信息，以吸引消费者下单。产品描述主要包括电脑端、手机端的产品图片、产品视频及详情页描述等。如图 3-17 所示为电脑端宝贝的图文描述页面。

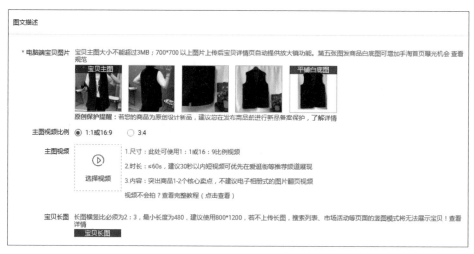

图 3-17　电脑端宝贝的图文描述页面

5. 设置物流信息

在物流信息页面应选择合适的物流模板，包括运送方式、运送地点、运费等信息。如图 3-18 所示为某产品的包邮模板。商家在设置好包邮模板后，发布产品时直接选择模板即可，而无须再进行运费价格设置。

包邮模板的副本　　最后编辑时间:2020-03-25 14:24　　复制模板 | 修改 | 删除

运送方式	运送到	首件(个)	运费(元)	续件(个)	运费(元)
快递	中国	1	0.00	1	0.00

图 3-18　某产品的包邮模板

注意

为了节约成本，商家可多咨询几家快递公司，尽量争取到一个便宜的价格。

6. 设置售后服务

为增强消费者对产品的信任，商家可以设置如图 3-19 所示的售后服务（如保修服务、退换货承诺、服务承诺等）。

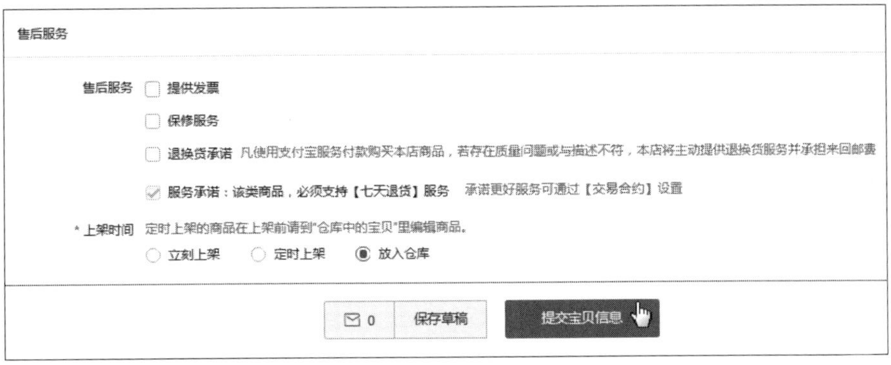

图 3-19 设置售后服务

在填写好以上信息后,单击"提交宝贝信息"按钮,即可成功发布该产品。

发布后的产品状态包括立刻上架、定时上架、放入仓库。也就是说,设置好信息的产品如果不是"立刻上架"状态,则处于仓库中,无法被展现给消费者,也不能被收藏和被交易。

> **注意**
>
> 消费者保障服务(淘宝消保),是指淘宝商家向平台申请后,向消费者提供的各类售后服务,如 7 天无理由退换货、基础消保、退货承诺等。店铺加入消费者保障服务后,能获得淘宝标签,更能获得消费者的信任,对提升搜索排名、增加店铺销量有重要影响。

3.2.3 适时上下架产品

商家在上传了产品信息之后,可立即对产品进行管理操作,如上架产品、下架产品等。为了让产品获得更多流量,商家还会特意挑选利于产品曝光的时间点上架产品。

1. 产品上架

一般来说,产品发布之后默认是立即上架的。如果在发布时选择将其存放在仓库中,那么还需要进行上架操作,才能呈现在消费者的眼前。将产品上架的方法很简单,其操作步骤如下。

第 1 步:登录千牛卖家中心,单击"宝贝管理"下面的"仓库中的宝贝"链接,如图 3-20 所示。

图 3-20 单击"仓库中的宝贝"链接

第 2 步:选中需要上架的产品,单击该产品右侧的"立即上架"即可,如图 3-21 所示。

图 3-21　单击"立即上架"

上架后的产品如图 3-22 所示。

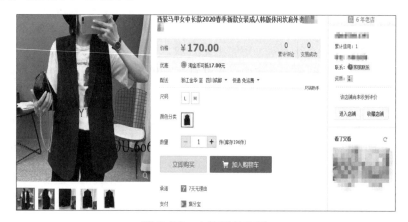

图 3-22　上架后的产品

如果商家分析出产品的最佳上架时间,则可以应用"定时上架"功能上架产品。定时上架,指让产品在指定时间自动上架。具体操作为:找到需上架的产品,单击右侧"更多"下拉按钮,在弹出的下拉列表中选择"定时上架"选项(图 3-23),跳转至设置定时上架页面,设定上架时间,并单击"上架"按钮即可。

图 3-23　设置定时上架

2. 产品下架

通常,产品发布 7 天会自动下架后再上架,无须商家手动操作,但有时因为产品库存紧缺,就需要手动下架产品,其操作方法如下:按照上架产品的步骤,进入"出售中的宝贝"页面,选中需下架的产品,单击右侧的"立即下架"即可,如图 3-24 所示。

图 3-24　单击"立即下架"

如果商家需要批量上下架产品，可选中多个产品的复选框，再单击"批量上架"（这里以上架为例）按钮即可，如图 3-25 所示。

图 3-25　批量上架产品

3. 产品上下架时间

很多商家在发布信息时喜欢选择"放入仓库"状态，经过分析后再去上架产品。其原因在于，虽然各个平台的上下架时间规定有所不同，但总体来说，越是临近下架时间的产品，其搜索排名越靠前，尤其是淘宝平台有规定，产品的上架周期为 7 天。也就是说，产品在某个时间上架，到 7 天后的同一时间就会下架，这是一个自动循环的周期，而这个周期内的起始时间和结束时间就是产品的上下架时间。

因此，商家要想让店内产品的搜索排名靠前，应该选择恰当的上架时间。通常，商家会选择流量高峰时段来上架产品，如 9:00—11:00，15:00—17:00，20:00—22:00。由于各个产品之间存在差异，所以这 3 个高峰段并不适用于全部的产品。

部分商家会通过生意参谋的实时访客信息（如图 3-26 所示）来分析访客集中访问时间段，得出目标消费者购物的最佳时间点。

考虑到竞争问题，部分商家在得出一个访客集中的时间段后，还会分析不同时间段上架产品数量及单个产品竞争对手上架时间点，来得到一个最佳上架时间点。在分析过程中，由于数据较多，商家可将时间点及相应数据做成 Excel 表，便于筛选和查找时间点。

图 3-26　生意参谋实时访客信息

3.2.4　修改产品的信息

产品在销售过程中，可能需要修改产品的颜色、库存、价格等信息。商家打开卖家中心，单击"宝贝管理"下面的"出售中的宝贝"，在页面中出现产品列表，单击需要修改产品右边的"编辑商品"链接即可，如图 3-27 所示。

随即会跳转到与发布宝贝时一样的页面，商家可以对宝贝信息进行修改，最后单击"提交宝贝信息"按钮即可。

图 3-27　单击"编辑商品"链接

注意

商家在修改信息时，应注意修改误区。例如，允许偶尔换换产品主图和价格，但如果频繁修改产品标题、主图、价格等信息，则容易被系统判断成换宝贝，轻则产品被下架，重则店铺被停业。所以商家在修改产品信息时，一定要了解平台相应规则，避免进入修改误区。

3.3 管理网店中的交易

店铺发布产品后,便可以进行交易了。商家在处理交易时,需要熟练掌握网上交易的基本操作,如确认付款、修改价格、发货、退货、评价等。

3.3.1 管理等待付款或已付款的交易

当消费者拍下产品后,交易进入"等待买家付款"或"已付款"状态,如图 3-28 所示。如买家长时间不付款,商家应该先联系买家,询问未付款的原因并催付。如果买家表示是误拍或改变主意不想要,商家可通过关闭交易操作来中止交易;如果买家因为想讲价而延迟付款,商家与之协商后,如果达成一致则可以修改价格,然后提示买家付款,否则等到付款超时后系统会关闭交易。

图 3-28 等待买家付款状态

如果买家已付款,则交易进入"买家已付款"状态。商家在发货前,必须要确认买家已经付款。进入"我的淘宝",在"交易管理"中单击"已卖出的商品"链接,可以看到"买家已付款"字样,如图 3-29 所示,即可确认买家已经付款了。

图 3-29 买家已付款页面

3.3.2 为已付款交易发货

确认买家付款后,接下来就应该根据订单打包产品,并联系物流发货。在买家已付款页面单击"发货"按钮,即可进入发货页面,发货共有 3 个重要步骤。先确认"第一步"中的收货信息及交易详情和"第二步"中的发货/退货信息;然后在页面下方的"第三步"区域中选择物流方式,如这里选择"无纸化发货",在文本框中输入发送的货运单号及选择对应的物流公司;最后单击"发货"按钮,如图 3-30 所示。

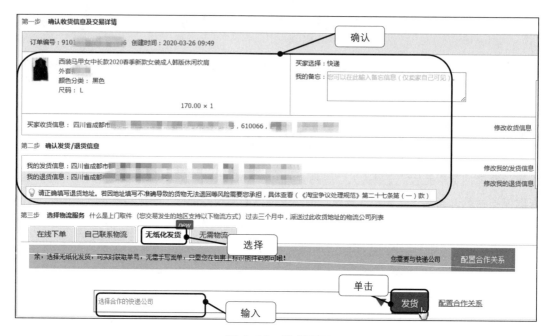

图 3-30　发货页面

商家单击"发货"按钮后,买家可在自己的订单中查看该产品的订单信息、快递单号及具体物流信息等。

3.3.3　管理交易中的退换货

当商家正在发货或已发货后,部分消费者会出现误拍或自己不想要等问题,提出退换申请。只要消费者的申请合理,商家都应该同意。当然,也有部分消费者是收到产品后由于个人原因或商家发错产品的原因提出退换申请。

其中,消费者收到货物后再提出换货的流程最复杂。这里列举一个常见的换货流程,如图 3-31 所示。因此,商家在处理换货申请时,需与消费者做好对接工作,如快递费的承担问题、产品的完整性问题。

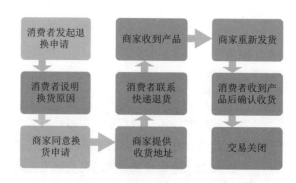

图 3-31　消费者收到产品后提出的退换流程

当然，如果遇到消费者因为误会需要退换货的情况，商家应尽量劝说对方不要退换货。因为如果一个产品出现多次退换货情况，可能会被系统认为该产品描述与实际不符，从而出现产品流量减少等情况。

3.3.4 管理消费者的评价

当消费者收到产品并对产品比较满意时，通常会主动确认收货并对此次交易进行评价。消费者的评价对产品和商家都是至关重要的，中差评会严重影响产品的销量及店铺的评分。如果消费者给予中差评，客服应主动联系消费者询问原因，并给出解决建议。如果消费者接受建议，愿意删除中差评则是最好的结果；如果消费者不接受建议，那商家应该对中差评给出解释，降低中差评的负面影响，如图 3-32 所示。

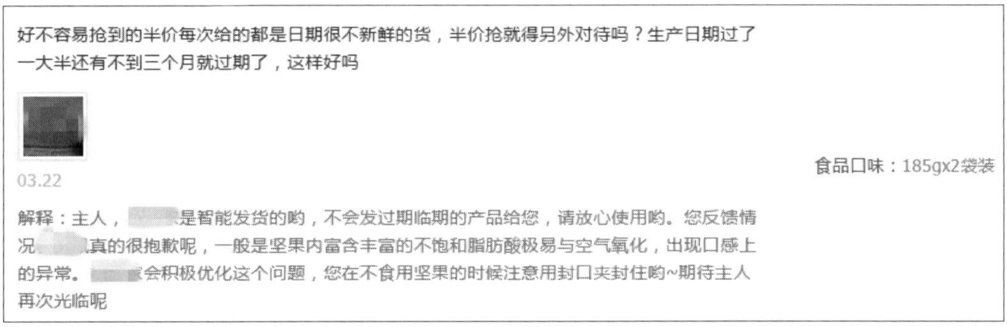

图 3-32　对中差评给出解释

第4章

网店装修与视觉营销全解析

本章导读

俗话说:"人靠衣装马靠鞍。"无论是人还是物,外表都十分重要。对于一个电商而言,无论是店铺的装修,还是产品的展示,都应该尽量美观、准确,如此才能更好地刺激消费者下单。因此,运营人员需具备视觉营销能力,将店铺装修出既迎合大众审美又符合产品定位的风格;还要与美工人员相互配合,拍摄出有吸引力的图片、视频,打动消费者。

4.1 网店装修定位

装修定位，指通过装修店铺达到产品营销或品牌推广的目的。也可以理解为，根据产品风格和行业数据规划店铺风格和布局，使产品更加规范合理地展现在消费者眼前，在方便消费者浏览的同时，也加深消费者对产品和店铺的印象。

4.1.1 网店结构设计

商家在装修店铺之前，应了解店铺结构。以淘宝平台为例，开设一个新店铺时，一般有如图 4-1 所示的板块布局（电脑版）。

图 4-1　店铺结构图（部分）

- 店名：是一个店铺的招牌，位于店铺左上角，只能用文字命名，字数为 1 ~ 30 个。
- 店铺信息：显示店标、店招等信息，这部分内容是一个店铺的形象参考，代表着店铺的风格、品位、特性等，起到一定的宣传作用。
- 导航栏：可以添加本店搜索、宝贝排行榜、宝贝分类和友情链接等多个模块。这些模块可以在装修中进行增删。

- 宝贝推荐：显示当前推荐的宝贝。

以上是新开淘宝店铺的默认布局，商家可在卖家中心对模块进行删减或设置成其他布局，如使用横向的导航栏、放置活动海报等。下面着重讲解店招、导航栏、海报等设计要点。

- 设计店招：店招是一个店铺的招牌。店招信息不宜太多，最好结合品牌、产品等方面设计。在设计店招时，首先要考虑品牌形象植入，其次是抓住产品定位。例如，某蜂蜜品牌店招为"国家自然保护区直采蜂蜜，只为高品质的你"，树立了一个高端蜂蜜的品牌形象。
- 设计导航栏：导航栏主要起到分类引导的作用。好的导航栏可以让消费者迅速找到所需产品。例如，服装店铺可以划分出连衣裙、半身裙、雪纺衫、衬衫、裤子等分类。
- 设计海报：好的海报能让消费者眼前一亮，有兴趣继续往下浏览。海报一般放置于导航栏下方，主要有新品海报、活动海报。
- 选择主推产品：主推产品的图片应囊括店内所有产品类别，如上装、下装、连衣裙、鞋帽等。在挑选主推产品时，应尽量选择款式差异大、价格差异大的产品，满足不同消费者的需求。

当然，这里主要以讲解店铺首页为主，商家还应根据产品特征、品牌信息等设计产品详情页，便于消费者发现兴趣产品、购买心仪产品。

4.1.2 网店装修原则

网店装修应该是商家经过深思熟虑后的行动，而不是想当然地增删板块。商家需要从根本点出发，认识到装修对店铺、产品起到的积极作用，这也要求商家在装修时遵循以下4个原则。

- 易记性原则：这是店铺装修的首要原则。简而言之，即方便消费者记住店铺。
- 一致性原则：店铺的装修与店内其他要素（如产品、海报、详情页等）的风格保持一致，有利于树立品牌形象，从而增强消费者的信任感。
- 差异化原则：为了凸显自己与竞争对手的区别，网店装修风格必须体现出差异化。只有装修出标新立异的店铺，展示出产品的特色，才有利于消费者识别并记忆自己的经营特色和风格。
- 人性化原则：在装修时，应站在消费者的角度，设计一些方便消费者浏览、使用的板块。例如，考虑到部分消费者在手机端购物，因此应针对这类消费者优化手机端页面。

除了遵循以上原则，还应考虑版面布局原则，设计出美观大方的页面。例如，遵循"主次分明"原则，在一个页面中，考虑到视觉在屏幕中央，所以把重要信息或产品安排在中间位置，在其他位置安排次要内容，做到主次有别。

4.1.3 装修应符合产品定位

店铺装修不仅是优化视觉的重要因素，还是提升店铺销量的关键。如同实体店的装修与产品的关系，网店也要根据产品来进行装修，达到相互呼应的效果。所以，网店装修首先应该符合产品定位。

一个店铺的装修，从详情页到店铺首页都应该与产品相关。严格来说，店铺的风格、文案、海报等设计应与产品的定位、品牌理念及产品风格保持一致。这种一致性有利于打造品牌形象，增强消费者的信任感，吸引更多目标消费者。

这里以分析"三只松鼠"为例，讲解装修与产品定位的关系。于2012年创建的"三只松鼠"线上店，连续几年在"双十一"活动中取得高销售额，成为天猫店粉丝数第一品牌，其用户数量已过亿。

首先，松鼠最爱吃什么？答案当然是坚果。因此，在消费者看来，三只松鼠自然是卖坚果的。在店铺首页有"零食仓库""松鼠窝"等分类，给人的感觉这就是小松鼠的家，如图4-2所示。在产品详情页里，更是以小松鼠的口吻相称，把消费者称为"主人"，给消费者留下亲切感。

图 4-2　三只松鼠店铺首页

考虑到其目标消费者大多以女性为主，而女性对于"萌"又无法抗拒，所以三只松鼠店内的海报、产品包装都印上了萌萌的松鼠形象，吸引女性消费者购买。从这个案例可以看出，商家在装修之前应根据产品特征找准目标消费者，并在装修中加入更多吸引消费者的元素。

4.1.4　网店装修风格定位

一个引人注目的网店一般有多个吸引消费者的因素，如产品质量、客户服务、店铺风格等。因此，一个网店的装修风格也至关重要，装修风格应该迎合产品风格和品牌风格，增强消费者对于店铺的记忆。常见的网店装修风格如下。

- 复古风格：怀旧复古的风格一般有古典韵味，带给消费者一种恋旧情怀，这种风格会营造出一种浓郁的文化氛围，适用于一些有年代感的产品，如旗袍、玉石等。
- 简约风格：简约的装修风格常带给消费者舒适放松的感觉，适用于家居用品、生活用品等产品。
- 小清新风格：这是当下比较受年轻消费者喜欢的一种风格，带给消费者时尚、浪漫、温馨的感觉，适用于日韩服饰、小饰品等产品。
- 地中海风格：这种风格主要以海蓝色为主，适用于母婴产品、儿童产品等。
- 工业风格：在互联网中，工业风格极具个性化，也受到消费者的喜欢，适用于潮衣、潮鞋等潮牌产品。
- 冷淡风：近年来很火热的风格，是一种去繁求简的极简风格，适用于家具、生活用品等产品。

在装修时，要从装修主题、色彩、细节等方面去考量，尽量体现出产品文化与品牌形象。例如，"梅子熟了"是一家成立于2010年的原创女装品牌，主要消费群体以20～25岁的女性为主。发展到今日，"梅子熟了"已经有多个店铺，其产品分别走不同风格的路线，装修上也产生了明显的差距。如图4-3所示为梅子熟了文艺复古时装店首页，图4-4所示为梅子熟了店铺首页。

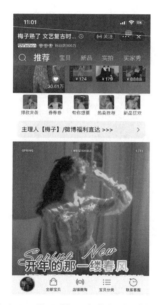 

图 4-3　梅子熟了文艺复古时装店　　　　图 4-4　梅子熟了店铺

前者整体装修呈现出简约而不失简单的风格，海报中模特身着浅粉色的连衣裙，透露着浓浓的复古文艺风，加上"开年的那一缕春风"产品广告语，让店铺风格更加明显；后者整体装修简洁而大气，带给消费者舒适放松的感觉，主要售卖潮流服饰。

以上两个店铺风格形成了明显的差异化，影响店铺风格的因素除了产品、文字和导航栏外，还包括颜色。不同的颜色能营造出不同的视觉效果，所以商家还应根据产品和品牌形象选择合适的颜色，使整个店铺看上去内容更饱满，提升视觉感受。常见的网店颜色如下。

- 黑色：黑色象征着高贵、稳重、庄严，在科技产品店铺中较为常见，如电视、音响、相机等。
- 红色：红色常给人以喜庆感，同时也容易刺激消费者产生冲动行为，所以很多店铺在活动期间都喜欢用红色装修店铺。
- 白色：白色常给人以高级、简约感，在生活用品和服装产品类目的店铺中较为常见。但由于纯白色容易带给人冰冷感，所以商家往往会选用米白、乳白、象牙白等颜色。

在装修时，很少存在只选择一种颜色的情况，一般选择一种主色，再加上其他配色来装修，更容易体现出丰富的层次感，对消费者而言也更有视觉吸引力。

4.1.5 店铺页面分析

无论是网店还是实体店，都会通过装修来给消费者传递一些重要信息，给消费者留下印象，并在一定程度上决定消费者是否愿意进入产品详情页或是否购买。网店页面的装修效果可以方便地通过数据工具进行查看，分析各个页面的访客数量、转化率等数据，来决定页面是否需要优化。

淘宝平台的商家可使用生意参谋查看店铺主要页面数据。如图4-5所示为某店铺首页概况。

图4-5 某店铺首页概况

商家如果无法从数据中发现可优化的地方，可单击"装修诊断"，综合数据趋势进行分析。如图4-6所示为某店铺的诊断页面，可见该店铺的访客数和点击人数都趋于平稳。

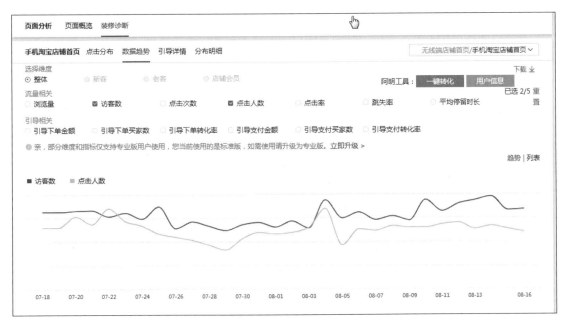

图4-6 某店铺的诊断页面

经过数据分析，如果发现首页访客多，而转化率却低，则应该查找原因并优化处理。例如，某服装店铺以前的类目导航栏分别为衣服、裤子，可细分调整为雪纺衫、短外套、连衣裙、阔腿裤、哈伦裤……

店铺首页的作用在于：把流量合理地分配给主推产品，以及引导消费者找到合适的产品。商家用心优化的首页，让人一看就会觉得与众不同，可以吸引消费者。

例如，"梅子熟了"作为一家文艺复古时尚女装店，首页展示的主要内容为主推产品、促销产品、优惠券模块、分类模块、导航栏等。其中，主推产品主要以海报的形式展示在首页靠前位置，放置新品或最受欢迎的产品，吸引消费者点击。"梅子熟了"网店在夏初时节放置的夏季新品海报如图4-7所示。滚屏海报原本就是一个视觉"炸弹"，给人眼前一亮的感觉，配上与店铺、产品定位相契合的文案——"阳光和新装，夏日解忧秘方"，为新品营造出夏日小清新的感觉，吸引消费者点击。

图 4-7　梅子熟了新品海报

导航栏的作用在于分类引导。好的导航栏可以让消费者快速找到想要的产品，提高购物积极性。"梅子熟了"网店共设有两条导航栏，如图4-8所示。

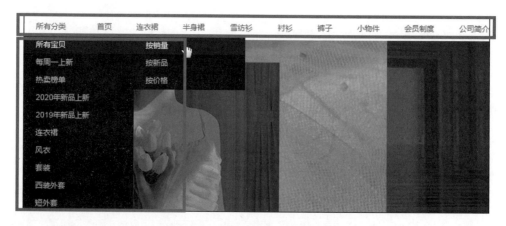

图 4-8　"梅子熟了"的导航栏

横向导航栏主要根据出售的产品进行分类，如连衣裙、半身裙、雪纺衫、衬衫、裤子、小物件等,按重要程度从左到右排列,其目的是希望消费者把点击集中在连衣裙、半身裙等产品上。竖向导航栏属于隐藏导航栏,选择"所有分类"即可展现所有宝贝、每周一上新、热卖榜单、2020年新品上新等,便于消费者按销量、按新品、按价格等方式搜索产品。

除此之外,"梅子熟了"的活动页面也值得一提。店铺通过设置签到有礼、关注店铺领取优惠券、秒杀福利款等信息,吸引消费者养成连续进店签到的习惯,吸引消费者关注店铺,如图4-9所示。

图4-9 "梅子熟了"活动页面

商家在设计首页时,不能单纯地套用同行模块、内容,要根据自己的产品、店铺定位设计出更方便消费者查找、浏览、点击的页面,此外还可以加入一些丰富有趣的视觉元素,给消费者留下更加深刻的印象。

4.2 产品视觉营销

在电商平台交易的产品,需要通过图片、文字及视频来展示产品的卖点和功能。同一件产品,通过不同的拍摄角度和不同组合方式,可以展现出不同的视觉效果。运营人员需掌握产品拍摄优化、详情页优化的技巧,将产品更出彩的一面展现给消费者,从而获得更高人气和销量。

4.2.1 视觉营销的重要性

同一个产品,用不同的方式拍摄出的图片存在明显差异时,对产品的流量和转化率会有很大影响。例如,同为小雏菊耳钉,图4-10所示的产品图片用了淡蓝色背景,映衬出黄白色的耳钉清新可爱形象,该产品月销4000多件;再看图4-11所示的产品,采用灰色背景,与产品颜色相近，无法突出产品本身，且产品的摆设角度和拍摄角度不佳，该图片下的产品给人以廉价的感觉，月销仅5件。

图 4-10 月销 4000 多件的产品图片

图 4-11 月销 5 件的产品图片

> **注意**
>
> 月销 4000 多件的产品价格为阶梯价格，小型号的价格为 19.8 元，大型号的价格为 29 元。其中，大型号与图 4-11 中月销 5 件的产品规格一致，为同一产品，这充分说明了产品图片的重要性。

4.2.2 拍摄产品图片

图片是销售产品最直接的视觉展示方式，直接影响消费者的点击率和转化率。因此，图片的重要性不言而喻。一张精美的图片，需经过策划背景、构图、布置光源、后期处理等程序。

1. 策划背景

位于拍摄主体之后的景物为背景。在拍摄产品时，将拍摄对象置于合适的背景中，不仅能突出主体，还能给拍摄画面增加浓厚的现场感与真实感。在选择背景时，一般选择简洁、干净的背景。

例如，在拍摄珠宝时，选取纯色背景最佳，如图 4-12 所示的钻戒图片选用纯黑色的背景。在拍摄这类产品时，需要重点展示钻戒的外观、造型、金属质感、钻石光泽等内容。选择纯黑色的背景，有利于突出钻戒本身的亮泽度，让产品看起来璀璨耀眼。

图 4-12 纯黑色背景的产品

当然，不是每个产品都适合选择干净的背景。例如，有的服饰、鞋帽需要街拍，难免遇到背景繁杂的情况，针对这个问题，可以对图片进行后期处理，如虚化背景、分离背景等。

2. 构图

构图是拍摄图片或视频的基本技巧之一，是指产品主体（单个或多个）在照片或视频画面中的位置，以及产品主体在背景中所形成的视觉效果。好的构图，能更好地展现产品的主题与美感。构图的目的在于把图片或视频的兴趣中心点引到主体上，从而吸引消费者的注意力。下面介绍几种常见的构图法。

- 居中对称构图法：使整张图片看起来相对对称，具有平衡、稳定、相呼应的特点，是电商产品拍摄中最常见的构图方式。
- 斜线构图法：有利于直观地展示产品细节部分。
- 九宫格构图法：指把画面上、下、左、右四个边都进行三等分并用直线把这些对应的点连起来构成一个井字，由此把画面面积分成相等的九个方格，其适用于偏文艺的产品。
- 错落构图法：将产品根据远景和近景进行区分，明显体现出层次感，可以展现出丰富的层次感、朦胧感。

例如，图4-13所示的项链采用居中对称构图法，将产品放置于画面的正中心，左右两边的对称使整张图片充满画面感的同时又不失平衡感。

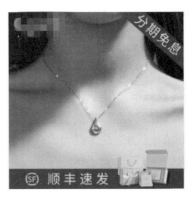

图4-13 采用居中对称构图法的产品图片

3. 布置光源

为了更好地展现产品，商家应在摄影棚中布置好光源，如主灯、顶灯、闪光灯、背景灯、辅助灯等。当光线从不同角度照射到产品上时，会产生不同的效果。充分利用光线的射入角度，可以对产品进行不同的诠释，如表现出产品的质地、厚薄、软硬等，让消费者更全面地了解产品，促成交易。常见的光线技巧包括顺光、侧光、逆光、顶光拍摄等。

- 顺光拍摄：指光线照射的方向与产品主体方向一致，光线顺着拍摄方向照射。顺光的光源位于产品的前方，顺光拍摄时，产品正面会布满光线，产品的色彩、细节将会得到充分展示。
- 侧光拍摄：指光线从侧面照射到产品上，从而营造很强的立体感，展示产品的材质。
- 逆光拍摄：指光源来自产品的后方，光线勾勒出产品的轮廓线条，搭配深色背景更有画面效果。
- 顶光拍摄：指从拍摄主体顶部向下照射的光，适合体积较小的产品使用。

在拍摄产品时，同一产品可能会采用不同光线拍摄，能够更全面地展示产品特点。例如，图4-14所示的两张产品图片，分别采用了顶光拍摄和侧光拍摄。

> **注意**
>
> 部分产品由于材质表面光滑，在拍摄时易出现反光问题，无法展现反光部位的细节，从而影响产品图片质量。针对这种情况，商家可以购买柔光箱，将产品放进柔光箱进行拍摄，即可降低反光。

图 4-14 分别采用顶光拍摄和侧光拍摄的产品图片

4. 后期处理

在拍摄产品过程中难免会遇到一些问题，如曝光过度、图片过大等。为了避免这些问题，商家可以对产品图片进行后期处理，如调整产品图片大小、改善图片曝光度、添加店铺水印等，从而生成一张张精美图片。

常用的图片后期处理工具也有很多，如 Photoshop、光影魔术手、美图秀秀等。其中 Photoshop 功能最为强大，几乎涵盖了所有能想到的图片处理的各种效果，是商家处理图片的首选工具。

4.2.3 拍摄产品视频

随着消费者的碎片化时间越来越多，短视频营销逐渐走进大众视野，无论是电商网站内的主图视频、详情页视频，还是站外的抖音、快手等短视频，都受到消费者的追捧。很多电商平台规定，商家如果在详情页放置产品视频，将有机会获得额外的流量。根据以上原因，部分不擅长拍摄视频的商家，为了争取流量而拍摄出质量较低的视频放置在产品详情页中。这样做可能会影响产品转化率，因为消费者看到低质量的视频可能会产生反感情绪，从而降低购物欲望。因此，商家应该认真对待视频拍摄，争取拍出优质视频来打动消费者。那么，怎样才能拍出优质视频呢？可以从下面几个角度来进行研究。

1. 主图短视频

拍摄产品图片与视频是相通的，包括场景布置、构图、光源布置、后期处理等程序。展示在不同位置的视频，其拍摄内容应该有区别。例如，展示在产品主图的短视频，其目的是吸引消费者的关注，展现使用方法、产品功能等信息会给消费者留下深刻印象。某售卖多功能刀具套装的商家，在产品首页放置这 5 件产品使用场景的短视频，如图 4-15 所示。短视频分别展示菜板、小号刀、中号刀、大号刀及削皮刀的使用场景，能让消费者看到这套粉嫩色的刀具，不仅外表可爱，其功能也很实用。

图 4-15　某刀具短视频截图

2. 详情页短视频

放在产品详情页的短视频，主要向消费者展示产品的细节，吸引消费者购买。例如，某蜂蜜的详情页短视频，主要用于展示宝贝故事，如图 4-16 所示。视频通过展现蜂蜜原产地的自然景观、监测蜜蜂生长的水质和空气等内容，突出蜂蜜的品质好，吸引消费者购买。

图 4-16　某蜂蜜的详情页短视频

3. 短视频平台内的短视频

一些放置在短视频平台的短视频，应该淡化商业气息，引起消费者进入产品页面。例如，某大码女装博主在抖音发布套装短视频，通过换装前后的强烈对比，吸引身材丰盈女性的关注，如图 4-17 所示。对视频中产品感兴趣的消费者，可单击视频中的小黄车按钮，跳转至产品页面，如图 4-18 所示。消费者在查看产品主图和价格后，如果仍然对产品感兴趣，可单击"去购买"按钮，跳转至该产品的详情页。

图 4-17 抖音短视频

图 4-18 跳转产品页面

由此可见，放置在不同地方的短视频有着不同的作用。商家要根据短视频的目的策划对应的内容。

4.2.4 产品详情页优化

众所周知，线上购物和线下购物最大的区别在于：线上客户不能进店试穿、试吃、感受产品材质，只能通过商家提供的图片和文字来了解产品详情。部分商家在制作详情页时，因为缺乏经验与思考，索性直接模仿同行的详情页，而没有自己的特色，导致访客留存率长期低迷。

产品详情页的重要性不言而喻，它决定了能否将进入详情页的访客转化为购买者。一个好的详情页像能说会道的销售员，能刺激更多访客下单。一个详情页的效果如何，主要根据数据来判断。商家可查看详情页的访客数、转化率等数据来决定是否优化详情页信息。例如，淘宝平台的商家可通过生意参谋"页面分析"中的"商品详情页"来查看具体数据，如图 4-19 所示。

图 4-19 某店铺商品详情页

如图 4-19 所示，该店铺大多产品的下单人数都呈增长趋势，只有少部分产品的下单人数在减少。产品详情页应该如何优化呢？据统计，目前的购物环境中有 90% 的客户都来源于无线端。在无线端，大多数访客都以快节奏购物为主，在店内停留时长在 30 秒左右。30 秒的时间内访客基本就看 5 张主图，快速浏览一下产品评论和"问大家"，如果都比较满意，访客基本就加购付款了。

如何让访客在浏览详情页时生成交易，是很多商家都在思考的问题。任何产品的销售都有一定的推销原理，详情页的策划其实也有方法可依。例如，消费者在购物前，一般最为关心如下几个问题。

- 该产品是否具备我需要的功能？
- 该产品与其他产品相比，是否具备足够的优势？
- 购买该产品，是否能解决我的问题？我是否能获得好处？是否能用于我理想的场景？
- 该产品是否可信？特别是在购买后，如果出现问题是否能得到满意的售后处理？

FABE 法则可以通过特征、优势、利益和证据 4 个方面，在解决消费者最为关心问题的同时，也顺利地实现产品的销售。FABE 法则由郭昆漠总结而出，是非常典型的利益推销法。

1. F（特征）

F 代表特征（Features），是指产品的特质、特性等基本功能，这也是消费者购物时首要关心的问题。例如，消费者想购买一个保温杯，最为关注的应该是"保温"功能。如果产品详情页展现了产品具备保温功能，消费者就继续浏览；否则可能直接退出详情页转而浏览其他产品。

所以很多产品详情页的第一屏，都选用一张具有核心功能的海报来介绍产品。如图 4-20 所示为某服装类目产品详情页的第一屏。通过图片和问题，可以得知该裤子具有加绒、加厚、无惧水洗等特征。消费者可通过这些特征，来决定是否购买该产品。

图 4-20　服装类目产品详情页的第一屏

通常，服装、鞋帽等类目可以通过外观图直观地展示产品特征，但对于部分产品，则需要以图文结合的方式来展现。例如，某食品类目产品详情页的第一屏，通过图文结合，让消费者知道该产品含多种维生素矿物质，可以补充关键营养，如图 4-21 所示。海报文案直观地告诉消费者，维生素可用于预防和治疗维生素和矿物质缺乏所引起的各种疾病，激发目标人群的兴趣点。

由以上两个案例可知，FABE 法则中的"F"就是用海报直截了当地介绍产品特征。例如，保暖内衣的第一张海报基本都离不开"保暖"特征。

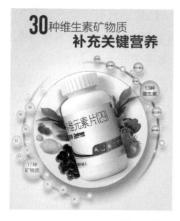 

图 4-21　某食品类目产品详情页的第一屏

2. A（优势）

很多产品都有着类似的特征，如保温杯都有"保温"功能。那么，如何让自己的产品从众多产品中脱颖而出呢？这就涉及 FABE 法则中的"A"了。A 代表优势（Advantages），通常在列出产品特征属性后，起强调、对比作用。产品的特征可以激发消费者的兴趣，而在优势的引导下，更容易让消费者产生购买行为。

产品的优势往往体现在多个方面，如图 4-22 所示的产品详情页，传达了自己产品与其他同类产品相比具有的品牌优势、物流优势和技术优势，这也是说服消费者购买自己产品的重要理由。

图 4-22　展现自家产品的优势

商家在策划详情页产品的优势时，重点介绍消费者较为关心的优势即可。例如，某款体重秤与其他体重秤相比，有着高精准度的优势。在整理产品优势时，应多花时间去收集同行信息，着重整理出具有差异化的优势。

3. B（利益）

B 代表利益（Benefits），强调产品能为消费者带来的利益和好处，能够解决消费者问题的痛点，可激发消费者购买欲望。利益点在销售中至关重要，产品的优势一般用于激发客户潜在需求，而产品的利益点则用于影响消费者的购买行为。

消费者购物通常都比较在意产品或服务能为自己带来的好处，但由于线上不能直接接触产品，所以需要通过详情页文案告知消费者。如图4-23所示的遮瑕膏详情页，用"黑眼圈隐形"和"小瑕疵再见"等文案，说明其遮瑕功能极佳，可以解决消费者黑眼圈、痘印、斑点等问题。

图4-23 展现产品利益点的详情页

在描述产品能为消费者带来利益点时，还需注意尽量将产品的功能展示进行场景化。在撰写详情页时，可以罗列出产品的使用场景，再描述这些能为消费者解决什么问题。例如，某款行李箱详情页截图中，就罗列出消费者的使用场景，如图4-24所示。当消费者在浏览该页面时，自然而然地联想到自己在开学日或今后的旅行中使用该产品的场景。

图4-24 某款行李箱详情页截图

4. E（证据）

E代表证据（Evidence），是指用于证明一些产品情况的资料，如产品的质检报告、买家评价等，这些资料可加强消费者对产品和店铺的信任。例如，某行李箱详情页中展示了该款行李箱自由跌落、高频提位、抗压承重、满载拖动等几个方面的检测报告，说明产品的质量通过检测认证，可放心购买，如图4-25所示。

图4-25　某行李箱的检测报告

消费者在购物时，往往会参考他人的评论。因此，商家在策划详情页时，也可以考虑优先展示产品销量、真实好评等截图；提供产品现场演示照片、视频等内容来说明产品质量好；如果是连锁品牌产品，还应出具品牌授权书，增加消费者对品牌的信任感。在收集产品"证据"材料时，应注意客观性、权威性和可靠性等。

FABE法则作为经典的销售法则，应用到详情页策划的流程如图4-26所示。首先应找出消费者最为感兴趣的特征，再通过分析这一特征所产生的优势，以及分析产品能为消费者带来的利益和解决的痛点，最后用证据打消消费者的疑虑，促成订单。

图4-26　FABE法则流程

一个好的详情页能大大提升产品的转化率，对店铺的发展起着关键作用。在策划详情页时，还应注意以下技巧。

- 优惠券信息：用利益诱惑消费者心动，如收藏并关注，可以领取5元无门槛代金券。
- 善于包装：俗话说"酒香也怕巷子深"，为使产品获得更好的销量，可以在详情页中加入历史悠久等元素，对产品进行包装。
- 打感情牌：人既理性也感性，应善于用感情牌打动客户，如在详情页中加入父母、孩子、朋友等元素，引起客户共鸣。
- 积极向上的精神：大多数人对积极向上的精神都持崇敬的态度，如果能在详情页文案中体现出积极向上的精神，也能得到客户的认可。
- 推荐热销产品：推荐 3 ~ 5 个热销且性价比高的产品，加大消费者转化的可能性。
- 展示产品图：使用不同拍摄角度的图片，多方面地展示产品，例如，服装产品可以放置模特正面图、侧面图、背面图等；也可以展示产品在不同场景中的图片，例如，充电宝产品图可以展示外出旅游搭乘火车、汽车等交通工具时充电的场景；还可以展示产品细节图凸显产品品质，如箱包类产品可展示箱包拉链、吊牌等图片。
- 购物须知：为避免交易纠纷，还应在详情页中写明购物须知，如邮费、发货时间、退换货问题等内容。

手机淘宝产品详情页是增加产品的权重，提高移动端流量和转化率的重要渠道之一。很多商家直接把电脑端的详情页缩小放置手机端中，但这样往往会导致手机端的产品详情页过长，而手机端的消费者大多不愿意去看长篇详情页，就容易造成访客流失。所以，商家应根据产品特征和手机端消费者的浏览习惯，设置适合手机浏览特点的详情页。

另外，手机端的消费者更加关注其他买家的评论、"问大家"板块内容。所以，商家更要注意优化这些内容，减少因差评过多导致消费者流失的情况。

第5章

善用直通车对产品做精确推广

本章导读

直通车是淘宝平台上最常用的一个精准推广工具,很多商家都使用直通车获得了精准的流量,大幅度提升了店铺访客数量及产品销量。因此,商家想运营好一个店铺,就必须熟练掌握直通车的使用方法,包括直通车的开通条件、展位及竞价模式,创建与优化直通车计划等,让自己的产品通过直通车展现在更多精准消费者眼前。

5.1 引流神器直通车

直通车是淘宝站内目前使用广泛的付费推广方式之一，它能够有效地帮助淘宝商家进行精准推广，获取精准流量。在直通车展位中，系统以关键词为线索，通过搜索竞价的方式，依次序来展现商家的产品，并且系统会根据点击量的多少，向商家收取一定比例的费用。

5.1.1 直通车推广开通条件及投放目的

直通车在淘宝平台中是最早使用的一个营销推广工具，应用非常广泛，它不仅仅局限于推广，还具有测款、测词、测图等作用。

- 对于老店铺而言，商家可以利用老客户来测款，根据老客户对新品的反馈来判断该款式是否受欢迎。而新店铺的老客户较少或没有，则商家可用直通车付费的方式来提升产品排名，使更多消费者看到产品。产品在提升排名后，点击率如果相应提高，则说明受欢迎；反之，则可以考虑换款。
- 商家在组合好产品标题后，需要测试标题内的关键词是否受欢迎，而直通车就是测试关键词展现量的重要工具。如果一个产品的某个关键词展现量大，则说明这个关键词受欢迎。
- 直通车还可以测试产品主图。主图对于产品来说至关重要，受欢迎的主图可以为产品带来巨大的流量。不过，有些商家在制作出主图后，往往自我感觉良好，但实际点击率却不太高。其实，商家在直通车广告中测试多张主图，即可筛选出效果最好、最受欢迎的主图。使用这张图片作为产品主图，就能够有效提高产品的点击率。

虽然直通车的作用很大，但存在的风险也很高。因为直通车作为一款付费工具，如果操作不好，也可能使商家血本无归。所以，商家在开通直通车之前，一定要经过深思熟虑，并且了解其开通条件以后再决定是否开通直通车。

下面来看看直通车相应的准入条件。这里以淘宝店铺为例说明直通车的准入条件。根据阿里妈妈规定，如要成为淘宝/天猫直通车服务用户，需符合相应的条件（与阿里妈妈另有书面约定除外），包括但不限于以下这些条件。

- 店铺状态正常。
- 用户状态正常。
- 淘宝店铺的开通时间不低于 24 小时。
- 近 30 天内成交金额大于 0 元。
- 店铺综合排名。
- 未在使用其他营销产品服务时因严重违规被中止或终止服务。
- 经阿里妈妈排查认定,该账户实际控制的其他阿里平台账户未被阿里平台处以特定严重违规行为处罚或发生过严重危及交易安全的情形,且结合大数据判断该店铺经营情况不易发生风险。

> **注意**
>
> 如果是经营部分特殊类目产品的店铺,还应确保所推广产品具备根据国家法律法规之规定必须取得的所有资质文件。例如,经营化妆品的店铺,需要提供国务院卫生行政部门核发的批准文号。

除以上硬性条件外,建议产品满足以下两个条件再去开通直通车。

- 至少有 10 个销量、10 个评论。
- 准备多张直通车创意图(主图)。

一个零销量的产品,即使展现在搜索结果第一位,得到点击后也很难实现转化。另外,一个展现位很好的产品,但是主图不具美观性,也很难实现转化。所以,建议产品最好在硬性条件和软性条件都满足的情况下再去开通直通车。商家可进入卖家中心,在"营销中心"下的"我要推广"页面中单击"淘宝/天猫直通车"图标,如图 5-1 所示。

图 5-1 营销中心的直通车图标

按照上述操作进入新页面后,单击右下角的"新建推广计划"功能选项,即可创建直通车计划。

5.1.2 直通车展位与竞价模式

商家在使用直通车之前,应先熟悉其展位与竞价模式,这样才更有利于今后创建合理的直通车投放计划。

1. 直通车展位

参与直通车推广的产品,在消费者搜索关键词后,大部分会展现在搜索结果页面中。电脑端由于屏幕大,可以显示更多产品,故直通车展位也更多,常见的展位位于搜索结果页面上方、右侧和下方。

① 在淘宝的主页找到搜索栏,输入相应的关键词。这里以"车厘子"为例,在搜索结果页面的第一页,带有"广告"标识的产品就是直通车产品,如图 5-2 所示。

图 5-2 直通车上方展位

② 在搜索结果页面的右侧,"掌柜热卖"区域也是直通车广告展位,如图 5-3 所示。截至目前,页面右侧共有 16 个竖着的直通车展位。

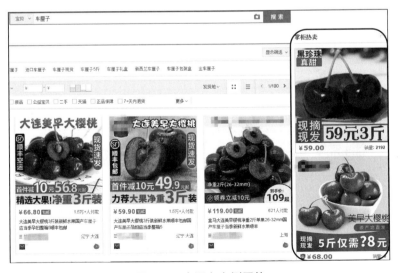

图 5-3 直通车右侧展位

③ 搜索页面至下方也能看到直通车展位，如图 5-4 所示。页面下方一般有 5 个横着的直通车展位。

图 5-4　直通车下方展位

> **注意**
>
> 电脑端淘宝搜索结果每页有 22～25 个直通车展位，页面上方有 1～3 个，页面右侧有 16 个，页面下方有 5 个。

由于手机屏幕较小，故手机淘宝（以下简称"手淘"）的直通车展位略有不同。打开手淘，搜索"车厘子"，在搜索结果页每隔几个宝贝就有一个带有"广告"标识的产品，这就是手淘直通车产品，如图 5-5 所示。

图 5-5　手机端直通车展位

除了以上几个常见的直通车展位外，直通车广告展位还包括以下几种。
- 活动展位：淘宝网各频道页面活动。
- 淘宝站外展位：爱淘宝搜索页和热卖淘宝搜索结果页或定向推广展位。

> **注意**
>
> 在手淘的"猜你喜欢"板块,也有直通车的展位,但由于"HOT""广告"标识被系统隐藏了,不容易被看出来。

2. 直通车竞价模式

既然直通车有如此多的展位,那么系统是如何将产品进行排序的呢?系统主要依据各个产品的综合得分来进行排序,综合得分越高的产品排名越靠前。一个产品的综合得分主要由关键词出价、关键词质量分等因素所决定,其计算公式为

$$综合得分 = 关键词出价 \times 关键词质量分$$

质量分,即质量得分,用于衡量推广关键词、产品推广信息及消费者搜索意向之间的相关性。质量分是 1~10 之间的整数,分值越高则推广效果越理想。如果某个推广计划的质量分为 8 分,则说明出价竞争同一个关键词的商家较多,而自己的关键词表现并不是最好的,只有 8 分得分,需要争取得到 10 分。

例如,现在小张、小李、小王这 3 个商家同时添加了同一个关键词(这里以"猕猴桃"为例)的推广计划,各商家的关键词出价、关键词质量分及综合得分等数据如表 5-1 所示。

表5-1 3个商家对"猕猴桃"关键词的竞价数据

商家名称	关键词出价/元	关键词质量分	综合得分	排名
小张	0.61	6	3.66	2
小李	0.49	10	4.9	1
小王	0.52	7	3.64	3

从表中可以看出,虽然小张的出价最高,但由于他的关键词质量分低,所以只能排在第 2 名的位置;而小李的出价最低,但由于关键词质量分高,所以可以排在第 1 名的位置。这就推翻了很多商家的认知,认为直通车的排名只由关键词出价所决定。

直通车系统为什么不仅仅通过关键词出价来进行排名呢?因为如果仅依靠竞价方式获得排名,就有可能会导致商家之间的恶性竞争,所以决定排名的不仅有关键词出价,还有关键词质量分。

如果上述案例中的小张想排在小李的前面,有以下两个可改善点。

- 提高关键词出价:假设其他因素不变,小张的综合得分想排在小李前面,必须将关键词出价提高到 0.82 元以上。
- 提高关键词质量分:假设其他因素不变,小张的综合得分想排在小李前面,必须将关键词质量分提高到 8 分以上。

那么,到底是通过提高关键词出价来提升排名划算,还是通过提高关键词质量分来提升排名划算呢?实际上,大多数商家更愿意提高关键词质量分来提升综合得分和排名。因为提高关键词出价,既会增加推广成本,也会增加运营风险,所以商家更愿意选择提高质量分的方式来提升综合得分和排名。

商家在直通车关键词竞价过程中,既要关注关键词出价,也要关注关键词质量分。当关键词质量分高时,可提高关键词出价来提升排名;当关键词质量分低时,应先提高关键词质量分,而不是盲目地根据系统建议去调整关键词出价,增加自己的推广成本。

5.1.3 直通车扣费规则详解

产品在直通车展位上的展现是免费的,只有消费者点击了产品详情页后,才会产生扣费。具体出价需要商家自行设定,相应扣费≤出价。第一次开通直通车的商家,最低需要预存500元的推广费用。加入直通车计划时,采用的是预付款的方式,预付款也就是商家的推广费用。续费时只要充值200元即可。

很多商家会产生这样的疑问:直通车按点击收费,那消费者反复点击是否会重复收费呢?实际上,同一个淘宝账号重复点击一个直通车产品,只扣一次的费用。如果竞争对手换着账号对直通车广告进行恶意点击,也会被系统判断出来,并把扣除的费用主动返还给商家。所以,商家不用担心因为他人重复点击、恶意点击而被扣费。

直通车实际扣费规则为

下一位的关键词出价 × 下一位的关键词质量分 ÷ 商家直通车后台处理后的关键词质量分 +0.01

这里还是以小张、小李、小王这3个商家为例,讲解直通车的扣费规则。各商家的关键词出价、关键词质量分、排名情况等数据如表5-2所示。其中,小李的直通车实际扣费 = 小张的关键词出价 × 小张的关键词质量分 ÷ 小李的关键词质量分 +0.01=0.61×6÷10+0.01=0.38(元)。

表5-2 3个商家的直通车扣费数据

店铺	关键词	关键词出价/元	关键词质量分	综合排名	最终扣费/元
小李	猕猴桃	0.49	10	1	0.61×6÷10+0.01=0.38
小张	猕猴桃	0.61	6	2	0.52×7÷6+0.01=0.62
小王	猕猴桃	0.52	7	3	

由此可见,关键词出价和最终扣费其实不一致。但可以从中得出的结论是:关键词质量分将影响扣费金额,关键词质量分越高,所需支付的费用就越低。例如,小张如果把关键词质量分提升至8分,其最终扣费应为0.52×7÷8+0.01=0.47(元),每个点击都比原来的0.62元便宜0.15元。由此可见,提高关键词质量分也可以有效降低直通车的推广成本。

> **注意**
>
> 商家在直通车后台只能看到自己的关键词出价和关键词质量分,无法像案例中一样知道下一名的关键词出价和关键词质量分。但这无关紧要,商家唯一要做的工作就是提高自己的关键词质量分,以降低最终的直通车扣费,从而节省自己的推广成本。

5.1.4 推广计划创建的基础配置

在熟悉直通车的展位、竞价模式及扣费规则后，可以登录直通车后台新建一个推广计划。满足开通直通车条件的商家，进入直通车的后台，单击"新建推广计划"按钮，如图5-6所示，即可进入新页面。

图 5-6 直通车新建推广计划页面

新建一个推广计划共有4个重要步骤，即投放设置、单元设置、添加关键词、首次出价。

1. 投放设置

推广设置里一共有两个板块，分别是投放设置和单元设置。先看投放设置，它包括计划名称、日限额、投放方式和高级设置等内容，如图5-7所示。

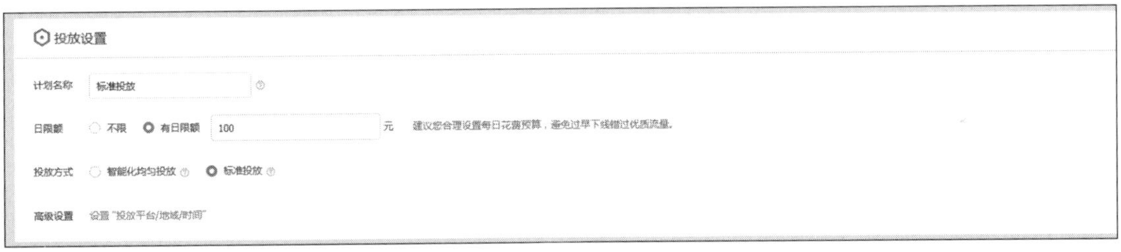

图 5-7 投放设置页面

① 计划名称。计划名称，指这个计划的名称，针对不同的计划设置不同的名称，方便商家记忆与区分。可以填写与产品相关的名称，如"面膜""面霜"等。

② 日限额。日限额，分为"不限"和"有日限额"两个单选按钮。选中"有日限额"单选按钮，计划在执行时会根据日限额的数量而终止当天的操作，日限额的最低消费为30元；选中"不限"单选按钮时直通车计划会一直执行，直至费用消耗完。新手商家由于操作不娴熟，可能会出现操作失误，进而影响计划效果，所以建议选中"有日限额"单选按钮，并将限额设置"30元"，以降低风险。

③ 投放方式。投放方式分为"智能化均匀投放"和"标准投放"两个单选按钮。智能化均匀投放，是指根据淘宝流量变化和日限额的设置，智能化分配推广预算。换言之，即根据不同时间、不同竞争情况来释放流量。比如，某直通车计划设置日限额为30元，如果去竞争激烈的时间段，也许这30元很快就没了；但如果选择智能化均匀投放，系统就会避开这些竞争激烈的时间段，让这30元发挥最大的作用，获取到更多流量。标准投放，指在日限额范围内正常展现推广计划。标准投放需要商家手动调价决定流量的多少，新手商家如果没有实战经验，建议选择标准投放，实时调价。

④ 高级设置。高级设置包括投放平台、投放地域和投放时间等项目的设置。商家在投放设置页面时单击"设置投放平台/地域/时间"按钮，即可跳转至高级设置的"投放平台"页面，如图5-8所示。

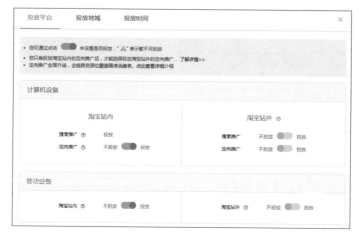

图5-8 投放平台页面

从高级设置的投放平台页面可见，平台主要分为计算机设备（电脑端）和移动设备（手机端）两大类。商家可根据产品特性来选择投放平台。例如，有的产品适合在手机端获取流量，而有的产品适合在电脑端获取流量，商家应根据情况自行选择。

> **注意**
>
> 淘宝站外平台的直通车展位主要集中在网页链接、弹窗广告中，点击率和转化率都比较低，所以不建议选择。

设置好投放平台后，单击"投放地域"进入页面，如图5-9所示。选择需要投放的地域，单击"保存设置"按钮即可。

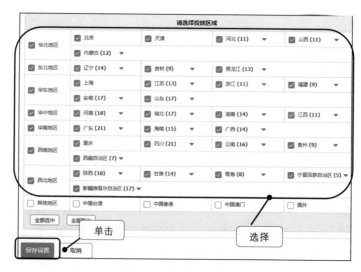

图5-9 投放地域页面

投放时间，曾被称为"折扣设置"，指对某个具体时段的关键词出价设置折扣，使直通车在一个未来的时间段内按照商家的流量需求进行合理的安排。正常情况下，投放时间的设置周期为一周，通过投放时间设置可预先对一个星期的某一天、某个小时进行折扣设置。

例如，某商家认为每周一早上9：00—12：00的流量好，可以在这个时间段设置溢价（如150%），以便在这个时间段获得流量。又如，某商家认为20：00到次日8：30这个时间段流量不好，则可以把它设置为30%的折扣，降低实际出价，然后单击"保存设置"按钮，如图5-10所示。

> **注意**
>
> 溢价与实际价格息息相关。例如，某商家为"猕猴桃"关键词出价1元，将9：00—12：00的价格设置为原来的150%时，实际出价为1×150%=1.5（元）；同理，20：00到次日8：30设置为30%的折扣时，实际出价为1×30%=0.3（元）。

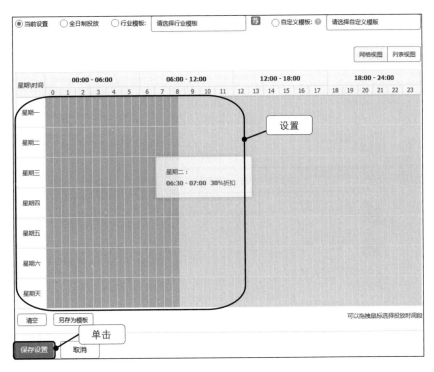

图5-10　投放时间页面

设置完直通车计划的以上内容，投放设置基本就完成了。这里商家只需要明白这些设置的操作即可，至于投放地域、投放时间等设置的优化工作，将在后续内容中详细讲解。

2. 单元设置

① 返回推广设置页面，接下来需要进行单元设置，单击页面中的"添加宝贝"按钮，如图5-11所示。

图 5-11　单元设置页面

②跳转至添加产品页面,在该页面中选择推广的产品,然后单击"确定"按钮保存设置,如图 5-12 所示。在选择产品时,系统会自动给出优选宝贝、优选流量、优选转化的选项,商家可以选择系统推荐的产品,也可以自主选择。直通车允许 1 个推广计划一共可以添加 5 个产品,由于新手商家操作不熟练,建议 1 个计划选择对应 1 个产品。

> **注意**
>
> 直通车属于付费推广,商家都希望把钱花在刀刃上。所以,在选择产品时,最好选择有一定销量基础的产品,以便达到更好的转化效果。

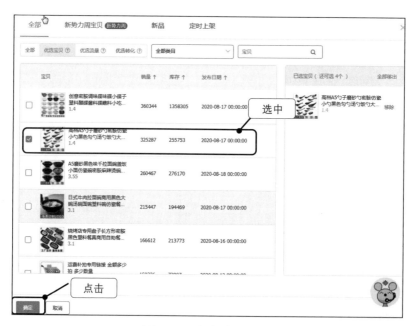

图 5-12　添加宝贝页面

> **注意**
>
> 如果商家选错了产品,可以返回到单元设置中,删除产品后再重新选择产品。

3. 添加关键词

①返回至推广设置页面,接下来需要进行创意设置。系统会自动抓取商家所选产品的主图作为创意图,紧接着单击"下一步,配置推广方案"按钮,进入到具体设置页面,如图 5-13 所示。

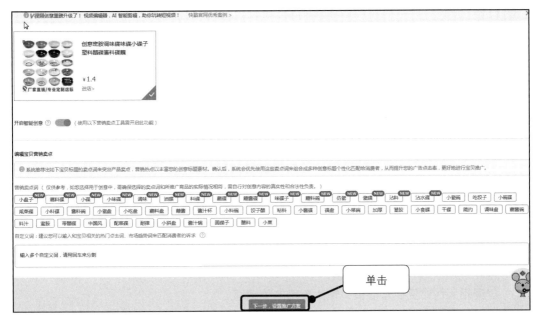

图 5-13　创意设置页面

> **注意**
>
> 直通车创意图，指展现在搜索结果页面中的产品主图。该图片在一定程度上决定了消费者的点击意愿。商家如果对创意图不满意，可在后续操作中修改。

② 根据上一步操作，进入添加关键词页面，如图 5-14 所示。一个推广计划最多可添加 200 个关键词，右侧为已添加的关键词，左侧为系统推荐的关键词。商家如果自己有选好的关键词，可直接在右侧框中输入；如果需要选择系统推荐的，可选择左边的关键词。

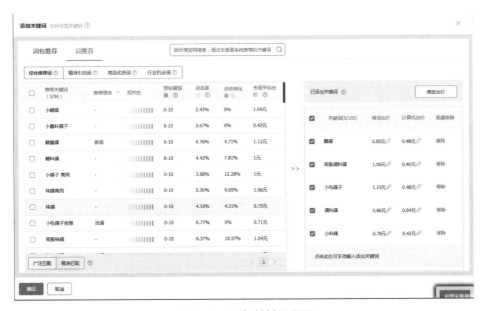

图 5-14　添加关键词页面

> **注意**
>
> 　　在添加关键词时，默认情况下智能词包会自动打开。所谓智能词包，指系统认为与产品适合的，且商家没有添加的关键词词库。建议新手商家关闭该功能，自主选择添加关键词。

商家在选择系统推荐的关键词时，应重点关注推荐关键词与自身产品的推荐理由、相关性、展现指数及转化率。

- 推荐理由：包括"优质关键词"和"潜力关键词"两个标签。优质关键词，指这个关键词的点击率和转化率都不错；潜力关键词，指该关键词的市场出价和竞争度比较低，被系统判断为有潜力的关键词。建议商家选择同时具有两个标签的关键词。
- 相关性：相关性用格子表示，满格为5格。如果一个关键词的相关性为5格（满格），代表系统认为这个关键词与产品是高度契合的，系统会重点推荐；如果一个关键词的相关性为4格，代表系统认为这个关键词与产品的相关性一般，商家可以选择提升关键词相关性或更换其他相关性为5格的关键词。
- 展现指数：指某个关键词的展现量，商家应该优先选择展现量较大的关键词。展现指数越小，越说明这个关键词没人搜索，对应的曝光量也就更小。
- 转化率：指某个关键词的转化率，商家应优先选择转化率高的关键词，因为转化率低的关键词无法为商家带来收益。试想一个关键词只有点击率而没有转化率，就相当于是只花钱投广告，却没有收益，所以这种关键词根本没有投放的意义。

> **注意**
>
> 　　如果某产品的系统推荐关键词相关性低、展现指数小、转化率也低，那么商家可在自行搜索框中输入自己认为合适的关键词（如"猕猴桃"）进行添加。

在选择关键词的下方，分别有"广泛匹配"和"精准匹配"两个选择，二者的区别如表5-3所示。

表5-3　广泛匹配与精准匹配的区别

项目	广泛匹配	精准匹配
定义	广泛匹配，指搜索关键词完全包含推广关键词，允许匹配关键字、关键词顺序颠倒或有间隔等，是最宽泛的匹配方式，也是默认的匹配方式。系统有可能对匹配条件进行延伸，广泛匹配可以匹配到推广关键词的同义词、近义词等	精准匹配，指搜索关键词与推广关键词字面完全一致时才能匹配，在使用过程中，如果搜索词中包含其他词，或搜索词与关键词的顺序不同，将不会得到展现
举例	例如，推广词为"猕猴桃"，当消费者搜索"猕猴桃""红心猕猴桃""猕猴桃包邮"等关键词时，该广告都能得到展现	例如，推广词为"猕猴桃"，当消费者搜索"猕猴桃"时，该广告才能得以展现。其他如"红心猕猴桃""猕猴桃包邮"等关键词无法触发广告展现
适用情况	适用于推广计划中后期，如果发现某计划流量多但转化率低，则应选择精准匹配	适用于推广计划初期，可以帮助产品获得大量流量，让计划顺利开展

由此可见，关键词的不同匹配方式带来的效果存在明显差异。商家可在计划进行中对匹配方式进行调整。

4. 首次出价

① 在添加好关键词后，下一步是对关键词出价。直通车计划出价分为 PC 出价（电脑端出价）和移动出价（手机端出价），如图 5-15 所示。

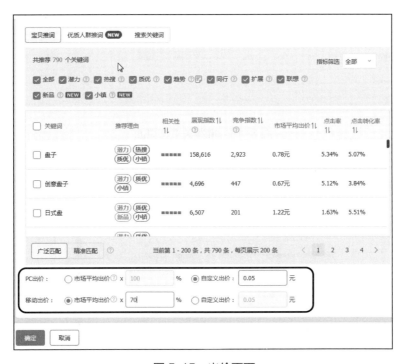

图 5-15　出价页面

商家需根据产品的流量特征进行价格设置。例如，服装、鞋帽类消费者主要集中在手机端购物，这类产品的流量也集中在手淘。那么，这类商家在设置计划时，可以降低 PC 出价（这里以 0.05 元为例），提高移动出价。

至于提高到多少金额合适，可以参考市场平均出价。例如"猕猴桃"这一关键词，有商家的移动出价高至 6 元 / 次，也有商家的移动出价低至 0.1 元 / 次，系统会将这些高低不一的出价进行综合，给出一个市场平均出价。关键词出价可随时调整，商家第一次设置计划时，价格可以低至市场平均出价（这里以选择"70%"为例）。填好出价信息后，单击"确定"按钮，即可完成设置。

② 返回推广设置页面，即可查看推荐关键词明细，以及这些关键词与产品的相关性、展现指数、计算机出价、移动出价、匹配方案等信息，如图 5-16 所示。商家可针对信息进行修改和调整。

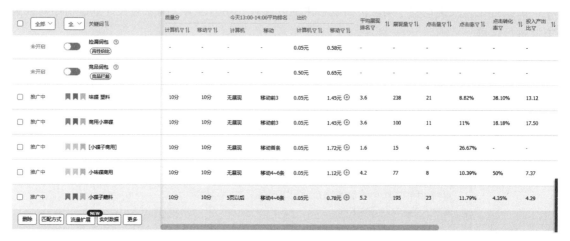

图 5-16 推荐关键词页面

③ 在确认以上信息无修改时，下拉页面可看到"智能出价"页面，如图 5-17 所示。建议新手商家先关闭该功能，体验自主调价。

图 5-17 "智能出价"页面

> **注意**
>
> 智能出价，是原"转化出价"的升级功能，是一款标准计划中的自动化出价工具，旨在帮助商家自动竞价、合理出价。

④ 继续下拉页面，可看到推荐人群和定向推广的设置，这里暂时不进行设置，直接单击"完成推广"按钮，即可生成一个直通车推广计划。再返回到直通车首页中，可以看到刚才创建好的推广计划，如果有需要修改的地方，可单击推广计划中的相应板块进行修改。

5.1.5 优化出价，提升排名

商家在创建推广计划后，可实时监控计划的相关数据，如点击率、转化率等。如果一个计划的点击率相当低，可能是排名过于靠后所导致的。那么针对这种情况，应该如何优化计划呢？直通车的排名与关键词出价和关键词质量分息息相关，所以可通过优化关键词出价来提升排名，从而获得更多的点击量。

打开直通车后台中推广计划的关键词页面，可查看到每个关键词的质量分、出价、点击率等数据，如图 5-18 所示。商家可以选择其中一个关键词，单击数额后面的铅笔图标，对其进行调整。

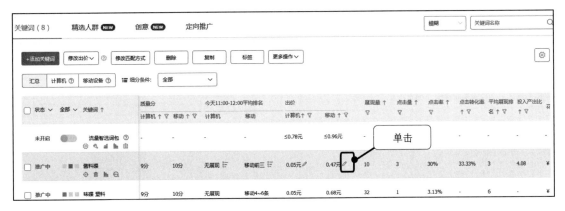

图 5-18 关键词数据页面

> **注意**
> 在优化价格时，商家要根据自己产品的特性选择电脑端出价或移动端出价。这里以选择移动价格为例。

1. 根据平均展现排名优化价格

① 单击数额后面的铅笔图标，即可进入价格页面修改出价。在价格页面中，系统会提供建议出价，如图 5-19 所示，比如该关键词如果想展现在首条，建议出价 1.81 元。商家可以选择一个价格，也可以选择在自定义出价后面自主填写价格，然后单击"确认"按钮。

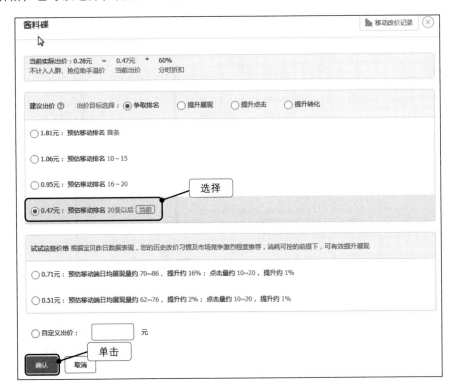

图 5-19 关键词出价页面

② 不建议新手商家接受系统建议。以"酱料碟"这个关键词为例，系统提示出价需在 1.06 元以上，才有机会出现在前 15 名。实际上，返回关键词出价页面可以看到，"酱料碟"的实际出价为 0.73 ~ 0.86 元，排名均在前 3 名，如图 5-20 所示。

图 5-20　关键词实际出价与排名页面

由此可见，部分类目的关键词，系统提供的预估价其实是偏高的，商家如果按照它来调整出价，有可能会浪费自己的推广成本。那么，商家应该根据什么来优化关键词出价呢？答案就是平均展现排名。

> **注意**
>
> 如果关键词页面中没有"平均展现排名"的数据，可单击"设置"按钮，选中"平均展现排名"复选框，单击"确定"按钮，如图 5-21 所示。
>
>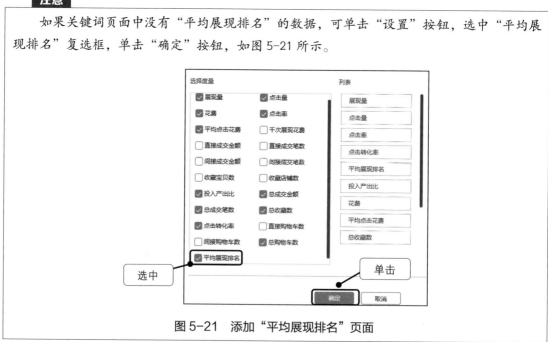
>
> 图 5-21　添加"平均展现排名"页面

平均展现排名，指推广单元在直通车搜索营销展位上参与竞价的平均排名，对关键词出价有着重要影响。例如，关键词的排名靠前，可以稍微提高一点关键词出价；产品的关键词排名如果在第 20 名左右，被点击的可能性微乎其微，需要提高关键词出价。以手机端为例，展现排名与展位的关系如下。

- 展现排名第 1 名：展现在手机端的首屏位置。
- 展现排名第 2～3 名：展现在手机端的第 2 屏位置。
- 展现排名第 4～5 名，展现在手机端的第 3 屏位置。

图 5-22 中的这些关键词点击率非常不错，几乎都在 6% 以上。关键词点击率之所以这么高，其原因在于关键词卡位非常好，展现排名基本都在前两位。

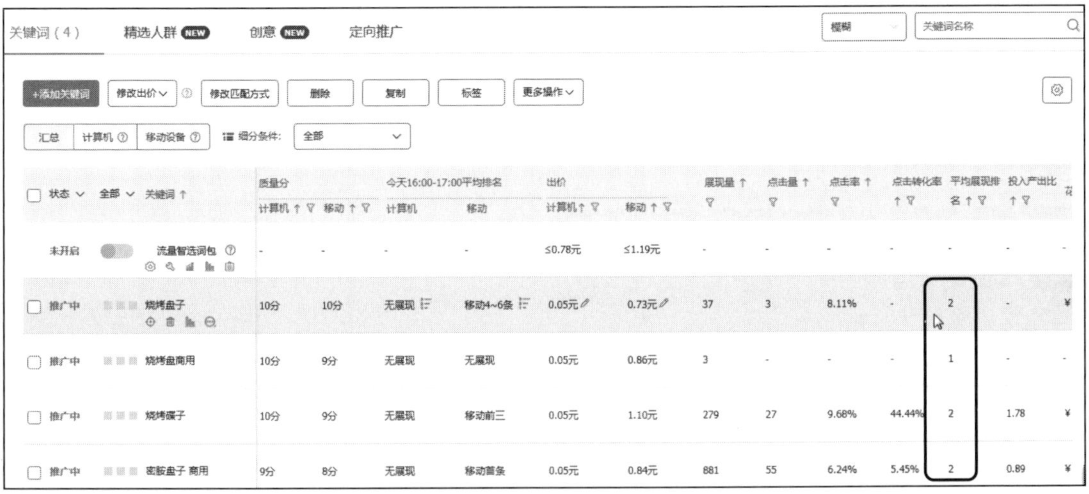

图 5-22　关键词的点击率与平均展现排名

2. 根据推广目的优化价格

关键词出价还与直通车的推广目的有关。例如，有的产品开通直通车主要是为了获得更多展现量，而有的产品开通直通车主要是为了获得更多的销量。针对不同的推广目的，应给出不同的出价策略。总体来说，只要直通车计划能带动产品的销售转化，使商家获得更多订单，就可以出高价。

某店铺的直通车推广计划如图 5-23 所示。从图中可以看到，该计划的平均点击金额为 1.96 元，却只有 1.21 的投入产出比，明显存在亏损风险。如果商家想要获得更高的流量，且保持良好的投入产出比，就必须要降低点击金额。

图 5-23　某计划数据图

3. 根据权重分优化价格

在直通车的竞价模式和扣费规则中都曾提过，直通车计划的综合得分与关键词出价和关键词质量分相关，而且二者成正比关系。由此可见，商家想降低关键词出价的前提是提高关键词质量分。等关键词质量分高了，才能逐步通过降低关键词出价的方法来降低成本。

在创建直通车计划之初，商家可以出相对高的价格，在产品获得好的排名后，再逐步降低价格。例如，某直通车计划最初的关键词出价在0.9元左右，只有质量分达到10分且产品能获得不错的排名后，才能逐渐降低出价。

商家可能会担心在调整出价后，不方便记录、对比每次的出价和展现量等数据。实际上，系统会自动提供直通车计划调整出价后的展现指数、点击指数、点击率、转化率等变化，如图5-24所示。商家可以清楚地看到调整价格前后的对比，便于自己判断是否还需要继续调整。

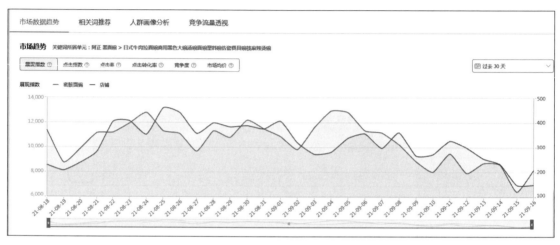

图5-24　调整出价后的数据变化

5.1.6　优化关键词，提升点击量

直通车计划需要实时调整，商家需要不断地优化关键词，添加合适的关键词，删除不必要的关键词。为了方便管理，商家还可以对关键词进行分类、打标等操作，对部分关键词进行重点观察。

1. 添加关键词

如果商家在创建计划时，添加的关键词较少，或者关键词效果不好，可以选择添加新的关键词。

① 打开产品的推广计划，单击左上方的"添加关键词"按钮，如图5-25所示。

图5-25　单击"添加关键词"按钮

② 跳转至添加关键词页面后，商家可在系统推荐的关键词中进行选择，也可以自主输入新的关键词，单击"确定"按钮即可添加新的关键词，如图5-26所示。

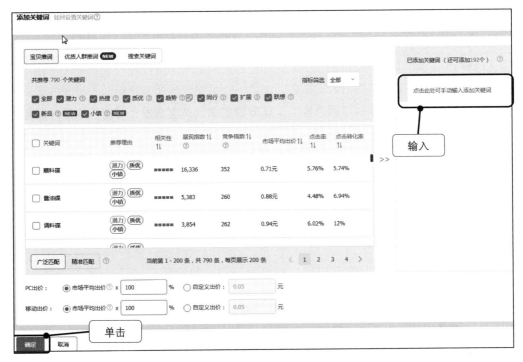

图5-26　单击"确定"按钮

添加关键词的操作并不难，难点在于如何选择关键词。有的商家根据系统推荐，选择市场中点击率、转化率高的关键词进行添加，但发现效果不佳。这也说明有的关键词虽然历史数据表现好，但不适用于自己的产品。所以，商家需要对关键词进行长期监测，多选词、多删词，从而找到最适合自己产品的关键词。

2. 根据四要素删除关键词

在创建直通车推广计划时，商家为了测试关键词可能会同时选择多个关键词。这些关键词的表现有好有坏，商家应该先删除一些表现不好的关键词。通常，商家可以根据投产比、质量分、点击率和展现量4个要素来决定是否删除关键词。

（1）投产比

投产比可以直接反映出一个关键词能否带来收益，特别是一些投产比特别低的关键词，留着只会花费更多的推广费用，却不能带来理想的展现效果和订单。因此，从支出和收益的角度出发，投产比较低的关键词应该被删除掉。

> **注意**
>
> "投产比"全称"投入产出比"，指一个推广计划的成交金额与花费比值，其计算公式为：投产比 = 成交金额 ÷ 花费。由此可见，投产比越高说明成交金额越多或花费金额越少，越有利于推广计划的推进。

如果商家支出 1000 元广告费，获得 1000 元收入，看似不赚不亏。实际上，在这笔交易里，商家还需要把产品通过快递的形式送到客户手中，所涉及的产品成本、交易成本、打包成本及快递成本等费用计算后，归根结底商家还是处于亏损状态。因此，商家在投放直通车时，如果发现自己的投产比小于1，说明自己处于亏损状态，可以删除该关键词。

（2）质量分

质量分直接影响着关键词的出价和排名，如果一个关键词的质量分经过长时间的尝试也无法提高，则意味着需要花更多的成本去推广。从节约成本的角度出发，可以删除那些质量分低于5分的关键词。

注意

在创建计划初期有个"养分"过程，部分关键词质量分可以从低至高"养"起来。所以，商家在根据质量分删除关键词时，应查看最近7天的波动情况，针对一些质量分虽低于5分但呈上升趋势的关键词，可以适当提高其出价，经过一周的观察后再决定是否将其删除。

（3）点击率

关键词的点击率影响质量分，而质量分又会影响出价。所以，应该对点击率低的关键词进行淘汰。为了避免误删，对于点击率低的关键词，可以对其进行修改、调整、观察，给予一定机会后，若点击率还是没有变化，再将其删除。

（4）展现量

如果一个关键词的展现量低，那么相应的点击率和转化率都不会太理想。因此，针对展现量较低的关键词，也应删除。有的关键词在计划初期没有展现量，但随着时间的变化，展现量可能又有所提升，所以商家查看关键词展现量时至少应查看该关键词的7天数据。

有的关键词，展现量很高，排名又比较好，但就是点击率很低。针对这种关键词，应该如何取舍呢？出现这种情况，很可能是因为关键词和消费者的需求不匹配。比如，消费者在搜索"凉鞋"时，某商家计划中带有"凉鞋"关键词的产品得以展现。实际上，消费者想要的是"儿童凉鞋"，而商家展现的是"成人凉鞋"，与消费者的需求不匹配，则不会被消费者点击。因此，这类关键词也可以删除。

还有关键词，有点击、有展现，也有花费，但是没有转化、收藏、加购，按理说这类关键词也可以删除。但数据是灵活多变的，商家应该根据实际情况做出合理判断。比如，某个关键词只有5个点击，没有成交和收藏，只有1个加购。按理说，这样的关键词可以删除，但实际上，5个点击里有1个加购，已经达到了20%的加购率，是否还要删除呢？由于该关键词的相关数据可参考数量较少，无法准确判断出其效果的好坏，可以多观察几天再做决定。

至于如何删除关键词，打开推广计划页面，可以看到关键词下方有个删除选项（垃圾桶图标）。单击该图标弹出对话框，再单击"确定"按钮即可删除该关键词，如图5-27所示。

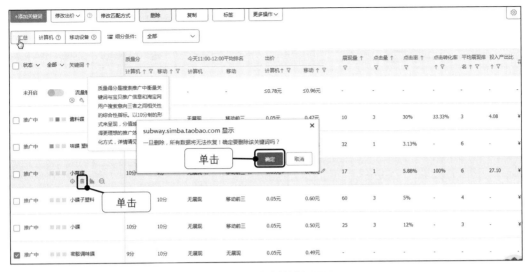

图 5-27　删除关键词页面

值得注意的是，一旦删除关键词，所有的数据也将一并删除且无法恢复。假如一个关键词的质量分很高，出价适中，点击率、转化率也都不错，但由于误删了，再添加同样的关键词，用同样的创意和出价，其关键词的数据表现也不一定能达到删除前的效果。

这是因为每个关键词都隐藏着一个独特的 ID。把鼠标放在关键词上方，可以看到页面下方会显示 ID 信息，如图 5-28 所示。每个 ID 都是独一无二的，代表着一个关键词。当商家删除关键词后再重新添加时，又会形成一个新的 ID，从而也会生成新的数据。所以，商家一定要经过深思熟虑后再进行删除操作，避免误删关键词带来不可逆转的后果。

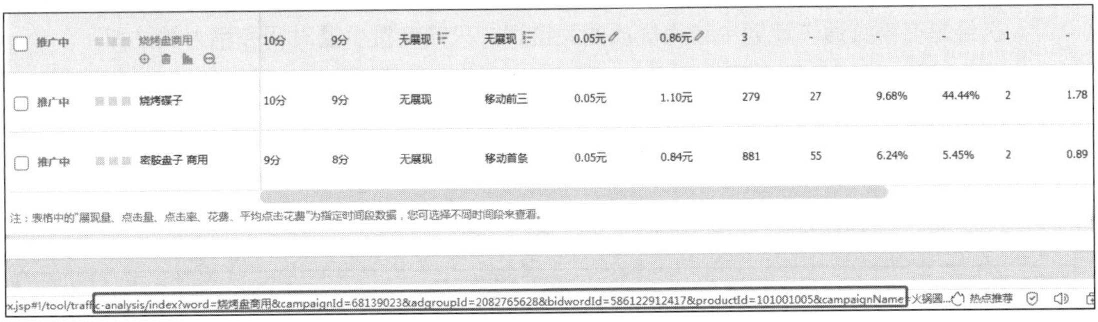

图 5-28　关键词 ID 信息页面

3. 关键词的标签分类

在直通车计划的推广过程中，可能需要不断地添加关键词。然而随着关键词数量的增多，商家如何实时兼顾这些关键词数据呢？商家可以对关键词进行分类、打标等操作，以便更好地推动直通车计划。

① 在推广计划中，单击"全部"按钮，即可看到每个关键词前面有着绿色、红色、蓝色的色块，如图 5-29 所示，它们分别代表重点关键词、优化关键词和核心关键词。这些色块由商家自主选择与添加。

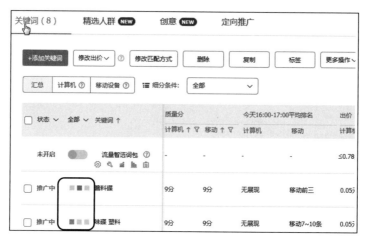

图 5-29 关键词色块信息

- 重点关键词：指点击率和展现量良好，但没有带来或带来较少转化的关键词，也可以理解为投产比较低的关键词。那么，这类关键词本身的质量分和展现量已经很好了，在调整过程中，如果可以增加转化，则可以提高投产比；如果转化依然很低，则会继续拉低投产比，应删除。所以，这类关键词直接影响着直通车整体的投产比，应重点关注。
- 优化关键词：指其他方面都很好，但某一方面有优化空间的关键词。例如，某个关键词的点击、转化等方面都很好，但质量分维持在 8～9 分左右，那么可以将该关键词标注为红色，逐步优化其质量分。
- 核心关键词：指各方面都良好，投产比也很可观，甚至有盈利的关键词。这类关键词已经是商家直通车计划中较为优质的关键词，只需花费少量时间和精力关注即可。

关键词会随着计划的推进而发生变化。例如，一个优化关键词在优化过程中，可能转化为核心关键词。因此，商家可以实时为这些关键词进行打标。

② 除通过色块对关键词进行分类打标以外，商家还可以对单个关键词进行重点关注。在关键词页面，选择关键词并单击"更多操作"下的"添加关注"按钮，如图 5-30 所示。

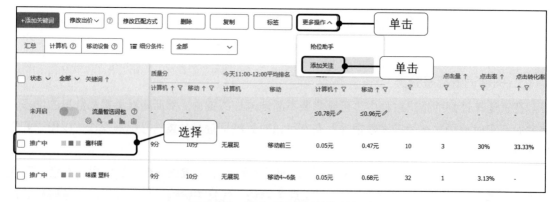

图 5-30 单击"添加关注"按钮

③ 在关键词添加关注后，可以在"关注的关键词"里查看该关键词的展现量、点击量、点击率等数据信息，如图 5-31 所示。关键词数据呈上升趋势时，出现红色向上箭头；呈下降趋势时，则出现绿色向下箭头，便于商家快速了解数据的变化。

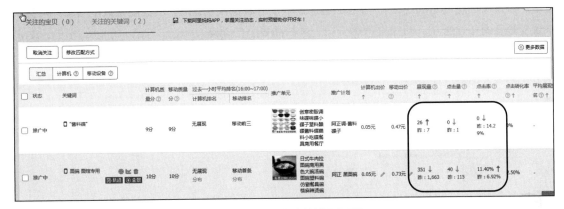

图 5-31　关注的关键词页面

④ 商家还可以在关键词的全景图和历史轨迹图中直观地看到数据变化。例如，打开关键词"酱料碟"的历史轨迹图，可以明显看到该关键词展现量的趋势图，如图 5-32 所示。在页面的右侧还可以查看到关键词操作、所属单元操作、所属计划操作等操作记录，便于商家清楚地知道自己对该关键词进行了哪些优化和调整。

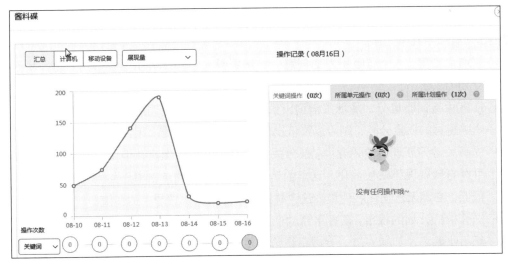

图 5-32　关键词历史轨迹页面

商家如果发现某关键词的展现量出现下降趋势，一定要找到原因并及时调整计划。当然，为了更准确地看到计划中关键词的变化，商家应综合展现量、出价、转化率等数据来分析，有时展现量下降也属于正常现象。例如，某关键词在 11 月 12 日展现量呈下降趋势，但相应的出价也呈下降趋势，这是因为在降低广告费的同时，曝光量也会有所降低，属于正常现象。

5.1.7 创意页面的设计与优化

返回直通车计划页面,单击"精选人群"后面的"创意",进入推广创意页面,如图 5-33 所示。该页面包括创意的主图、标题、创意尺寸、投放设备及展现量、点击量等数据信息。其实,不仅仅是直通车,智钻、超级推荐等推广工具都需要上传创意。

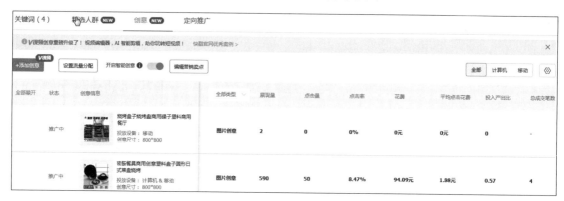

图 5-33 推广创意页面

创意如何设置?与关键词是否有关?很多初次接触直通车的商家都会有很多疑问。

所谓的创意,指能引起消费者的关注,并通过包装信息(文案)给消费者留下印象,促使消费者有点击欲望的图片和文字。为什么有的商家把创意理解为"推广图"呢?因为创意的确是以图片形式展现在消费者眼前的。实际上,创意不仅仅包括图片,还包括标题、文案等因素。创意的作用有如下几个方面。

- 提高点击率:一个有吸引力的创意,必然更引人注目,吸引消费者的点击,从而提高计划的点击率。
- 提高关键词质量分、降低关键词出价:创意是影响关键词质量分的因素之一。如果一个关键词的质量分高,则可以降低出价;反之,质量分低,则会导致商家提高出价。
- 提高关键词展现量的消化力:部分关键词的展现量虽然高,但由于创意不够吸引人,可能导致展现无法被消化。这里的消化力指创意图的点击率。如果一个创意的点击率很低,必然无法消化展现量,这会导致计划无法实现理想中的引流。
- 提高推广计划的权重:很多平台的产品在上新阶段会得到来自平台的扶持。如果一个新品收藏率、加购率高,会被系统给予更多权重。同理,在创建一个新计划时,也会被系统判断其是否值得分配更多权重。如果一个新计划的创意图中展现量和点击量等数据都比较可观,则会被系统给予更多权重,这样更有利于计划的推进。

那么,创意和关键词有关系吗?答案是显而易见的,创意和关键词密不可分,都是一个直通车计划有效与否的关键因素,关键词决定产品能否被消费者搜索,创意图决定产品能否被消费者点击。

商家可以在创意计划中添加创意、编辑创意或删除创意。这里以添加创意的操作为例进行讲解。首先单击"添加创意"按钮,如图 5-34 所示,即可进入添加创意页面。

图 5-34 单击"添加创意"按钮

> **注意**
> 一个计划最多可以有 4 个创意,每个创意的数据都有区别。因此,不少商家也使用直通车的创意来测试主图的点击率。

进入添加创意页面后,可以看见创意主要由图片和标题组成,如图 5-35 所示。商家需要上传图片和视频,填写创意标题,单击"完成"按钮,即可生成一个新创意。

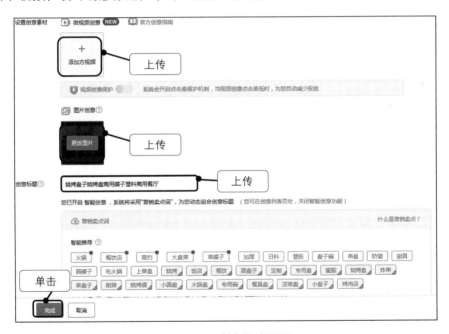

图 5-35 创意修改页面

家在设计创意图时,如果想提高消费者点击的欲望,则应遵循以下 3 个原则。

- 卖点明确:明确突出产品的关键卖点。任何一个产品都有自己的卖点,而且有的还不止一个。在设计创意图时,不建议把所有卖点都展现出来,因为卖点多了,重点反而不突出了。因此,只需选择 1~2 个重要卖点进行展示,达到吸引消费者注意的目的即可。
- 文案突出:精练且有创意的文案配上产品图片能更好地展现产品卖点。因此,在创意图中添加优秀的文案也至关重要。

- 视觉差异化：通过产品图片的拍摄和排版设计两个方面营造出视觉差异化，使自己的创意图从同类创意图中脱颖而出，吸引更多消费者点击。

创意标题的作用主要是便于系统给产品匹配关键词。创意标题也是直通车创意中的重要组成部分。创意标题仅限 20 个汉字，主要围绕主关键词、核心关键词来设置。建议商家把推广关键词也加入创意标题中，这样有利于提高创意与关键词的相关性，从而提高关键词质量分。

创意图会直接影响关键词的表现，如果一个产品的创意好且点击率高，系统会把信息反映给关键词，从而提高关键词的点击率。创意的作用在于让消费者看到推广产品，而关键词的目的是让消费者可以看到创意。所以，二者是相辅相成的，都对直通车计划的推广效果起着至关重要的作用。

5.1.8 如何设置推广创意的流量分配方式

当商家添加一个创意后，会慢慢地产生数据，商家可根据数据的高低来决定是否保留创意。对于一些表现不好的创意，可以对其流量分配方式进行修改，并监测数据有没有变化。如图 5-36 所示为"设置流量分配"对话框，流量分配方式主要分为优选和轮播。

图 5-36　"设置流量分配"对话框

- 优选：指系统选择单元内表现较好的创意进行展现。例如，某产品一共有甲、乙、丙、丁 4 个创意，商家开启优选模式后，系统测定出甲创意较好，那么甲就作为固定的创意展现在广告位里。
- 轮播：指按顺序轮流展现，没有优先级别之分。还是上述例子，某产品一共有甲、乙、丙、丁 4 个创意，商家开启轮播模式后，消费者第一次看到该产品的广告时，展示甲创意；消费者第二次看到时，展示乙创意，以此类推。

例如，某产品选用了优选模式，在 4 个创意中，第一个创意展现量只有两次；第二个创意作为优选创意，展现量达到 603 次；其余两个创意的展现量分别为 402 次和 280 次，如图 5-37 所示。

至于选用哪种分配方式，需根据具体情况具体分析。根据经验来看，建议新商家采用轮替模式，以便检测出消费者更喜欢哪个创意。等创意积累到一些点击数据以后，再更改为优选模式，并删除或修改点击较少的创意。

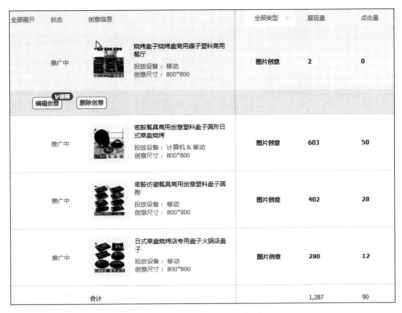

图 5-37 选用优选模式的创意计划图

当然，商家也可以直接采用优选模式来测试创意。例如，一个产品新建计划有多个关键词和 4 个创意图，前期系统会经过测试和判断选出效果最好的一个创意，给它分配更多展现机会；而效果不好的创意，展现会越来越少。长期下来，就会形成两极分化，好的创意很好，差的创意很差，这时商家就可以直接看出哪个创意效果最好。商家在分析创意数据时，主要查看创意的展现量和点击量这两个数据。例如，图 5-38 中第一个创意的展现量为 17 次，点击量和点击率都为 0，这种展现量和点击量都不高的创意就可以直接删除。

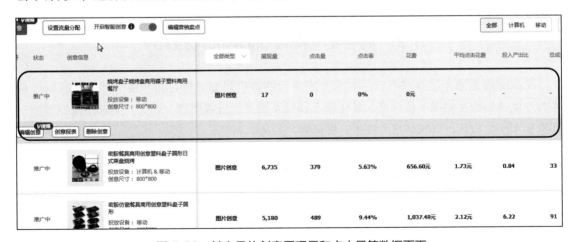

图 5-38 某产品的创意展现量和点击量等数据页面

> **注意**
>
> 展现量是判断点击率的前提，因为有的产品由于关键词不好，得不到展现，点击率自然低。出现这种情况，应该先优化关键词和出价等因素，提升展现量（展现量至少达到 1500 次），再查看点击率。

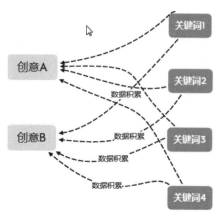

部分商家可能有这样的体验：删除表现不好或误删表现好的创意以后，关键词质量分就出现了大幅下降的情况。在一个直通车计划中，关键词无法直接展现在消费者眼前，而只有创意图才会展现在消费者的搜索结果页面中，所有关键词的历史表现都会积累到创意里。

如图5-39所示，一个计划共有A、B两个创意，共有4个关键词。这4个关键词的信息会分别传达给创意A和创意B。如果把创意A删除了，原来传递给创意A的关键词不得不去创意B中"养分"。假设原来创意B不够好，就会导致4个关键词的质量分都有所下降。关键词的表现来自创意，如果创意被删了，关键词历史表现也将随之消失，所以商家一定要谨慎删除创意。

图5-39 创意与关键词的关系

> **注意**
>
> 如果商家误删了创意，再上传一个一模一样的创意，也无法恢复原来的数据。与关键词的ID一样，每个创意也都有一个独一无二的创意ID号，一旦删除，数据就无法恢复。

每个创意对关键词质量分都有或多或少的权重，盲目删除创意必然导致关键词质量分发生变化。那么，针对一些表现确实不好的创意，能否删除呢？建议一个产品维持4个创意。例如，在测试阶段已添加的3个创意表现都不好，需要重新添加新创意时，可以在逐步删除表现不好创意的同时再添加新创意。

5.2 高手必会的直通车优化技巧

商家掌握直通车的操作方法后，可开启自己的推广计划。但直通车推广计划在实施过程中，难免遇到如关键词质量分低、转化率不理想及投产比低等问题。因此，商家还需要掌握一些直通车优化技巧，以降低推广成本，提升推广效果。

5.2.1 直通车精选人群：让广告更加精准

直通车精选人群可以理解为筛选精准流量，该功能的作用就像一个筛子，帮助商家把不精准的受众过滤掉，筛选出精准的受众人群投放广告，使得广告效果达到最佳。

1. 精选人群的作用

在前面的直通车操作步骤中提到，即使不精选人群也可以创建直通车计划。但不精选人群，会出现诸如这样的情况。

商家为"袜子"一词投放了直通车广告，并且该关键词的质量分高、出价高、排名靠前。基本上,只要有人搜索"袜子",该产品都能得以展现,但点击率却很低。其原因在于该广告的创意图展示的是 0～1 岁婴幼儿的袜子,而该广告又是展现给所有人看的,其中不乏只想给自己买袜子且家里没有婴幼儿的成年人,这些人在看到该广告时,认为与自己的需求不符,自然不会点击。

即使关键词标明了使用人群,如"婴幼儿袜子""婴儿袜"等,依然有不同年龄段、不同消费能力、不同喜好的人群看到该广告,其转化率必然也不同。

所以,商家在投放直通车广告时,应该充分考虑到这个问题,针对不同人群设置不同的价格。例如,对精准人群设置较高的价格,让精准客户在搜索该关键词时,广告得以展现,从而获得更多的点击。这其实也是把钱花在刀刃上的一种体现。

商家可以在创建计划时设置人群溢价,或者在直通车计划中修改价格或设置溢价,如图 5-40 所示。

图 5-40　修改出价页面

修改价格很好理解,但什么是溢价呢?人群溢价,也称为人群搜索溢价,意思是为指定的流量加价,这里表示对特定人群出价的溢价比例。例如,原关键词出价是 1 元,但是对年龄在 25～30 岁的女性,溢价 50%,那么该关键词的最终价格就会发生变化。

> **注意**
>
> 精准人群溢价,不仅能为直通车计划带来更多精准流量,对关键词转化也有重要意义。

在设置人群溢价后,如何计算最终成交价格呢?如图 5-41 所示为人群溢价的计算公式。假设一个关键词出价为 0.2 元,溢价比例为 100%,那么最终出价 =0.2+0.2×100%=0.4(元)。

图 5-41　人群溢价的计算公式

因此，商家可以针对不同人群设置不同的出价，对于高成交、高转化、高价值的人群进行高溢价，从而提高直通车计划的点击率和转化率。

商家为了方便设置溢价，可以在直通车计划中添加人群，其具体方法如下。

① 打开直通车计划，单击"精选人群"，如图5-42所示。商家如果是第一次进入该页面，会有两个默认的人群处于暂停状态，可以单击"开启"按钮来开启人群。

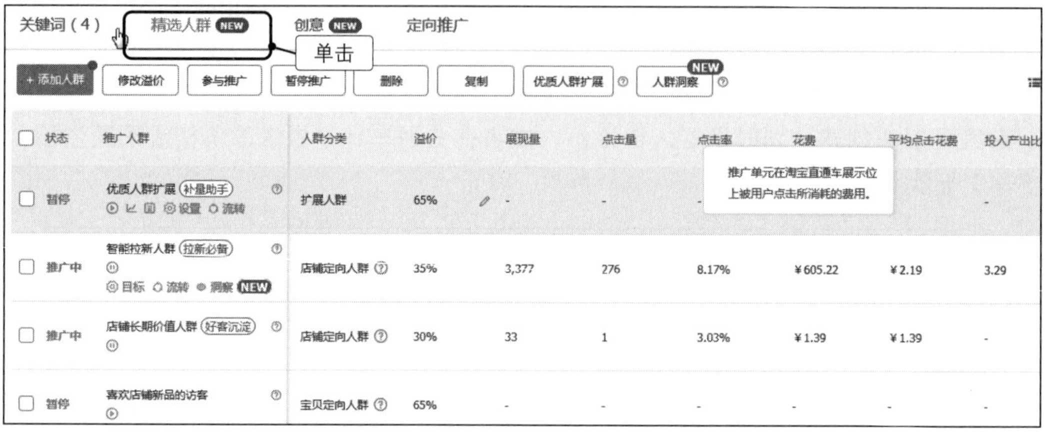

图5-42　精选人群页面

② 商家如果想再添加新的人群标签，可以单击"添加人群"按钮，进入新页面。系统有一套算法，会把认为适合计划产品的人群推荐给商家。就目前而言，这套算法还不是特别成熟，所以建议商家单击"收起"按钮，选用"自定义组合人群"。自定义组合人群根据商家自己的想法来进行设置，包括宝贝定向人群、店铺定向人群、行业定向人群、基础属性人群和达摩盘人群，如图5-43所示。

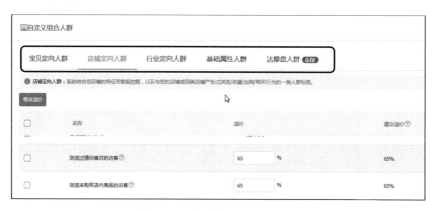

图5-43　自定义组合人群页面

③ 除基础属性人群外，其他四项都是属于消费者的行为人群数据包，是系统根据消费者的浏览、收藏、购买等行为做成的数据包。至于如何选择数据包，将在后续内容中详讲，这里着重介绍基础属性人群的设置。基础属性人群页面如图5-44所示，包括人群名称、溢价、人数、类目笔单价、性别、年龄、月均消费额度等设置。

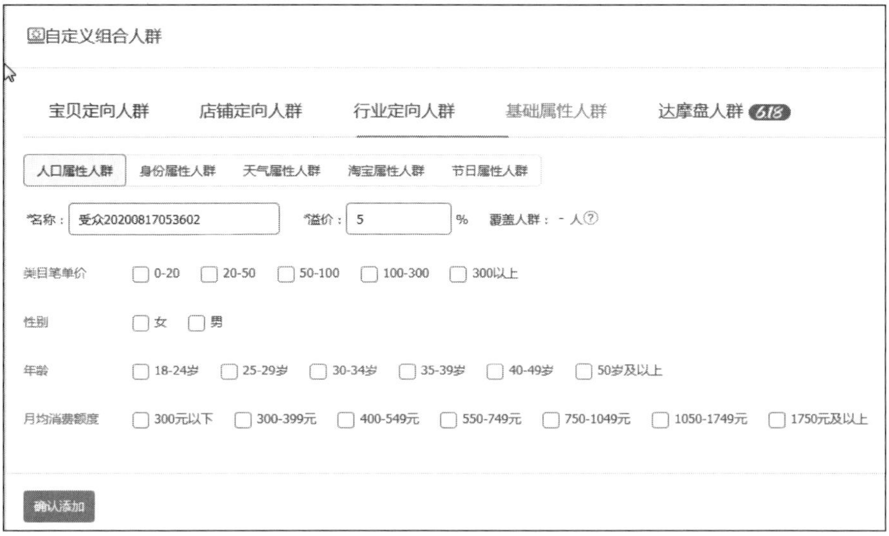

图 5-44　基础属性人群页面

其中，人群名称在默认的情况下是系统根据受众加日期自动生成的，如"牛仔外套目标人群20200912"。为了便于区分和查看，商家可以根据目标人群的性别和年龄来命名，如"女性 18～24 岁"。设置好名称后设置溢价，并选择其他信息，最后单击"确认添加"按钮，即可成功添加人群。

2. 标品精选人群配置与溢价技巧

直通车精选人群主要是给流量设置门槛和条件，实现精准化流量。对于不同产品而言，其人群溢价也有所不同。例如，标品和非标品，由于消费人群存在差异，所以在人群溢价的设置上也略有不同。这里以"蜂蜜"产品为例，先讲标品的精选人群配置与溢价技巧。

（1）基础属性人群

与非标品相比，标品的单一化情况明显，产品差异较小，消费人群没有特定标签。就"蜂蜜"产品而言，分类不是特别多，消费人群的年龄、性别等差异较小。比如，年轻人可能会买蜂蜜，中老年人也会买蜂蜜。所以，在标品的基础属性人群设置中，消费者的年龄、性别等因素不是重点。但是，类目笔单价需要尤为关注。

类目笔单价，指在消费者账户购买记录中，某类目产品的平均客单价，它也代表了该类产品消费者的消费水平。商家应该以自己产品的售价来选择类目笔单价。例如，某商家的蜂蜜（重量为500g）售价为59.9元，在"类目笔单价"中，可选中"20～50""50～100"等价格段，以吸引能接受这个价格范围的消费者。

（2）宝贝定向人群

宝贝定向人群共包括两个选项，分别为喜欢相似宝贝的访客和喜欢店铺新品的访客，如图5-45所示。喜欢相似宝贝的访客，指通过对人群和产品属性进行分析，从而为人群找到可能喜欢的属性产品。喜欢店铺新品的访客，指对店铺新品感兴趣的消费者，适用于消费者回购率高的店铺选择。

> **注意**
>
> 系统对于喜欢的界定，是按消费者最近购物行为，如搜索、点击、浏览、收藏、加购等行为来作为判断依据的。

图 5-45　基础属性人群页面

建议推广标品可选择"喜欢相似宝贝的访客"，其原因在于消费者如果有意对比多家相似产品，说明其很可能会购买该产品。如果有这个产品的商家针对这部分消费者进行溢价，让自己的产品展现在搜索结果靠前位置，则更容易被消费者看到并购买。

> **注意**
>
> 标品通常不建议选择"喜欢店铺新品的访客"，原因是大部分标品，如计算机、手机等都属于低频高价的产品，复购率较低，消费者很少通过店铺关注新品。

（3）店铺定向人群

店铺定向人群项目较多，包括智能拉新人群、店内商品放入购物车的访客、收藏过店内商品的访客等，如图 5-46 所示。

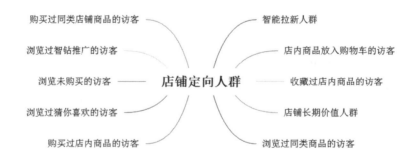

图 5-46　店铺定向人群数据

建议为标品广告选择"智能拉新人群"。智能拉新人群，指系统根据消费者浏览特征及类目消费者的行为数据，将人群和产品按照算法进行智能匹配。某店铺选用"智能拉新人群"后，历史投产比、点击率、转化率等数据非常不错，如图 5-47 所示。所以，建议商家为标品广告选择该项。

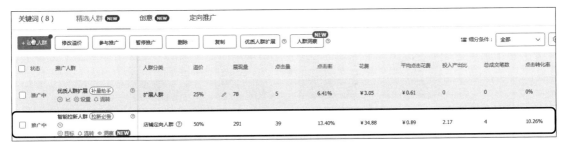

图 5-47　选用智能拉新计划的历史投产比

> **注意**
> 除了智能拉新人群以外，店铺长期价值人群的表现也很好。长期价值人群主要是对长期有复购率的产品投放广告。例如，甲消费者多次在店内购买某款洗发露，可能会被系统认为是"长期价值人群"并向其投放广告，以再次引起甲消费者的兴趣，继而再次购买产品。

（4）行业定向人群

行业定向人群，指根据产品在行业里的属性偏好精选人群，包括图案、材质、工艺、适用场景、适用对象、价格区间等属性，如图 5-48 所示。商家可根据产品属性进行选择。

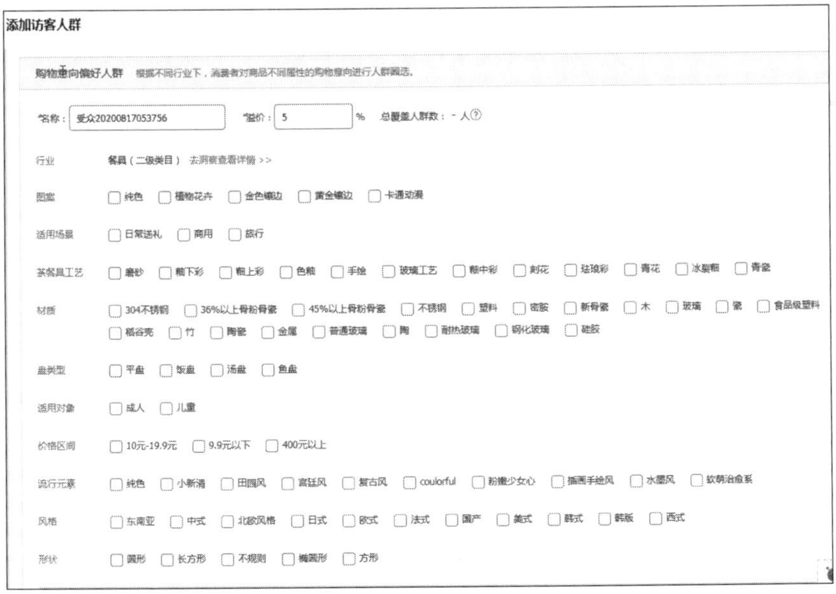

图 5-48　餐具的属性页面

商家在选择产品属性时，最好是单个选中，而非组合选中。因为一旦组合，人群的覆盖范围就会随之缩小。以上面的"餐具"产品为例，本来某餐具产品既适合成人也适合儿童使用，如果商家选择"成人"，那么消费者在搜索"成人餐具"关键词时，该产品得以展现；消费者在搜索"儿童餐具"关键词时，该产品也可能展现。但如果商家同时选择这两个关键词，可能导致消费者搜索以上任意一个关键词时，产品都无法得到展现。

标品类目产品在精选人群时，操作步骤如图 5-49 所示。值得注意的是，产品之间存在差异化，不能一概而论，商家可以根据自己的需求去选择内容。

图 5-49　标品精选人群步骤

另外，商家在创建计划时，应根据预算来决定添加的人群数量。商家的预算越高，添加的人群就可以越多。商家在创建直通车计划初期，添加的人群不宜过多，尤其是新手商家，在不熟悉直通车特性时要谨慎操作。例如，某商家只打算建立一个直通车计划，预计花费金额只有100 元，却加了 10 个人群，每个人群平均下来只有 10 元花费，那么相应的点击也会很少。所以，商家一定要根据预算情况来决定人群数量，随着操作熟练，再逐步添加人群。

标品产品本身差异不大，所以目标人群差异也不明显，建议采用高出价、低溢价的方式，提高点击率和转化率。例如，任意特征的消费者在搜索"华为 p30"时，都可能有购买意向，商家必须提高直通车出价，才能让产品展现在更多人面前，增加被点击的可能性。

3. 非标品人群添加与溢价技巧

与标品相比，非标品的产品差异明显。例如，裙子产品，可分为公主裙、连衣裙、休闲群、碎花裙、修身裙等类型。所以，在非标品人群配置时，基础属性人群才是重中之重。基础属性人群又包括人口属性人群、身份属性人群、天气属性人群、淘宝属性人群和节日属性人群，如图 5-50 所示。其中，人口属性人群主要包括名称、类目笔单价、性别、年龄和月均消费额度等。

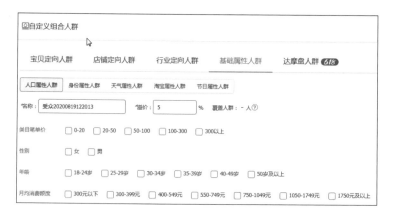

图 5-50　人口属性页面

在前面的内容中已介绍过名称的设置，这里主要介绍类目笔单价、性别、年龄等数据的选择。

① 人群与关键词密不可分，所以商家可返回直通车首页，单击"工具"按钮，在跳转的页面中单击"流量解析"按钮，输入关键词（这里以"靴子女"关键词为例），可以看到这一关键词的市场数据趋势、人群画像分析、竞争流量透视等内容，如图 5-51 所示。

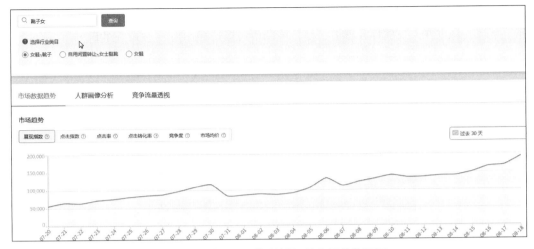

图 5-51 "靴子女"关键词的市场趋势页面

② 单击"人群画像分析",查看"靴子女"关键词的人群画像分析。先来看看性别占比情况,如图 5-52 所示。从图中可以看出,"靴子女"这一关键词的女性占比较高,达到 63.21%,男性占比较低,为 35.71%。商家可以在人口属性人群中,分别选择"男"和"女"。

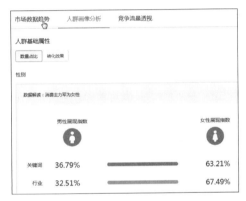

图 5-52 "靴子女"关键词转化人群的性别占比

③ 下拉页面,再来看年龄,如图 5-53 所示。从图中可以看到,无论是"靴子女"这个关键词还是整个行业,转化率最高的都是"95 后"。也就是说,"95 后"的消费者更倾向于在网上买靴子。那么,测算一下"95 后"的年龄大概是多少,然后在人口属性人群中,年龄可以选择"18~24"和"25~29"这两个年龄段。

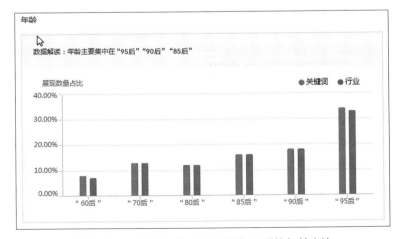

图 5-53 "靴子女"关键词转化人群的年龄占比

④ 再看类目笔单价数据，会发现类目笔单价在 100～300 元的产品转化率最高，如图 5-54 所示。所以，商家在人口属性人群中，类目笔单价可以选择 100～300 元的区间。

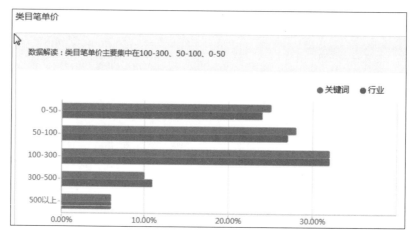

图 5-54 "靴子女"关键词转化人群的类目笔单价

⑤ 其他数据都按照以上方法，选择转化率高的数据即可。在选择数据时，建议选择 1～2 项即可。例如，前面提到这个关键词转化率较高的人群分别是"女""男"，年龄是"18～24 岁""25～29 岁"，类目笔单价在 300 元以上，可以分别设置成多个人群数据包，如下所示。

- 18～24 岁的男性消费者。
- 18～24 岁的女性消费者。
- 年龄在 18～24 岁，类目笔单价在 300 元以上的消费者。
- 年龄在 25～29 岁，类目笔单价在 300 元以上的消费者。

⑥ 商家还可以根据产品特征选择其他属性人群。例如，靴子属于季节性产品，在冬季时销量应该更可观，那么可以在天气属性人群中选择与冬季相符属性标签，如"寒冷""冷"等。

非标品由于产品特征多，只有把产品推荐给精准人群，点击率和转化率才会提高。所以建议商家低出价、高溢价，拉大展现差距，这样，当普通人群搜索关键词时，产品展现在靠后位置，不被点击也不会产生费用；当精准人群搜索关键词时，产品展现在靠前位置，增大被点击、被转化的可能。

5.2.2 优化直通车质量分的技巧

质量分是影响直通车最终出价的重要因素。例如，有些商家的关键词出价比竞争对手高，但由于质量分略低于对方，最终出价很可能高过对方。所以，从节约直通车推广成本的角度出发，商家必须认识、熟悉质量分，并懂得如何提高质量分，从而降低成本。

首先来了解直通车质量分的构成。打开直通车计划中的关键词页面，可看到每个关键词后面都有 1～10 分的质量分，任意单击一个质量分，可看到质量分由创意质量、相关性、买家体验 3 个项目构成，如图 5-55 所示。

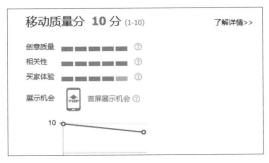

图 5-55　质量分构成页面

质量分每个构成项目后面都有 5 个格子，可以把它理解为一个项目的分值。如果某关键词质量分下的某个项目占满了 5 个格子，则说明该项目是满分。比如，创意质量后面有 5 个格子占满，可以理解为该项为满分，即 5 分。商家可以针对 3 分、4 分的项目进行重点优化。

如果直通车出了问题，应该第一时间想办法去优化，而不是关掉它。提升直通车的质量分，初期看点击率，中期看转化率，后期看维护。只有全面熟悉质量分，才能在后期做好直通车的优化，让其尽快产生最大的效果，下面介绍有关直通车的优化技巧。

1. 提升账户权重

由于直通车的账户权重对计划里关键词的质量分有很大的影响，如果直通车的账户权重偏低，必然会导致其搜索权重下滑，使搜索流量越来越少，质量分自然就很低。因此，应该想办法提升直通车的账户权重。最简单的方法就是，选择 10 个左右的精准长尾词，重点投放到高点击率的地区，然后进行高卡位，这样可以快速提高点击率，提升账户权重，从而提升质量分。

2. 提高创意质量

创意质量是质量分的构成之一，它是指推广创意近期关键词动态点击信息的反馈，可以理解为点击率。影响创意质量的主要因素有产品图片、文案，以及产品的卖点。因此，要提高创意质量，必须要做到图片清晰美观，文案内容吸引人，适当加入促销信息，层次分明。特别是要突出产品的卖点、优势和差异化，提高产品竞争力。

> **注意**
>
> 在测图时一定要多做几张不同创意的图片，然后进行轮播测试，重点关注点击率的情况，最后选择点击率高的图片。

如果一个关键词的点击率越高，那该项越有可能是满分。看到这里，商家可能会发问：点击率多高才算高呢？由于产品不同，点击率也有所差别。商家可以根据"直通车工具→流量解析→输入关键词（这里以关键词'小碟'为例）→市场数据趋势→点击率进入市场数据趋势页面"这个路径，来查看关键词大盘点击率和店铺点击率，如图 5-56 所示。从图中可以看出，"小碟"的大盘点击率为 3.47%，店铺点击率为 9.43%，店铺点击率远超于大盘点击率，故该关键词的创意质量为 5 格，即满分。

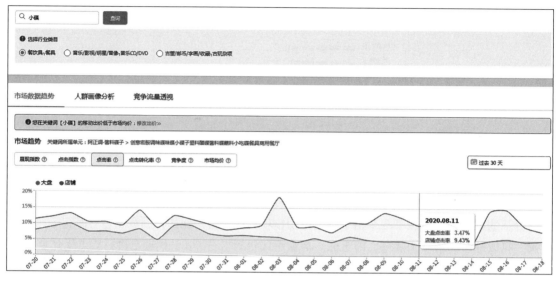

图 5-56　市场数据趋势页面

3. 做好产品标题、类目、属性的相关性匹配

相关性也是质量分的构成之一，指关键词与产品类目属性及文案等信息的相符程度，可以理解为发布产品的标题、类目、属性是否与关键词高度匹配。如果产品类目选错了，则会直接影响到搜索排名、流量体积及质量分的优化进度。如果产品属性写错，则会影响到搜索权重、关键词权重、标题权重及推广的效果。

例如，部分商家在发布产品时选错了类目，必然导致关键词相关性分值很低，从而也会导致关键词质量分很低。

商家如果发现关键词的相关性分值偏低，可以采取以下措施。

① 首先检查一下关键词与产品类目、标题、文案等内容的匹配度。

② 在挑选要投放的关键词时，一定要选择该产品类目下的相关性高的关键词进行投放，这样可以保障该关键词的初始质量分较高，只要后期优化得当即可轻松引进大量的精准流量。

③ 标题中所选的关键词一定要与产品高度相关。

④ 选词组合后必须要验证其核心词延伸出来的属性词，否则不能断定这个关键词与人群是否是精准的。千万不要因为某个属性词搜索人气高就强行加在标题中，以避免引进垃圾流量。

> **注意**
>
> 如果产品的标题字数已满，无法加入更多与产品属性相关的关键词，可以把这些关键词加在创意标题中，同样能提高关键词的相关性及质量分。

4. 提升买家体验

买家体验也是质量分的构成之一，它主要是指店铺动态评分，即客户在店铺交易成功后，对此次交易的"描述相符""服务态度""物流服务"3个项目给出的评分。商家可在店铺首页查看店铺动态评分。例如，某旗舰店的店铺动态评分页面如图 5-57 所示，可看出该店铺的物流服务评分略低于同行评分，需要提升。

商家的综合体验得分包括直通车推广期间的转化率、收藏和加购、关联营销效果，以及产品评价体系和快递物流售后体系。由此可见，提升买家体验的有效方法就是提升客服销售能力和服务质量；增强客户的满意度，留住老客户，从根本上解决销量问题，从而增加销量、好评、二次购买率。

> **注意**
>
> 经测验，影响买家体验的重要因素除了DSR评分外，还包括关键词的转化率。所以，如果一个关键词的买家体验分值低，而DSR评分高于同行时，应重点分析该关键词的转化率是否不够高。

图 5-57　某旗舰店的店铺动态评分页面

另外，商家可以从直通车后台直观地查看构成直通车的3个项目是否满格，对不满格的项目要进行优化。以点击率低为例，一个直通车计划的点击率低，就会引发一系列恶性循环，如图5-58所示。

实际上，很多商家在开通直通车的时候，正是因为点击率低带来这一系列问题，最终导致直通车计划报废。例如，以商家小张为例，其直通车质量分、关键词出价、排名位置、点击率等数据如表5-4所示。

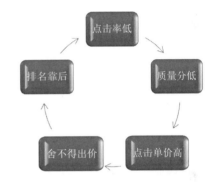

图 5-58　由点击率低引发的恶性循环

表 5-4　小张的直通车数据

日期	质量分	关键词出价 / 元	排名位置 / 名	点击率
5月5日	8.3	1.5	20	2%
5月6日	8.1	1.5	30	1.6%
5月7日	7.7	1.7	20	2%
5月8日	5.9	2	25	1.8%
5月9日	5.3	2.5	25	1.8%

> **注意**
>
> 商家在直通车后台看到的质量分是1~10的整数。实际上，每个质量分后面都有小数点，如显示在直通车后台的数字是"8"，实际上可能是8.11、8.28、8.37等。

从表5-4中可以看出以下几点。

- 5月5日，小张的直通车质量分为8分（系统分值为8.3分），关键词出价为1.5元，排在第20名的位置。由于排名不理想（排名在前6名比较理想），点击率只有2%。

- 5月6日，小张发现质量分仍为8分（系统分值下降到8.1分），故关键词出价保持在1.5元。由于质量分有所下降，关键词出价不变，排名降到第30名，点击率也下降到了1.6%。
- 5月7日，小张发现质量分下降到7分（系统分值为7.4分），不得不把关键词出价提高至1.7元，从而提升排名位置至第20名，点击率回到2%。
- 5月8日，小张发现质量分还在下降，并且降到了6分（系统分值为6.3分），为了保持排名，不得不将关键词出价提升到2元。但由于质量分下降明显，即使提高关键词出价，排名还是降到第25名，点击率也下降至1.8%。
- 5月9日，质量分不变，仍为6分（系统分值下降到6.1分），想提升排名，继续提高出价至2.5元，但是排名没有发生变化，点击率停留在1.8%。

以此类推，小张的直通车关键词出价越来越高，排名却越来越靠后，点击率也迟迟上不去。这种情况让小张很苦恼，甚至认为直通车推广方式根本就不适合自己，所以最终放弃了直通车推广。

那么，商家应该如何在提高点击率和降低关键词出价的同时还能获得好排名呢？这里再来看商家小李的案例，其直通车质量分、关键词出价、排名位置、点击率等数据如表5-5所示。

表5-5 小李的直通车数据

日期	质量分	关键词出价/元	排名位置/名	点击率
5月5日	8.3	1.5	20	2%
5月6日	8.1	2.5	5	6%
5月7日	8.9	2.5	3	7%
5月8日	9.5	2.5	1	10%
5月9日	10.1	2.3	2	9%
5月10日	10.6	1.8	3	7%
5月11日	10.8	1.5	3	7%
5月12日	10.9	1.3	3	7%
5月13日	10.9	0.9	5	5.5%

从小李的表中可以看出：小李的起点和小张一样，都是在直通车质量分为8.3分时，关键词出价为1.5元。小李采用的是主动提高关键词出价，来提升排名位置和点击率，进而提高质量分。等质量分逐渐升高后，再降低关键词出价，把排名提升至前6名，获得较为可观的点击率。

所以，各位商家如果遇到类似情况，就应该效仿小李的做法，主动提高关键词出价，去获得好的排名和高的点击率，进而提高质量分。

5.2.3 直通车质量分上10分的操作思路、优化要点及稳分思路

商家想提高质量分，应先了解质量分上10分的操作思路，并熟悉质量分上10分的实操步骤及稳分思路。这样才能保证直通车质量分维持在10分，从而降低关键词出价，降低营销推广成本。

1. 直通车质量分上10分的操作思路

前面已经了解了直通车质量分的组成结构与优化方法，但实际上，质量分与直通车推广效果紧密相连。商家想提高质量分，需先了解影响直通车推广效果的因素，并逐一将其提升，才能保证直通车推广效果达到最佳，直通车质量分达到最优。

实践经验表明，影响直通车推广效果的因素有很多，包括投放不同产品、投放不同关键词、投放不同时段、投放不同排名位置、投放不同地域、投放不同人群、投放不同匹配、投放不同创意等。

（1）投放不同产品

投放不同的产品，其点击率和转化率肯定有差异。例如，投放一个抽纸广告和一个钢琴广告，二者的点击率和转化率差异肯定很明显。大多数人都对抽纸有需求，如果广告足够吸引人，那么很可能产生点击、购买行为；但大多数人在看到钢琴的广告时，可能考虑到自己对其需求不大，而且价格昂贵，可能会点击，但购买的可能性很小。

所以，选择直通车产品与直通车推广效果有着直接联系，如果选择了一个原本就不适合做推广的产品来开直通车，再怎么优化效果都不会很好。不适合用直通车推广的产品如下。

- 特别小众的产品：这类产品的受众面窄，被搜索、展现的可能性较小。
- 价格昂贵的产品：这类产品即使引起消费者的兴趣，也会因为价格较高、消费者需求少或担心售后问题，从而导致转化率低。
- 有流量但无收藏、加购的产品：这部分产品属于热门产品，可能因为某部电视剧、电影突然火起来，被消费者查看的可能性很大，但由于竞争商家也繁多，所以被收藏、加购的可能性很小。
- 有收藏、加购却没有成交的产品：部分原创、定制类产品虽然深受消费者欢迎，但考虑到价格和其他原因，迟迟无法引起消费者成交。
- 有成交但复购率极低的产品：如中药器皿、物理化学器材等产品，虽然有成交，但复购率极低。

总体而言，适合开通直通车的产品几乎都是大类目、性价比高、有流量、有基础销量的产品。

（2）投放不同关键词

在直通车推广中，关键词起着非常重要的作用。如果一个产品的关键词选择不当，自然就不会被消费者搜索到，也自然没有机会展现。因此，商家在投放直通车广告时，挑选一个好的关键词是重中之重。

（3）投放不同时段

直通车的投放时段也很重要，需要根据产品特性进行优化，不能盲目投放。例如，在类目产品成交的高峰期，直通车出价肯定更贵，导致成本增加；在类目产品成交的低谷期，直通车出价低，展现也少。因此，商家可以根据生意参谋找到该类目产品的成交高峰段，设置不同的出价比例。可以动态设置，出价随着时间段、销量的变化而有所不同。

（4）投放不同排名位置

排名位置的重要性不言而喻，排在第1名的广告和排在第50名的广告，点击率可能天差地别。因此，商家想提高推广效果，必须保证产品排名靠前。

（5）投放不同地域

不同地域的人群喜好和运输情况会有所不同。因此，在设置直通车广告计划时，可以投放到指定区域，实现精准推广。例如，广西、海南等地属于亚热带地区，冬季气温相对其他地方较高，羽绒服销量较低，经营羽绒服的商家在投放直通车时，可以避开这些地区。

（6）投放不同人群

为实现精准人群推广，在设置直通车计划时，把计划投放在目标人群身上，效果更佳。例如，向所有人群和向有"宝妈"标签的消费者推广婴儿奶粉，其点击、转化效果肯定有着明显差异。

（7）投放不同匹配

精准匹配和广泛匹配带来的效果差异也很明显，而且这些匹配方式适用于不同产品的不同阶段。商家需根据自己的产品特征进行选择。

（8）投放不同创意

对于不同的创意，其点击率肯定也有着明显差异。商家必须设置出有吸引力的创意，才能获得更多点击。

以上8个指标也是8个变量，都属于质量分的核心指标，也都会影响到直通车的推广效果。其中任意一个指标没选好，都有可能影响质量分，影响直通车推广效果。例如，某直通车计划中关键词的质量分都相当高，点击率很可观，且排名位置也卡在前几名，所以它们最终的转化率也都很好，如图5-59所示。

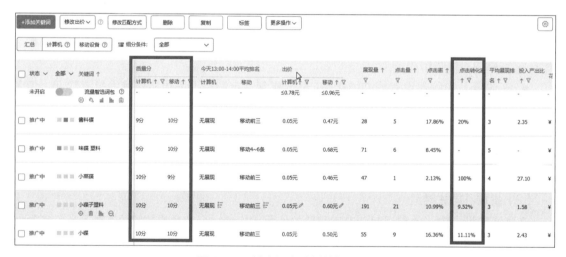

图5-59 某直通车计划数据页面

2. 质量分上10分的优化要点

前面已经详细介绍了质量分的构成，包括创意质量、相关性和买家体验，可以将这3个要点理解为点击率、相关性和转化率。其中，最好优化的是相关性，其次是点击率，最后是转化率。下面详细讲解这3个要点的优化操作。

（1）优化相关性

优化相关性，就是检查创意标题是否包含推广关键词。由于产品标题有字数限制，而有的推广关键词数量又比较多，无法完全体现在产品标题中，所以商家可以把推广关键词分别放在创意标题中，尽可能让标题包含推广关键词。

如果一个直通车计划的标题（包括产品标题和创意标题）已经完全包含了推广关键词，质量分的相关性分值仍然不满格，则应该检查产品的属性、类目是否正确。

（2）优化点击率

前面也举过小张和小李的直通车案例，小张因为关键词点击率低，导致出价高、排名低、点击率更低；而小李的关键词位置靠前，从而在实现高点击率、低出价的同时，又能提升展现位置的排名。所以，商家想提高点击率，必须保证关键词排名在前6位。

如果手动调整出价去卡位通常难度比较大，所以，建议商家使用"抢位助手"来卡位，其具体操作如下。

① 在直通车后台中，单击"工具"按钮，再单击"抢位助手"进入该功能页面，如图5-60所示。

图5-60　进入"抢位助手"页面

② 单击"新建策略"按钮，进入到"新建策略"界面，如图5-61所示。根据自己的需求生成新策略。下面以卡位前六名为例进行讲解，首先选择策略类别、设备，设置关键词、期望排名和溢价比例，填写策略名称，单击"确定"按钮。

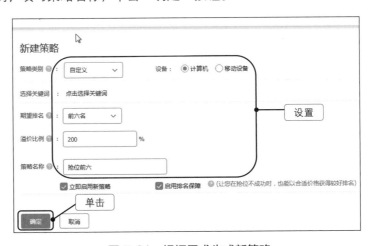

图5-61　根据需求生成新策略

- 策略类别：系统有“品牌独占”“主打爆款”“促销活动”等选项，这些选项的卡位一般是卡第 1 名、第 3 名，商家如果是想卡前六名，可以选择“自定义”项。
- 设备：根据产品投放设备进行选择，这里以投放移动设备为主，故选择“移动设备”。
- 选择关键词：选择一个产品的所有关键词。
- 期望排名：选择名次，这里以选择“前六名”为例。
- 溢价比例：建议设置高溢价比例，这里设置为“200%”。
- 策略名称：仅自己可见，可随意设置，只要便于自己区分即可。

注意

页面中有“启用排名保障”复选框，该功能是指如果在设置溢价后，依然无法抢到前 6 名的位置，可以给予其他较好的排名，如第 7 名、第 9 名等。前面也提到过，关键词必须卡在前 6 名的位置，才能获得较好的点击率，所以这里可以关闭该功能。

③ 影响点击率的因素除了关键词的展现排名位置外，还有创意图和关键词。商家可以在直通车工具的流量解析中查看创意图和关键词的点击率，选用高于市场平均点击的创意图，以及选择点击率最高的 5 个关键词来进行推广。

④ 通过流量解析，输入关键词（这里以关键词“盘子”为例），单击“竞争流量透视”，查看该关键词点击率较好的地域，如图 5-62 所示。商家可重点对这些点击率较好的地域投放广告。

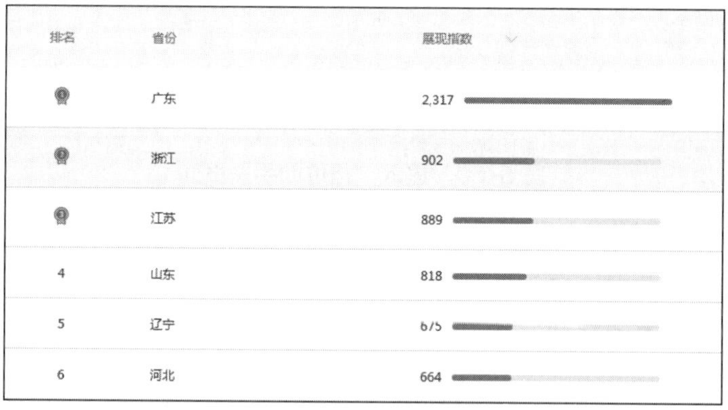

排名	省份	展现指数
	广东	2,317
	浙江	902
	江苏	889
4	山东	818
5	辽宁	675
6	河北	664

图 5-62　查看关键词点击率较好的地域

注意

部分地域虽然点击率高，但物流费用也高，耗时长，不适合发货。因此，商家在选择投放地域时，应排除这些物流不方便的地域。

⑤ 在提高质量分期间，晚上点击率不高，最好不投放，只投放白天。例如，除了 9：00—23：00 的时间外，统统不投放，以此提升关键词的点击率和转化率。

（3）优化转化率

只有当推广计划中关键词的转化率高时，系统才会认为这个计划好，愿意给其更多的展现机会。那么，应该如何提升转化率呢？除了优化文案、图片外，还要注意以下 3 个方面。

- 基础销量和评论：消费者进入一个新品页面，看到什么数据都没有，很难下单购物。因此，产品在投放直通车计划前，至少要满足10条正面评论，才有可能吸引更多消费者转化。
- 策划促销活动：按理说，决定消费者是否转化的因素应该是产品本身，如功能、外观、材料等。实际上，真正决定消费者下单的，还是促销活动。所以，产品在参加直通车推广期间，可以策划如满减、满赠等活动，用利益诱惑消费者转化。
- 让利引成交：在直通车推广期间，可以让利消费者，引导其成交。

当优化好以上3个方面后，再重点关注店铺产品点击率、转化率的变化，以及与同行相比，自己的数据是否具有优势。如果发现某些关键词点击率不仅没有上升反而下降，或者排名下降，则可依照上述优化步骤再做优化，直到质量分上升至10分。

3. 质量分上10分的稳分思路

很多商家会发现，好不容易将质量分提高至10分后，很快又降下来了。实际上，质量分的升高与降低，与数据表现紧密相连，当质量分下降，可以查看、分析相关性、点击率、转化率等数据表现是否良好。

商家可以在关键词的质量分下方看到该关键词的历史表现。如图5-63所示，该关键词的质量分从10分下降至7分后又上升到10分。

出现这种情况，商家要分析该关键词的点击率、转化率是否有异常。把鼠标放到关键词上面，单击如图5-64所示的"查看历史报表"按钮，进入到历史报表页面。

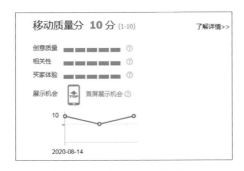

图5-63 质量分历史表现

图5-64 单击"查看历史报表"按钮

从报表中可以看到关键词质量分、点击率、转化率等数据的变化，如图5-65所示。

质量分		今天16:00-17:00平均排名	出价		展现量	点击量	点击率	点击转化率	平均展现排名	投入产出比
计算机	移动	计算机	移动							
9分	9分	无展现	移动前三	0.05元	0.47元	26	-	-	-	-	-
9分	9分	无展现	移动7~10条	0.05元	0.68元	39	6	15.38%	33.33%	6	16.44
10分	9分	无展现	移动前三	0.05元	0.46元	54	3	5.56%		4	
10分	10分	无展现	移动前三	0.05元	0.60元	103	13	12.62%	7.69%	1.03	
10分	10分	首页左侧位置	移动前三	0.05元	0.50元	69	3	4.35%		3	

图5-65 关键词历史报表页面

可以看出，该关键词的质量分不太稳定，同时，点击率也比较低。当质量分稳定在10分左右时，点击率也稳定在10%左右。影响点击率的因素很多，如关键词排名、关键词投放的时间和地域等。当商家发现点击率下降时，要主动分析下降的原因并及时做调整、优化，才能提升点击率。

当然，影响关键词质量分的因素不仅限于点击率，还包括转化率、相关性等。当商家发现关键词质量分有所下降时，应冷静分析具体原因，再有针对性地进行优化。

5.2.4 如何分析直通车报表中的数据

直通车的质量分、点击单价、效果等数据都体现在历史报表里，所以商家应该学会直通车报表分析，了解直通车数据的历史表现。如果历史数据不好，可能会影响到未来的点击成本、质量分等，所以要深入地研究和分析直通车报表数据，发现数据中的问题，并及时改进。

1. 查看账户总览报表数据

① 选择直通车上方的"报表"选项卡，进入报表页面，即可看到账户总览报表，如图5-66所示。

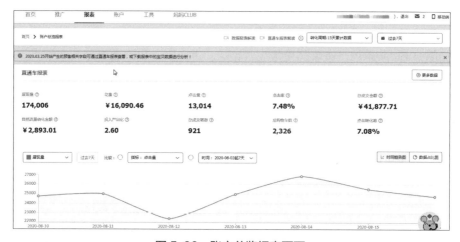

图5-66 账户总览报表页面

账户总览报表指的是店内所有直通车计划的所有数据总览，如展现量、花费、点击量、投入产出比等数据。可在右上角选择需要查看的数据日期，这里以选择"7天"周期为例，可看到该商家在7天之内，在直通车方面共花费1万多元，获得4万多元的成交额。

> **注意**
>
> 通常，账户总览可显示10项数据，单击右上角的"更多数据"按钮，可对直通车账户总览报表的数据进行编辑。例如，不想看转化率，可以删除转化率；想看投产比，可以添加投产比等。

② 单击每个项目名称后面的"问号"按钮，可查看各个数据分别是什么意思，例如以下几个数据。

- 展现量：指整个直通车账户一共有多少展现量。
- 花费：指整个直通车账户共花费多少金额。

- 点击量：指直通车计划共获得多少流量，或者花费指定金额后获得了多少流量。

以上数据可以在直通车账户总览报表中查看，这些数据之间相互关联。例如，某关键词的点击单价高，则会导致整体成本增加，从而投产比就会有所下降。因此，商家在分析账户报表时，不仅要查看账户总览报表，还要查看单个产品的数据情况。

③ 下拉账户总览报表页面，单击进入任意一个计划报表详情。如图 5-67 所示为"阿正调 - 小菜碟"产品直通车计划报表页面，从中可看到该计划的展现量、点击率、成交金额、投入产出比等数据。

图 5-67 "阿正调 - 小菜碟"产品直通车计划报表页面

> **注意**
> 商家可以在趋势图中查看数据的变化，如果数据的起伏较大，则需要重点关注。

2. 分析宝贝报表

① 商家如果逐一去对比某产品的数据，可能比较麻烦，也不容易发现问题，这时可以下拉页面，单击"分日详情"按钮，如图 5-68 所示。

图 5-68 单击"分日详情"按钮

② 进入如图 5-69 所示的数据分日页面。在数据分日页面中，可对比查看产品每日各个数据的变化情况，并分析是否存在问题。

从图 5-69 中可以看到 2020 年 8 月 5 日投产比为 1.77。如果单看这个数据，难免认为该日的数据有问题。实际上，通过对比当日的点击率和转化率等数据，不难发现它与其他日期的数据没有太大差别，导致当日投产比低的原因在于当日订单数较少，导致成交额数量减少，投产比也就随之降低了。

2020-08-05	4,668	9.62%	449	￥287.51	￥0.64	24	￥508.98	5.35%	1.77	13	54	13	0	￥61.59
2020-08-04	4,403	10.99%	484	￥276.50	￥0.57	37	￥754.58	7.64%	2.73	12	73	12	0	￥62.80
2020-08-03	3,245	14.14%	459	￥300	￥0.65	28	￥812.92	6.10%	2.71	11	78	10	1	￥92.45
2020-08-02	3,809	12.29%	468	￥300	￥0.64	33	￥1,005.53	7.05%	3.35	7	74	7	0	￥78.76
2020-08-01	3,833	11.43%	438	￥300	￥0.68	48	￥686.10	10.96%	2.29	13	100	12	1	￥78.27
2020-07-31	3,399	13.21%	449	￥300	￥0.67	56	￥3,205.75	12.47%	10.68	7	100	6	1	￥88.26
2020-07-30	3,953	13.46%	532	￥300	￥0.56	31	￥884.15	5.83%	2.95	7	81	7	0	￥75.89
2020-07-29	4,273	12.89%	551	￥299.77	￥0.54	49	￥494.41	8.89%	1.65	7	109	7	0	￥70.15

图 5-69　数据分日页面

因此，商家不能通过单一数据来判断直通车计划的表现，而是要通过多项数据综合对比来判断直通车计划的表现。这些出现在账户总览报表和产品报表中的数据，是需要重点关注的数据。商家在优化直通车过程中，应实时关注这些数据，并对数据进行综合分析。例如，发现某天某产品的转化率下降了，要观察它当日的收藏、加购率有没有下降。如果其他数据都没问题，只有转化率在下降，则需要考虑市场原因。如果是因为市场因素导致其他数据不变，只有转化率下降，商家则不需要急于调整，只需保持其他数据不下降即可。

3. 分析与优化关键词

关键词的表现情况，在一定程度上也决定了整个计划的效果，所以商家还要学会查看关键词列表，并掌握分析与优化关键词的方法。

① 单击"报表"选项卡下的"基础报表"，下拉报表页面并选择"关键词列表"选项卡，如图 5-70 所示。

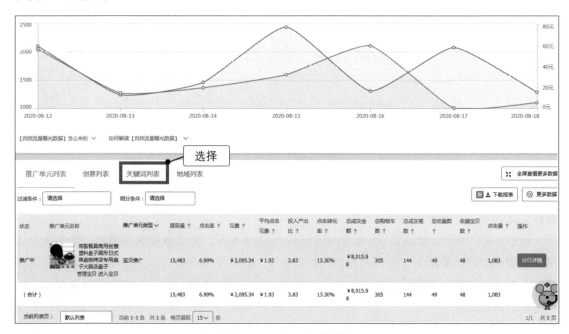

图 5-70　关键词列表页面

② 进入关键词列表页面，可查看各个关键词的具体表现（包括已删除关键词的数据）。以查看某关键词的“花费”为例，单击“花费”按钮，关键词会根据花费的多少进行排名，如图 5-71 所示。

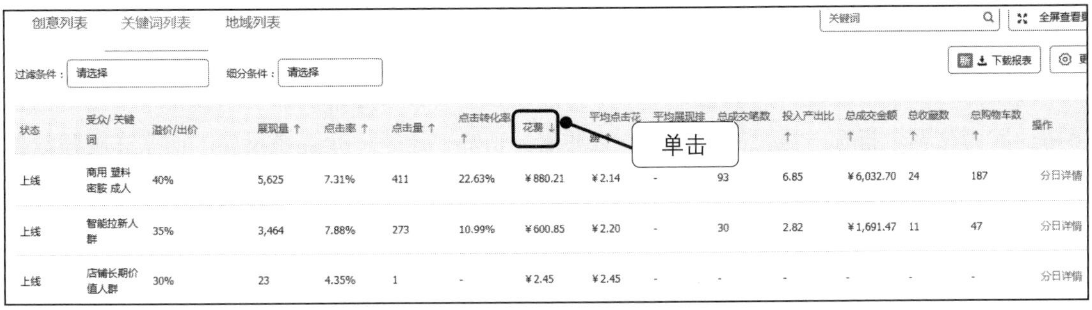

状态	受众/关键词	溢价/出价	展现量↑	点击率↑	点击量↑	点击转化率↑	花费↓	平均点击花费↑	平均展现排	总成交笔数	投入产出比↑	总成交金额↑	总收藏数↑	总购物车数↑	操作
上线	商用 塑料 密胺 成人	40%	5,625	7.31%	411	22.63%	¥880.21	¥2.14	-	93	6.85	¥6,032.70	24	187	分日详情
上线	智能拉新人群	35%	3,464	7.88%	273	10.99%	¥600.85	¥2.20	-	30	2.82	¥1,691.47	11	47	分日详情
上线	店铺长期价值人群	30%	23	4.35%	1	-	¥2.45	¥2.45	-	-	-	-	-	-	分日详情

图 5-71　根据花费多少进行排名的关键词

从图 5-71 中可以看出，花费最多的这个关键词，点击率和转化率分别是 11.8% 和 5.7%，排名也在前 3 名，总体来说是一个不错的关键词。那假如有关键词花费高，但点击率和转换率表现不好，应该怎么办呢?

单击关键词后面的“分日查看”，查看关键词的历史数据，如点击率、转化率、排名等。特别是关键词排名，它将直接影响关键词的点击率，排名越靠前，点击率越高；排名越靠后，点击率则越低。

例如，某关键词的平均排名都在第 3 名的位置，其点击率基本维持在 10% 以上，如图 5-72 所示。因此，商家如果发现一个关键词的点击率呈下降趋势，应先查看排名是否发生了变化。如果排名靠后，一定要先把排名稳住。

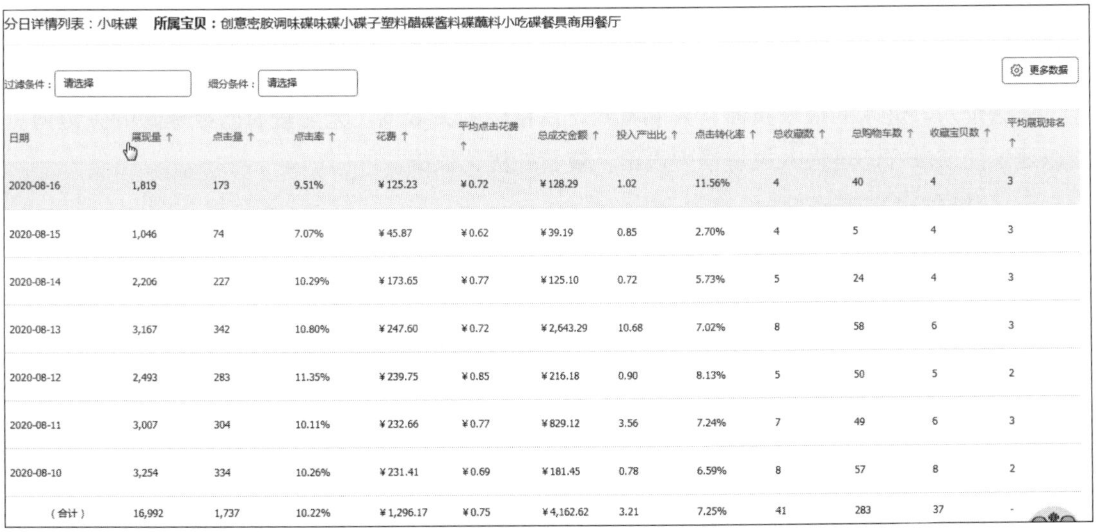

日期	展现量↑	点击量↑	点击率↑	花费↑	平均点击花费↑	总成交金额↑	投入产出比↑	点击转化率↑	总收藏数↑	总购物车数↑	收藏宝贝数↑	平均展现排名↑
2020-08-16	1,819	173	9.51%	¥125.23	¥0.72	¥128.29	1.02	11.56%	4	40	4	3
2020-08-15	1,046	74	7.07%	¥45.87	¥0.62	¥39.19	0.85	2.70%	4	5	4	3
2020-08-14	2,206	227	10.29%	¥173.65	¥0.77	¥125.10	0.72	5.73%	5	24	4	3
2020-08-13	3,167	342	10.80%	¥247.60	¥0.72	¥2,643.29	10.68	7.02%	8	58	6	3
2020-08-12	2,493	283	11.35%	¥239.75	¥0.85	¥216.18	0.90	8.13%	5	50	5	2
2020-08-11	3,007	304	10.11%	¥232.66	¥0.77	¥829.12	3.56	7.24%	7	49	6	3
2020-08-10	3,254	334	10.26%	¥231.41	¥0.69	¥181.45	0.78	6.59%	8	57	8	2
（合计）	16,992	1,737	10.22%	¥1,296.17	¥0.75	¥4,162.62	3.21	7.25%	41	283	37	-

图 5-72　某关键词的历史数据

再如某关键词的点击率相对低一些，其转化率波动明显，高至 10%，低至 0.85%。应先查看这两天的收藏、加购、排名等数据有没有变化，经过对比后发现其他数据没有明显差距，仅仅是某关键词的转化率下降了。针对这种情况，商家应该考虑客户咨询环节是否有问题。因为部分消费者在咨询客服后迟迟未下单，说明客户咨询环节出现问题，需要重视和改善。

如果关键词和图中的情况一样，只是某一天转化率降低，其他数据正常，则有可能只是一个偶然事件，说明不了什么问题。如果是连续几天都出现下降的情况，才有必要引起商家的关注。

商家一旦发现某关键词的质量分下降了，应该去查看该关键词的点击率和转化率是否也在下降。因为这两个指标一旦下降，必然导致质量分下降，这是一个连锁反应。商家在观察数据的时候，一定要把总体分析与单个分析结合起来，使其分析能够更加全面。

商家还可以在推广计划里查看关键词的历史数据。这些数据是一个汇总数据，商家如果需要查看每天的数据变化，可以单击"查看历史报表"按钮来观察数据的变化，如图5-73所示。

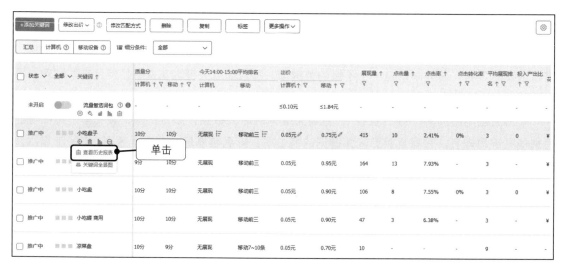

图5-73　单击"查看历史报表"按钮

从这个入口进入的报表页面，只能看到正在推广的关键词，无法查看已经删除的关键词。所以建议商家最好还是进入关键词列表里，查看并优化数据。

4. 分析创意列表

除了关键词外，创意也是影响产品点击、转化的重要因素，所以商家要学会查看并分析单品的创意列表。进入创意列表页面，选中一个计划即可进入创意推广页面，如图5-74所示。

> **注意**
> 创意列表页面所显示的数据默认为7天内的数据，商家可将时间设置为30天内，以便更直观地查看、对比创意数据。

判断创意效果好坏的主要因素是点击率，一个好的创意图自然能引起更多点击；反之，则只能获得少量点击。所以，商家可以删除点击率不好的创意图，保留点击率好的创意图。删除点击率低的创意有助于提高直通车计划整体的点击率，因为一个计划中如果有多个点击率不高的创意，容易拉低整个关键词和产品的点击率。

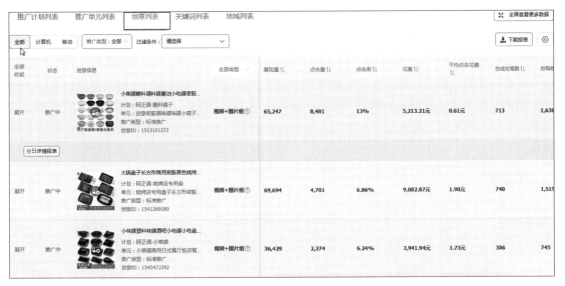

图 5-74 查看创意列表

5. 分析地域列表

除了看创意列表以外，商家还可以通过地域列表来分析哪个地区的数据表现更好。返回到推广计划页面，选择"地域列表"选项卡，即可进入地域列表页面，如图 5-75 所示。为了更直观地查看地域数据，可选择查看 30 天内的数据，并按展现量排名。

推广计划	省市	展现量↑	点击量↑	点击率↑	花费↑	平均点击花费↑	点击转化率↑	投入产出比↑	操作
阿正调-摆台四件套	福建	3,879	272	7.01%	¥598.75	¥2.20	2.21%	1.88	分日详情
阿正 黑面碗	河南	2,973	273	9.25%	¥252.77	¥0.93	2.20%	0.28	分日详情
阿正调-小菜碟	黑龙江	986	46	4.67%	¥71.23	¥1.55	17.39%	2.72	分日详情
阿正调-酱料碟子	江西	3,469	412	11.88%	¥254.67	¥0.62	6.80%	1.58	分日详情
火锅圆盘	黑龙江	2,436	188	7.72%	¥341.71	¥1.82	9.04%	2.49	分日详情
阿正 黑面碗	黑龙江	2,560	182	7.11%	¥178.85	¥0.98	3.85%	0.33	分日详情
火锅圆盘	新疆	1,339	81	6.05%	¥125.58	¥1.55	3.70%	0.31	分日详情
阿正调-小菜碟	广东	13,955	890	6.38%	¥1,581.29	¥1.78	22.70%	4.55	分日详情
阿正调-摆台四件套	山西	3,386	249	7.35%	¥512.04	¥2.06	1.61%	1.44	分日详情

图 5-75 地域列表页面

从图中可以看出各个地域的展现量、点击率、转化率等数据有着明显差异，商家可以对数据表现好的地域溢价投放，对数据表现不好的地域关闭投放。

在查看地域数据情况时，还可以单击"分日详情"，通过详情数据分析判断数据不好的具体原因。如果某个地域的点击率、转化率和投产比都不够理想，可以返回直通车计划设置页面取消投放该地域。

商家在设置投放地域时，会发现地域细分到了市级城市，但查看的地域数据只到省级。例如，某地域列表显示陕西省的数据不够好，但在取消该地投放时，会显示陕西省下的城市，如宝鸡、汉中、咸阳等。商家需要根据自己的预算和判断，来决定是否取消省级下面每个城市的投放。

> **注意**
>
> 直通车年消耗在15万元及上月消耗达到5万元以上的商家，可以申请开通市级城市的地域列表。

5.2.5 用好这3招，让转化率飙升

转化率直接影响着直通车计划的投产比，决定着一个推广计划的盈亏情况，所以转化率在直通车推广中尤为重要，商家应该予以重视。那么，如果直通车计划的转化率不理想，如何优化呢？首先，要了解影响转化率的因素；其次，要掌握提高直通车转化率的配置要点。

影响转化率的因素可以用"错综复杂"来形容，涉及关键词、人群、图片、视频、价格、品质等。综合起来，影响转化率的主要因素包括引入访客不够精准、页面精美度不够、产品竞争力不够3个方面，如图5-76所示。

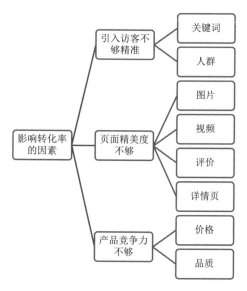

图 5-76 影响转化率的主要因素

1. 第1招：通过优化关键词、人群，精准引入访客

如果吸引的是不精准的访客，那访客的购买意向程度就很低，无论商家如何优化，都无法实现转化，这就必然会导致转化率低。商家可以从关键词和人群两个方面入手，去判断访客是否精准。

首先，通过直通车关键词的转化率来判断该关键词是否精准。如果一个关键词的转化率低至1%左右，则说明该关键词不够精准，可作删除处理。因为关键词和访客匹配程度很低，根本无法引起消费者的购买欲望。例如，某商家售卖一款黑色修身连衣裙，但推广关键词却是"宽松连衣裙"，并使用广泛匹配，导致访客在搜索"宽松""连衣裙"等关键词时，该修身连衣裙得以展现。实际上，消费者想购买的是宽松连衣裙而非修身连衣裙。因此，通过这种不够精准的关键词进入详情页的访客，在仔细查看产品后就会逐渐流失。商家应通过查看关键词的转化率数据，删除那些转化率较低的关键词。

> **注意**
>
> 在查看关键词表现时,假设一个产品有10个关键词,转化率都不佳,则说明不仅仅是关键词的问题,很可能是产品本身有问题,应调整产品。如果10个关键词里数据有好有坏,则可以删除优化效果差的关键词。

其次,商家还要通过直通车关键词的人群分析,来查看关键词所吸引到的访客与产品访客是否匹配。如果不匹配,自然导致转化率低。例如,某商家售卖的服饰单价均在1000元左右,但从关键词人群分析中查看到的访客消费水平均在300元以下,那这些访客购买店内产品的概率就很小。

导致人群不精准的因素有很多,其中一个就是人群标签不精准。很多电商平台都应用了"千人千面"功能,正常情况下,系统能根据产品和消费者的数据,给产品和消费者打上正确的标签。但如果商家为了提升销量而盲目刷单,导致产品标签混乱,必然导致人群不精准。因此,商家必须引起重视,不要为了提升销量而刷单。

2. 第2招:通过优化图片、视频、评价、详情页等页面的精美度,提升视觉营销

图片、视频、详情页等视觉不够精美也会一定程度上影响到直通车的转化率。例如,某商家售卖一款价格在1000元左右的中高端连衣裙,但是该产品从图片和视频中看起来像价格低廉的地摊货品,消费者自然不会购买,也自然没有办法实现转化。因此,建议商家要做好产品的视觉营销,通过精美页面促使访客下单。

另外,消费者的评价也是影响访客转化的重要因素。例如,访客进入某产品详情页,被图片、视频和文案所吸引,准备下单时看到多条评论都反映产品质量差,很可能就会打消下单的念头。

因此,商家如果发现某产品的转化率低,首先应分析产品页面是否精美,其次还要看产品评论是否不好。如果这两方面确实存在问题,应及时改进。

3. 第3招:通过低价格和高质量,提高产品竞争力

产品竞争力主要体现在价格和质量两方面。例如,同一款水杯产品,同行的产品价格更低、质量更好,那消费者为什么不去购买同行的产品呢?因此,商家要对比同类产品的价格和质量,合理定价,才能获得更多转化。

商家可以通过生意参谋工具的"竞争"模块,在竞争情报页面中查看流失金额、流失人数及流失的店铺等数据。商家可以单击流失店铺的店招,进入店铺详情页,查看、对比竞店的产品、装修、价格等信息。如果发现自己产品有不足的地方,可做改进;如果产品没有不足的地方,甚至超过竞店,则应该考虑客服转化能力和营销手段等因素。

客服转化能力也影响着产品的转化率,部分消费者习惯在下单前询问客服一些关于产品、服务的问题,客服如果回复不及时或回复中有不利于转化的信息,则容易打消消费者的购买欲望。因此,想要提升产品转化率,客服转化能力也需要重点监测。

另外,消费者即使对产品满意,对客服服务满意,但有可能由于竞店的优惠活动力度更大而选择了竞店产品。因此,商家在使用直通车推广产品时,还要结合营销手段,让消费者感受到真实的福利优惠。

如果想查看更多竞争情报信息，需购买市场洞察功能。市场洞察是原市场行情和原竞争情报结合的订购版本，包括市场监控、供给洞察、搜索洞察、客群洞察、竞争店铺、竞争商品、竞争品牌等功能。这里主要使用竞争功能，查看"顾客流失竞品推荐"数据，分析进入店铺的访客跳转到其他店铺后购买了哪些产品。如图5-77所示，选择"竞争"→"竞品识别"→"顾客流失竞品推荐"选项，即可查看竞品的"流失人数""流失率"等相关数据。单击任意一个产品的"顾客流失详情"，即可看到访客流失到竞店后购买了什么产品。

图5-77　顾客流失竞品推荐

综上所述，影响直通车转化率的因素是多方面的，不仅仅是直通车计划的问题，还包括产品自身的图片、视频、详情页等问题。因此，商家在调整直通车计划时，要深入地分析产品转化率低的原因，并找到优化的方法。

5.2.6　4步法优化投入产出比

投入产出比直接体现了直通车推广计划的效果。如果一个直通车计划的投入产出比过低，那必然是存在问题的，必须进行优化。影响投入产出比的因素有很多，除关键词、地域、时段、人群等主要因素之外，点击单价高、转化率差、客单价低也会导致投入产出比很低。下面通过4步法来优化投入产出比。

1. 第1步：通过生意参谋优化产品的关键词、地域、时段、人群等

商家只有在了解影响投入产出比的原因后，才能有针对性地进行优化工作，方法如下。

①通过直通车后台的关键词列表，分析关键词投入产出比的高低，留下投入产出比高的关键词，优化投入产出比低的关键词。

②通过直通车后台的地域列表，分析地域投入产出比的高低，留下投入产出比高的地域，优化投入产出比低的地域。

以此类推，商家可通过直通车后台及生意参谋，找到投入产出比较好的时间段和人群，进行重点投放。

2. 第 2 步：提高质量分，降低点击单价

如果一个直通车计划的出价过高，无论后期如何优化，投入产出比都无法达到平衡，也就是收支无法平衡。例如，某产品的利润有 30%，投入 100 元的推广费用，能得到 200 元的销售额，其推广费就占了 50%（高于利润 30%），显然收支无法平衡。

如何判断点击单价是否过高呢？商家可进入直通车计划后台，进入某一关键词的流量解析页面，查看市场点击均价和自己的点击价格，如图 5-78 所示。

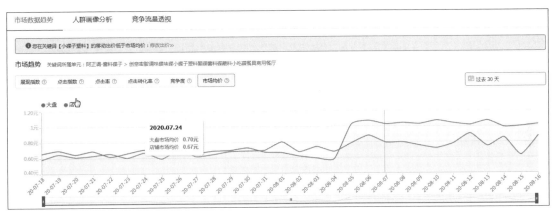

图 5-78　查看市场点击均价和自己的点击价格

从图 5-78 中可以看出，某关键词的市场均价是 0.70 元，商家自己的点击单价是 0.67 元，说明商家的点击单价是合理的。如果商家发现自己的点击单价远高于市场均价，则必须提升关键词质量分，降低关键词出价，从而提高投入产出比。

3. 第 3 步：提高转化率

如果某关键词的关键词出价低，关键词质量分高，但转化率很低，那投入产出比有可能还是比较低。因此，商家如果发现转化率差，则必须进行优化处理。关于如何提升转化率的相关内容在前面已经详细讲解过，这里不再赘述。

4. 第 4 步：提高客单价

如果一个推广计划的产品点击单价低，转化率也还可以，但投入产出比仍然不乐观，则可能是客单价较低造成的。例如，一个产品的单价是 3 元，但点击单价为 0.8 元，点击成本高，利润低，必然导致投入产出比低。那么，是不是低价产品就不适合做直通车推广了呢？其实不然，单价低的产品也可以用直通车引流，但前提是设置购买门槛或设置捆绑销售，这样就可以提高客单价。

> **注意**
>
> 投入产出比是一个综合性的问题，不是解决其中一个问题就能提高的，所以，商家在发现投入产出比低时，应逐一排查、优化，逐步提高各个因素的数据。

第6章

超级推荐让店铺流量轻松翻倍

本章导读

超级推荐也是淘宝推出的一个付费推广工具，于 2019 年 4 月上线。与直通车、超级钻展等类似，超级推荐也是淘宝商家重要的推广工具。超级推荐主要通过图文、直播等形式，对产品进行推广。商家付费投放超级推荐计划可以获得更多精准流量，能够提升转化率与盈利。因此，商家有必要认识这个推广工具，并掌握计划配置的方法。

6.1 认识超级推荐

超级推荐是在手淘"猜你喜欢"等推荐场景中穿插原生形式信息的推广产品,有着全场景覆盖、多创意沟通、数据技术驱动、多维度价值等优势,其核心是用内容创造消费需求,用产品挖掘潜在人群。商家应该了解超级推荐的展位及后台,熟悉创建计划的操作步骤,为利用超级推荐精确引流打下良好的基础。

6.1.1 超级推荐及其展位

超级推荐在展现形式上突破了手淘原有的单一商品产品推荐,增加了图文、短视频、直播、淘积木等多种创意形式。在内容化运作的大趋势下,极大地丰富了店家内容化运营的场景,并加深了商家与消费者的互动。超级推荐的作用如图6-1所示。

- 拉新:让没有接触过店铺的消费者进入店铺。这些人可能不会直接下单,但他们入店可以增加产品的收藏率和加购率。
- 转化:对认识、熟悉店铺的消费者再次吸引其进店,促成消费,为店铺带来更多订单。
- 低价引流:对于大部分类目而言,超级推荐的点击单价比直通车和智钻略低,且超级推荐操作简单,商家可多用超级推荐来引流。

商家投放超级推荐,最大的目的在于获得更多流量、销量,从而打败竞争对手,在行业中树立重要地位。

超级推荐推广展位主要集中在手机端首页"猜你喜欢"板块中,也会分布在购物车、支付成功、直播板块,具体位置根据投放模式而定。总体而言,超级推荐包括3种投放模式,如图6-2所示。

图 6-1 超级推荐的作用

图 6-2 超级推荐的投放模式

1. 商品推广

超级推荐沿用原直通车定向、智钻单品推广的功能,以产品为主,主要把推广产品展现在猜你喜欢、首页、购物车等优质资源位。其中,首页的猜你喜欢展现在第7、11、15位,如图6-3所示为展示在猜你喜欢第7位的超级推荐产品;购中、购后的猜你喜欢是在偶数位,如图6-4所示为展示在支付成功页面推荐的偶数位产品。

图6-3 首页超级推荐展位　　　　图6-4 支付成功页面的超级推荐展位

> **注意**
>
> 超级推荐除以上常见的展位外,还会展现在菜鸟裹裹、闲鱼、天猫农场、淘宝头条文章、UC浏览器等相关资源位。

2. 图文/短视频推广

图文/短视频推广是一种全新的推广形式,以更多展现方式来吸引消费者转化。例如,以图文和短视频的形式展现在微淘营销中。如图6-5所示为展现在猜你喜欢第10位的超级推荐店铺。

图文/短视频推广主要包括微淘、淘积木、视频等3种投放方式。建议商家多投放图文/短视频推广计划,因为图文/短视频推广支持的投放形式更多,还可以获得更多另外的引流渠道,得到更多的展现机会,提升营销效果。

3. 直播推广

直播推广以在直播广场中进行实时直播为主。直

图6-5 展现在猜你喜欢第10位的超级推荐店铺

播推广的核心资源位主要在猜你喜欢频道和淘宝直播精选资源位。如图6-6所示就是展现在直播精选资源位的超级推荐直播,当时有15万多消费者在线观看该场直播。

 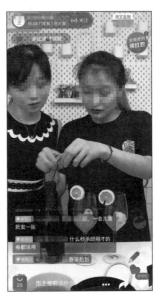

图6-6 直播精选资源位

> **注意**
> 除以上推广方式外,超级推荐还支持活动推广。活动推广主要在大促期间以产品为推广主体,针对活动不同阶段提供特殊权益,以及优化转化效果和引流效率的一种推广形式。

由此可见,超级推荐的展位根据商家设置的计划而定。商家可结合自己产品的特征来选择合适的计划。同时,超级推荐和直通车一样,也按照关键词出价高低顺序进行展现。系统会根据各时间段的关键词出价高低进行排名,优先展示关键词出价高的计划,当关键词出价高的计划预算消耗完后,轮到关键词出价第二高的计划,以此类推,直到该时段的流量全部消耗完毕为止。

6.1.2 超级推荐的后台操作

超级推荐作为一款推广工具,可用于推广产品,也可带动更多免费的手淘流量,是很多商家引流的不二之选。我们可以根据下面步骤进入超级推荐页面,然后对它进行设置。

① 商家通过卖家中心选择"营销中心"→"我要推广",在相应页面即可找到超级推荐工具,并在该页面单击"立即行动"按钮,如图6-7所示。

② 进入超级推荐首页,如图6-8所示,可看到账户整体效果概览及单日投放数据等。从页面中可以看出,虽然超级推荐和直通车类似,都以点击扣费为主,但由于超级推荐没有排名,所以展现的数据以推荐量、推荐率为主。

图 6-7　单击"立即行动"按钮

图 6-8　超级推荐首页

> **注意**
>
> 　　与其他推广方式类似,商家在投放超级推荐计划之前,需充值一定的费用。超级推荐充值金额 300 元起,且阿里妈妈手机 APP 暂时不支持充值,仅支持 PC(电脑端)后台操作充值。

图 6-9　超级推荐计划页面

③ 商家如果想创建超级推荐计划,可单击"计划"右侧的下拉按钮将弹出带有商品推广、图文推广、直播推广的页面,如图 6-9 所示。

④ 超级推荐的营销主体不仅限于商品推广、图文推广、直播推广等,商家可根据需要选择一个推广方式来操作。单击如图 6-10 所示的"新建推广计划"按钮,即可跳转到新页面中。

图 6-10　新建推荐计划页面

此时可选择商品推广、图文推广、直播推广和活动推广这4种方式。实际上，这4种推广方式大多都展现在手淘首页猜你喜欢页面中，只是推广的内容不一样。例如，商品推广展现的可能是一个产品链接，图文推广展现的可能是一个短视频或一张图片，直播推广展现的可能是一个直播间。在手淘首页的猜你喜欢中，分别分布着超级推荐的商品推广、直播推广和视频推广，如图6-11所示。

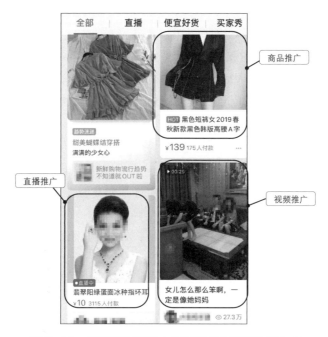

图6-11 手淘猜你喜欢中分布着多种超级推荐方式

> **注意**
>
> 活动推广只能在"双十一""双十二"、年货节等大促活动期间使用，商家可利用活动推广在大促活动期间预热产品或店铺，吸引更多消费者的关注。

⑤ 商家可根据自己的需求，选择推广主体。这里以选择商品推广为例进行讲解。首先单击"商品推广"按钮，右侧会弹出如图6-12所示的营销场景。

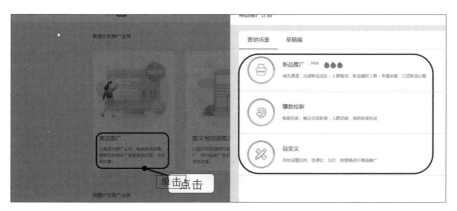

图6-12 营销场景页面

不同营销场景适用情况不同,介绍如下。
- 新品推广:适用于新品期(28天内)的商品推广。新品推广享有很多特权,系统会将商品推荐给喜欢新品的人群,让商品在新品期获得高曝光量,实现快速成长。
- 爆款拉新:适用于店内有一定销量基础的商品来打造爆款计划。爆款拉新计划可以突破流量和销量,其操作简单,功能实用,适用类目广。
- 自定义:适用于有经验的商家自定义计划。系统支持各项数据任意设置组合,也可以圈定达摩盘人群。实现人群选择更丰富,数据更精准。

其中,新品推广和爆款拉新均针对实际使用场景,属于智能推广计划,由系统自动收集、整理数据;而自定义推广计划可以由商家自主设置数据来测试。在前面讲直通车时,曾建议新手商家选择自定义方式,完全由自己配置一个计划,在熟练基础操作后再选择智能推广。

6.1.3 创建自定义的超级推荐计划

接着前面的操作,在商品推广的营销场景中选择自定义,进入设置计划的基本信息页面,按照如下操作,创建一个自定义计划。

第1步:在基本信息页面中,输入自定义计划基本信息,如计划名称、投放日期等。单击"下一步,设置推广单元"按钮,如图6-13所示。

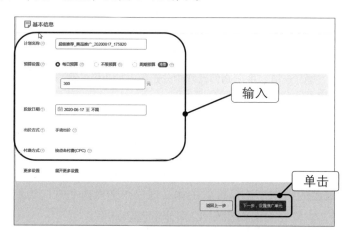

图6-13 输入自定义计划基本信息

> **注意**
>
> 商家可单击"展开更多设置",用与设置直通车计划类似的方式,选择计划投放时间和地域。

第2步:进入推广宝贝页面,单击"添加推广宝贝"按钮,如图6-14所示。

第3步:进入添加推广宝贝页面,选中需要推广的产品,并单击"确定"按钮,如图6-15所示。从页面中可以看出,1个计划最多可添加20个产品。但是添加的产品越多,后期优化也越复杂,所以建议新手商家选中1个产品即可。

图 6-14　单击"添加推广宝贝"按钮

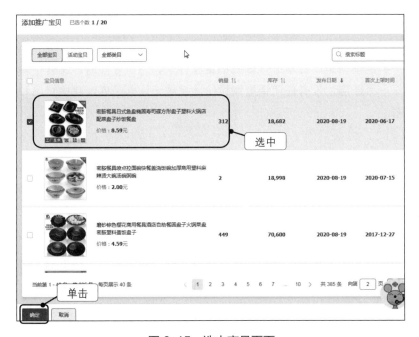

图 6-15　选中产品页面

第 4 步：跳转至定向人群页面，选择定向人群。所谓定向人群可以理解为超级推荐投放过程中圈选的人群。定向人群包括智能定向、拉新定向、重定向、达摩盘平台精选和达摩盘 5 个部分，如图 6-16 所示。

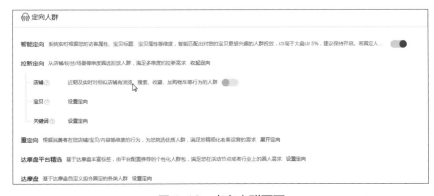

图 6-16　定向人群页面

在前面的直通车内容里曾提到过精选人群，即通过选择关键词来圈定人群。但在超级推荐里没有关键词，所以只能选择人群并设置溢价，以此方式来圈定人群。商家可根据自己店铺产品的实际情况设置定向内容。

① 智能定向。系统会实时根据店铺的访客标签、宝贝标题、属性等自动匹配对店铺产品感兴趣的人群，可有效提升点击率。智能定向是一个不断测试的过程，所以前期的人群和产品匹配可能较为广泛，但后面会越来越精准。该定向适合测款、拉新时使用。

② 拉新定向。拉新定向比智能定向更加精准，它是系统基于商家选择的产品来匹配与店铺、产品有关联的消费者。拉新定向主要拉取竞品和竞争店铺的流量，比如商家选择一款保温杯做推广，系统会把推荐计划推给浏览过相似店铺、产品或搜索过该关键词的人群，把这些人群吸引到自己的店铺内。

商家在对自己产品卖点和利益点都很有信心的情况下，可以开启拉新定向；反之不推荐开启。因为拉新人群的前提是产品本身有基础销量和评价，系统才能对产品有个基础判断，从而给予展现。对于一个新店，没有任何销量和评价，系统无法判断匹配哪些竞店和竞品，也就无法精准匹配人群。

> **注意**
>
> 曾在直通车推广过的产品，在有基础销量的前提下，再用超级推荐做流量补充效果更好。未经直通车推广，也没有基础销量的产品，直接选择超级推荐，会导致匹配不精准、引流效果不佳的情况。

③ 重定向。重定向主要是对店铺产品有过产品相关行为的人群（包括搜索、浏览、点击、收藏、加购、预售、购买）和对店铺商品感兴趣的人群，主要用于转化人群。换言之，商家可以通过超级推荐的重定向把之前通过直通车、关键词搜索等渠道来过店铺的人，再通过"猜你喜欢"拉回来。例如消费者甲看过某店铺的 A 款产品，该店铺可通过超级推荐再给甲推广 A 款或 B 款产品，让甲再次注意到该店铺。

④ 达摩盘。达摩盘平台精选是指系统选取跟店铺类目关联的人群来进行推广，这与直通车精选人群类似，可以对消费者的年龄、性别、消费水平、兴趣爱好做精细化过滤，匹配到符合产品特征的消费者。

> **注意**
>
> 达摩盘是阿里妈妈平台推出的一款精准营销工具，能快速分析店铺客户数据，便于商家对不同的人群采取不同的营销战略。当商家自定义计划时，如果发现超级推广的人群定位不准确，可开通达摩盘工具，将超级推荐和达摩盘进行接入，使计划取得更好的效果。

第 5 步：下拉页面，可看到达摩盘精选人群，商家可选中不同的精选人群，如图 6-17 所示。

图 6-17 达摩盘精选人群

第6步：下拉页面，进入资源位及溢价设置页面，单击"选择溢价资源位"按钮，如图6-18所示。

图 6-18 资源位及溢价页面

第7步：根据店铺实际情况，针对想做的资源位进行溢价设置，如图6-19所示。

图 6-19 溢价资源位设置

注意

商家在创建第一个超级推荐计划时，可能无法判断哪个资源位比较好，可以将每个资源位都设置10%的溢价，后期再根据数据进行调整。

第8步：返回资源位及溢价页面，可看到具体的资源位及溢价信息，接着单击"下一步，上传创意"按钮，如图6-20所示。

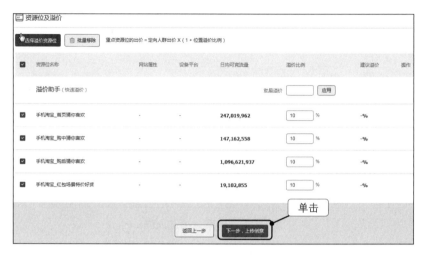

图 6-20　单击"下一步，上传创意"按钮

第 9 步：跳转到创意图页面，上传创意图并单击"下一步，完成"按钮，如图 6-21 所示。

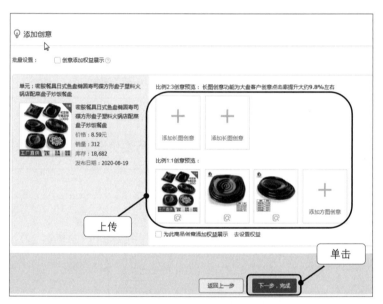

图 6-21　上传创意图页面

商家在添加创意时，需根据推广目的设置不同的创意。例如，某商家投放超级推荐时为了测图、测款，可以开启"创意万花筒"功能。在该功能中，系统会根据产品详情页信息对消费者喜欢的创意图进行测试，帮助商家找到消费者喜欢的款式和图片。如果商家投放超级推荐计划是为了获得更好的引流效果，那应该关闭该功能，自行上传创意图。

创意图有长图和方图之分，创意长图要求分辨率为 800×1200，图片大小在 500KB 以内；创意方图要求分辨率为 800×800，图片大小在 500KB 以内。实践表明，创意长图的点击率比方图更高，其原因在于长图版面更大，能展示更多信息。

完成以上步骤后，单击"新建其他计划"按钮可新建计划；单击"查看计划列表"按钮，即可查看该计划的数据。

> **注意**
>
> 投放超级推荐其他模式计划的操作步骤与自定义类似，商家可尝试设置其他计划，如图文 / 短视频计划、直播计划等。

6.2 三大超级推荐配置法

创建一个超级推荐计划并不难，把信息填写、完善、提交即可。如何合理配置计划信息才是难点，因为不同的配置必然产生不同的结果，不善于配置计划可能会得到南辕北辙的效果。影响投放效果的因素包括不同的计划、不同的地域、不同的时段、不同的产品、不同的人群、不同的资源位和不同的创意。这 7 点也正是一个超级推荐计划的配置流程，任何一个因素都会影响到最终的效果。所以，商家要掌握测试与控制这些因素的方法，使一个计划效果达到最优化。

实践表明，超级推荐共有 3 种配置方法，分别是测图配置法、测款配置法、提升手淘首页流量的配置法。

6.2.1 测图配置法

在超级推荐的 3 种配置方法中，测图配置法是最基础的配置方法，其思维导图如图 6-22 所示。

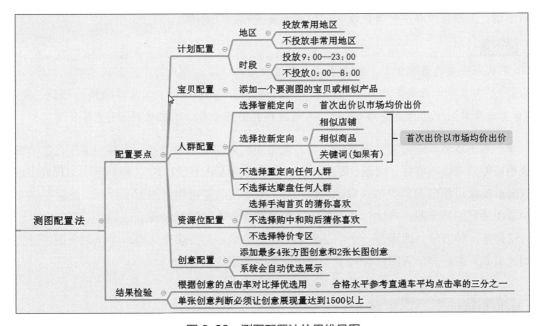

图 6-22 测图配置法的思维导图

从思维导图中可见，该测图计划详细内容如下：

- 商家如果是第一次投放超级推荐计划，不知道自己的产品在哪些地区、时段更受欢迎，可投放常用地区，如北京、上海、深圳等；选择消费者较为集中的时间段，如 9：00—23：00。
- 为了测试产品是否受欢迎，应只选择一个产品，根据该产品的数据进行分析。
- 定向方面，因为该方法有测图目的，所以必须选择智能定向，得到系统匹配的人群。首先要选择拉新定向，选择相似店铺、相似产品，得到精准人群。价格方面可参考市场均价，例如，某产品的市场均价为 0.94 元，商家可出价为 0.90 元。
- 资源位方面，因为带有测图目的，所以只选手淘首页的猜你喜欢位置，达到一个资源位对应多个人群。
- 创意图方面，添加 4 张创意方图和 2 张创意长图。其中，长图可以是带有文字的场景图，吸引消费者点击。创意图的点击率越高，系统越可能给予其展现的计划。

为什么只选一个资源位呢？因为在手淘首页的猜你喜欢板块中，还有很多没有参加付费推广的位置。商家如果想获得这些位置，必须测试出消费者喜欢的图片。那么，商家在使用上述方法后，必须测试出点击率很高的这张图用于今后获取免费流量。另外，通过一个资源位对应多个人群，可以测出哪个人群点击率更好，有助于今后设置计划时对高点击率人群设置高溢价。

至于为什么要投放多张创意图，是因为需要通过数据对比，找出表现最好的创意图。那么如何判断创意图表现的好坏呢？

首先，通过对比创意图的点击率高低，从中找到点击率最好的那张图。如果在 6 张创意图中有一张点击率最高，它是否就一定是最好的呢？不一定，因为这只能证明它在这 6 张图中有优势，并不代表它在同行图片中也有优势。如果是通过直通车测图，还可以在后台查看行业平均点击量，但超级推荐没有该功能，故可参考直通车的点击率。

> **注意**
>
> 单从点击率的角度出发，由于直通车有搜索意向在前，其点击率必然高于超级推荐。所以同一产品在参考直通车点击率时，至少要达到直通车点击率的 1/3 才算合格。例如，某产品在直通车计划中的点击率为 9% 时，其超级推荐的点击率必须要达到 3% 才算合格。

除了点击率外，还要关注展现量。有时会出现创意图点击率很高，但展现量很低的情况，这说明该图的表现不够好。所以，要让一张图的展现量达到 1500 次，才能判断它表现好不好。

部分商家可能会遇到类似这样的问题：同一个产品的多张创意图都不达标，此时可以找出其中表现最好的那张图，再优化其他数据，看最终能否达到理想表现。

这是第一种方法，即通过一个产品投放一个资源位，对应多个人群、多张创意图的计划，来测试出表现最好的创意图，有利于今后获取更多流量。

6.2.2 测款配置法

超级推荐除了具有测图功能外，还有测款功能，能帮助商家找到受欢迎的产品。与直通车相比，超级推荐由于没有排名因素，其点击单价也略低，所以其成本也低于直通车，是商家测款的首选。测款配置法的思维导图如图 6-23 所示。

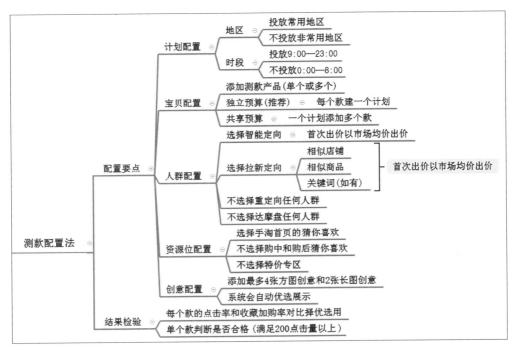

图 6-23 测款配置法的思维导图

从思维导图中可见，测款配置法与测图配置法有多处相似的地方，如投放地区、时段、定向设置、人群出价、资源位配置与创意配置等。其中，测款配置法的宝贝设置中，有两种预算模式可选，分别是独立预算和共享预算。独立预算，指一个计划只加一款产品；共享预算，指一个计划里添加多款产品。

与直通车无法删除计划不同，超级推荐可以无上限地创建计划、删除计划，所以建议预算充足的商家选择独立预算的模式。独立预算能做到一个计划对应一个产品，能保证每个款都能享受到定额预算，让它有足够多的展现量，从而测试出它的效果。

测款配置法的结果检验主要体现在每个产品的点击率和加购率上，商家应该优选出这两个数据较好的产品（款式），进行更大力度的推广。值得注意的是，一般的新品，基础销量和评价较少，被收藏、加购的概率很小。产品的收藏率、加购率能达到 6%~8% 可以算良好。等产品积累了基础销量和评论后，再去追高收藏率和加购率。

同理，在一个产品点击极少的情况下，它的收藏率和加购率都不足以说明问题，至少要等到有 200 个点击量且收藏率、加购率都很低时，才做删除处理。另外，在投放计划的前几天，展现量如果很少都属于正常情况，但如果连续几天展现量都少可以适当加价，直到有展现为止。

6.2.3 提升手淘首页流量配置法

商家获得更多手淘首页流量，意味着能得到更多展现和更多转化的可能。但不是所有的产品都只能通过直通车和智钻等付费工具才能获得流量。例如，在手淘的猜你喜欢板块中，除了付费推广的产品,还有很多非付费渠道的产品,如图6-24所示。

那么,这些非付费渠道的产品为何能获得展现呢?其实产品无论付费与否,想得到更多猜你喜欢的展现需要产品进入推荐池,并提高系统推荐率。

猜你喜欢展现的背后是系统的推荐池,因此商家的产品只有在进入该推荐池后才能得到被展现的机会。产品在进入推荐池后,如果被推荐率较小,也得不到很多展现。例如,商家的A产品和竞争对手的B产品是高度相似产品,同时进入推荐池。但由于A产品的推荐率很低,消费者刷新100次猜你喜欢时,才能展现1次A产品信息;B产品的推荐率很高,消费者在刷新100次时,能得到60次展现。那么,A、B两个产品的流量肯定不一样。因此,商家想得到更多猜你喜欢的展现,第一步是产品进入推荐池;第二步是提高系统推荐率,二者相辅相成,缺一不可。

1. 产品进入推荐池

图6-24 非付费渠道的产品

所谓的产品进入推荐池,就是让系统判断某个产品符合消费者的标签。例如,系统会把大码女装店铺的产品与身材丰满的消费者联系起来,给这类消费者展现如大码、减肥等产品。产品进入池推荐方法也多种多样,下面列举3种产品进入推荐池的方法。

(1)老客户回购

实践表明,在店内有过购买记录的老客户,在进入手淘首页的猜你喜欢中,有10%~30%的概率能看到已购买店铺的产品。如果这类老客户在看到产品信息后,再产生点击、收藏、加购、购买等行为,容易被系统判断为该产品表现好,愿意给其进入推荐池的计划。

那么,如何让老客户在看到猜你喜欢中的产品后,能产生点击、购买等行为呢?商家可在微信朋友圈、微信群、微淘等聚集老客户的地方,推出"老客户专享"活动。只要是在手淘首页中出现了店铺产品信息的老客户,都是中奖客户。这些客户可以获得半价(具体折扣由商家设定)购买多款产品的资格。这些客户在首页看到产品信息后(截图为证),单击产品详情页并联系客服,可得到半价购买产品的链接。

这种活动能提高老客户购买率,从而提高系统对店铺(产品)的好感,给予产品进入推荐池的机会。

(2)操作流失单

这里先通过一个案例来解释流失单。消费者甲在搜索"台灯"时,被A产品的主图所吸引,产生点击行为,进入A产品的详情页后没有下单就跳失了。之后消费者甲在其他地方看到与A产品关联度极高的B产品,并下单购买了。那么,对于商家而言,消费者甲就是流失单。

如何来操作流失单呢？首先要熟悉首页的推荐机制。首页的推荐机制其实也是关联推荐。以上述案例为例，消费者甲在查看 A 产品后没有购买，当他第二次、第三次进入首页时，系统就会推荐与 A 产品高度关联的 B、C、D 产品，但是不会推 A 产品。原因在于，系统认为这些产品的目标客户的需求一致，故把这些产品捆绑在一起推荐给消费者甲。

商家所需要做的，就是把自己的产品和竞争对手的产品联系起来，让系统认为它们的目标客户一致。具体的操作方法一般可以让内部员工点击自己店内产品后再回到首页的猜你喜欢板块，找到与自己产品相关或类似的产品进行点击、查看，让系统认为自己的产品与这些产品的目标消费者类似，因此将其一起放在推荐池里。消费者在浏览多个产品后，再回到自己的产品页面购买产品，形成 A 产品流失到 B、C、D 产品的数据，从而被系统给予更多推荐。

（3）利用超级推荐拉新人群

如果商家没有老客户也没有员工可以操作流失单，则可利用超级推荐拉新人群。新建一个产品的超级推荐计划，选择拉新人群（添加相似店铺和添加相似产品），通过出高价的方式，拉入有相同标签的消费者。再用专享活动的形式，刺激这些消费者转化。

例如，某商家推出幸运消费者活动，凡是从首页的猜你喜欢板块进店的消费者（以首页截图为证），联系客服可以获得价值 30 元的无门槛代金券，用这种福利的方式刺激消费者下单。长此以往，可以获得更多精准人群。

2. 提高系统推荐率

通过以上方法，可以从流量来源中看到陆续有首页流量，但是数量可能不多也不稳定。这是因为产品虽然进入了推荐池，但由于系统推荐率不高，所以商家要提高系统推荐率。那么，什么产品的系统推荐率才高呢？一般来说，如果一个产品的点击率、转化率、坑产值等数据都高，那么该产品的系统推荐率才高。

只有在产品创意图有吸引力的前提下，其点击率才会高。商家可以用超级推荐测图，找到点击率较高的创意图，获得更多首页流量。同时，转化率是产品的根本，如果一个产品的转化率很低，将会很难获得渠道流量。因此，商家需要从详情页文案、图片、产品质量、客服质量方面入手，提升转化率。坑产值体现了产品销量、转化率等数据，坑产值低的产品并不会被系统分配更多展现机会。因此，商家只有提高产品坑产值，才能获得更多被推荐的机会。

> **注意**
>
> 电商平台的活动位也叫坑位，即产品的展位。坑产值表示一个产品展位所成交的金额，其计算公式为：坑产值＝搜索指数 × 转化率。

下面通过设置一个完整的超级推荐计划来提高产品的点击率、转化率和坑产值。

① 就投放地区而言，商家可在生意参谋中查看点击率排在前 10 位的地区，并选择这些地区投放。

② 就投放时段而言，可采用溢价时段，如 0：00—9：00 采取 40% 的折扣投放，9：00—24：00 采取 100% 的折扣投放，从而拉开时段价格。

③ 在配置好计划的地区和时段后，如表 6-1 所示，采取花费递增的预算配置，提高产品点击率。

表 6-1　花费递增的预算配置

时间	花费/元	备注
第 1 天	100	冷启动
第 2 天	100	启动中
第 3 天	150	曝光正常
第 4 天	200	递增开始
第 5 天	300	每天递增100，直到第7天

> **注意**
>
> 　　超级推荐计划有 3～7 天的冷启动过程。在这个过程中，系统会根据店内的访客属性、产品标题、产品属性等维度了解店内产品，并分析计算得出哪些产品能匹配哪些人群。

　　在冷启动期间，产品可能没有点击和展现，可能 100 元的花费预算只能花 20 元；到了启动中，可以花费 50～70 元；到了第 3 天，曝光正常，提高花费至 150 元，以此类推，花费将呈现递增的形式，产品点击率也相应地形成递增形式。

> **注意**
>
> 　　如果第 2 天冷启动没有成功，将会导致第 3 天曝光不正常。所以，在第 2 天时，可以采取提高出价的方式来加大计划曝光量。

④ 至于资源位和人群配置，可以把计划分成两组，分别为拉新计划和转化计划。

- 拉新计划共建 4 个计划，每个计划对应 1 个人群和 3 个资源位。例如，在创建某水杯的超级推荐计划时，第 1 个计划选择 1 个定向人群（以智能定向为例），对应首页猜你喜欢、购中猜你喜欢和购后猜你喜欢等 3 个资源位；第 2 个子计划也选择 1 个定向人群，对应 3 个资源位，以此类推。
- 转化计划为单独转化。例如，重定向店铺人群作为一个计划，目标宝贝人群作为另一个计划，每个计划又对应 3 个资源位。

　　这样，商家可以清楚地知道哪个人群对应哪个资源位效果比较好，后期就可以投入更多财力进行推广。这种配置方式可以更好地控制不同人群和不同资源位，也便于分别调整。

⑤ 创意方面，该配置方法要求精简创意图，找到点击率较高的 1～2 张创意图进行上传即可。

　　这样，一个产品的超级推荐计划经过上述配置后就可以投放了。在投放后，根据计划的表现进行加价、减价。例如，某人群的数据表现好，就增加其出价，从而获得更多曝光，使其点击率、转化率等数据呈现递增；某人群的数据表现不好，逐渐减少投放，直至删除计划。这样一来，这个产品的数据会越来越好，也会获得越来越多的自然流量。

> **注意**
>
> 　　有些商家可能觉得以上方法较为麻烦，不愿意实施。其实这是成熟商家总结出的能够稳定提升手淘流量的方法，值得深入研究。网络上流传的刷单提升流量不仅存在违规风险，而且也不稳定，不建议使用。

第7章

巧用超级钻展快速推广店铺与品牌

本章导读

超级钻展与直通车、超级推荐、淘宝客并称为淘宝、天猫的四大推广工具。随着近几年的不断升级,超级钻展已在推广方面占据重要地位,因为利用它既方便推广单品,也方便推广店铺,其计费方式也更为灵活,可按点击计费也可按展现计费,深受商家喜爱。商家应在充分了解超级钻展之后,熟练掌握其实操方法,并能通过投放超级钻展计划防守流量,让店铺流量和转化率更为稳定。

7.1 认识超级钻展的作用、展位和推广形式

超级钻展是一个以精准定向为核心，面向全网精准流量实时竞价的展示推广平台。例如，某母婴产品店铺在投放超级钻展广告时，可以将广告单独投放给对母婴产品有需求的人群。人群越精准，转化率也就越高。超级钻展更注重推广某个店铺，店铺在吸引流量后，再以不同的比例分配给店内各个产品。超级钻展功能强大，商家与运营人员都应对其进行深刻的了解。

7.1.1 超级钻展的作用

超级钻展作为一款推广工具，它与超级推荐和直通车定向的投放思路基本相似，被电商商家广泛使用。那么，超级钻展有哪些作用呢？如图7-1所示，超级钻展的作用大致包括维护新老客户、宣传活动、宣传品牌和测试新品等。

图7-1 超级钻展的作用

1. 维护新老客户

各行业的成交占比数据变化表明，新客的贡献正在逐渐增大。升级后的超级钻展最大的一个亮点就是"破圈"获客，即它不仅可以针对与品牌及店铺有相关性的消费者进行营销，还可以在更大的类目、行业甚至跨行业获取新客，为品牌和商家持续扩大消费人群。同时，还可用超级钻展对老客户投放促销活动，增加老客户对店铺的好感，减少老客户流失。

2. 宣传活动

商家在策划活动时，为增大活动曝光率，可提前投放超级钻展计划，吸引新老客户加入到活动中来，放大活动效果。

3. 宣传品牌

超级钻展作为一款预算可控的推广工具，常被商家用于宣传品牌，提升品牌知名度。

4. 测试新品

商家可创建超级钻展计划,在产品其他元素不变的情况下,创建不同的创意图进行测试,从而获得较为精准的新品测试结果。

> **注意**
>
> 在设置超级钻展计划时,可定向到竞争对手的店铺,把店内广告推送给竞争对手的消费者,代价和测试的成本都会更低。

另外,超级钻展的人群分析功能已十分完善。在商家投放计划前,超级钻展就已经为商家进行了人群分析,根据营销目的和人群匹配营销创意,帮助商家实现针对性的推广运营。

超级钻展还有一个值得关注的新突破,即展位除了淘宝首焦,还拓展到了支付宝、优酷、高德等其他 APP 中,覆盖消费者出行、视频、购前、购后、娱乐、资讯、支付、社交等生活的全场景。

7.1.2 超级钻展的展位

在投放超级钻展计划之前,运营人员应熟悉超级钻展的展位,并能根据自己的推广目的找到适宜的展位。

超级钻展的展位分站内和站外。站内包括 PC 端淘宝、天猫首页,淘宝无线端 APP 等;站外包括新浪微博、腾讯、优酷等。超级钻展的展位有很多,钻展图片的尺寸也会根据投放的位置不同而不同。

1. PC 端超级钻展展位

淘宝 PC 端超级钻展的展位较多,最常见的有淘宝、天猫首页焦点图(如图 7-2 所示)、淘宝、天猫首页焦点图右侧 banner、淘宝首页精选大图、淘宝首页 2 屏右侧大图(如图 7-3 所示)、淘宝首页 3 屏通栏大 banner 等。

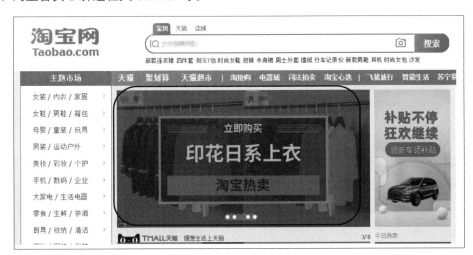

图 7-2 PC 端首页焦点图

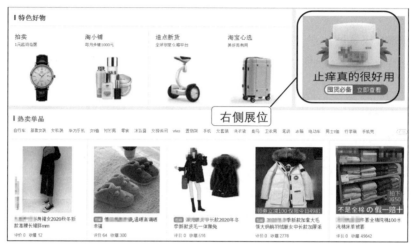

图 7-3　PC 端右侧大图

2. 无线端超级钻展展位

淘宝无线端超级钻展的展位也很多，如无线淘宝首页焦点图、无线淘宝站内触摸版首焦图等。无线展位的超级钻展可在首页展示大海报，处于很显眼的位置，如图 7-4 所示。因此，展现在无线端超级钻展首页的创意只要视觉效果不差，就容易获得高点击量。

运营人员在投放超级钻展计划时，可以在超级钻展后台"资源位"中查看具体的展位。不同的展位对应的竞价成本和流量也不相同，运营人员可根据各展位的特征优势和推广预算，选择合适的展位，尽量让引流效果达到最佳。

图 7-4　无线淘宝首页焦点图

7.1.3　超级钻展的推广形式

目前，超级钻展为满足商家多样化需求，主要提供两种推广形式：整店引流和单品引流，其展位和特点如下。

1. 整店引流

大多商家投放超级钻展计划时，更倾向于整店引流。登录淘宝、天猫主页面，首先映入眼帘的焦点展位就是超级钻展展位。如图 7-5 所示为淘宝平台某店铺的整店引流海报。超级钻展的整店引流位置是展现量极大、点击率极高的信息发布位，它为店铺推广提供了良好的位置。

2. 单品引流

超级钻展也为单个产品提供推广位，如图 7-6 所示为手机端淘宝首页的单品引流海报。消费者看到该海报如果点击进去，即可进入产品详情页。

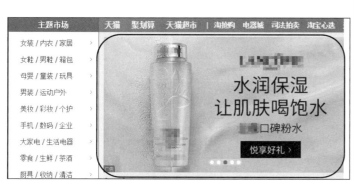

图 7-5　整店引流海报　　　　图 7-6　单品引流海报

> **注意**
>
> 不同的展位有着不同的引流效果，其收费方式也有所差异，运营人员可根据自己的需求来选择展位。

7.2　开通超级钻展

开通超级钻展也有一定的硬性指标，如淘宝商家店铺信用等级必须在一钻及以上。符合指标的商家可以按照下面步骤开通超级钻展。

① 登录淘宝账号，进入"卖家中心"。

② 在左侧栏里找到"营销中心"，单击"我要推广"按钮。

③ 进入如图 7-7 所示的页面，可以看到其右侧的"钻石展位"图标，然后单击"钻石展位"图标即可进入钻石展位。再单击"钻石展位"下方的"立即登顶"按钮即可进入超级钻展报名页面，这时只需按照步骤提示进行操作即可完成。

满足超级钻展开通条件的商家在阅读规则后即可开通；未满足开通条件的商家则会看到如图 7-8 所示的官方提示，单击"查看准入条件"按钮可查看开通超级钻展的条件。

图 7-7　单击"立即登顶"按钮

图 7-8　不符合开通条件的官方提示

> **注意**
>
> 超级钻展,最初名为"钻石展位",后升级为"智钻",现又升级为"超级钻展"。如果在提示中看到不同的名称,属于正常现象,这三个名称不同的工具,实则都是"超级钻展"。

由此可见,超级钻展属于有门槛限制的推广工具,要求商家在满足特定条件后才可开通使用。阿里妈妈规定,淘宝店铺信用等级一钻及以上、店铺每项 DSR(卖家服务评级系统)在 4.4 及以上,在使用阿里妈妈营销产品或淘宝服务时未因违规而被暂停或终止服务的店铺,才有资格使用智钻推广。如果店铺因违反淘宝平台规则中的相关规定而被处罚扣分,要使用智钻推广还需符合以下条件。

- 当前因出售假冒商品累计扣分分值达到 6 分及以上的,距离最近一次处罚扣分的时间必须满 365 天。
- 当前因严重违规行为(除售假冒商品除外)累计扣分分值 ≥ 6 分且 < 12 分,距离最近一次处罚扣分的时间必须满 30 天;累计扣分分值为 12 分时,距离最近一次处罚扣分的时间必须满 90 天;累计扣分分值 > 6 分且 < 48 分,距离最近一次处罚扣分的时间必须满 365 天。
- 当前因虚假交易(严重违规虚假交易除外),累计扣分分值 ≥ 48 分,距离最近一次处罚扣分的时间必须满 365 天。

7.3　5 步创建超级钻展计划

商家在开通超级钻展工具后,需要充值推广费用,之后才能投放计划。但超级钻展没有规定首次充值金额,商家可根据自己的投放计划来充值。在充值好费用后,即可按照如图 7-9 所示的操作流程,创建一个超级钻展计划。

图 7-9 创建超级钻展计划的操作流程

1. 设置计划

根据提示详细填写计划名称、投放日期、投放时段、投放地域等内容。

① 登录商家端的超级钻展后台,进入"设置计划组"页面,单击"自定义"按钮,如图 7-10 所示。

图 7-10 单击"自定义"按钮

② 跳转至"设置计划"下的"基本信息模块"页面,设置计划名称、投放日期、投放时段、投放地域等信息,如图 7-11 所示。

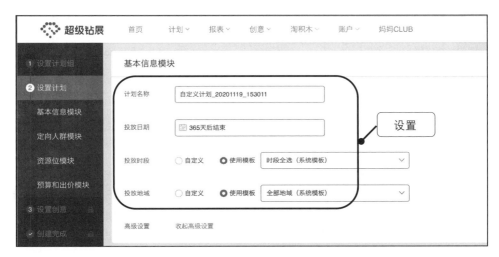

图 7-11 设置计划的基本信息

2. 设置投放人群

① 在"定向人群模块"页面中，选择定向方式（这里以选择"自定义人群"为例），如图 7-12 所示。

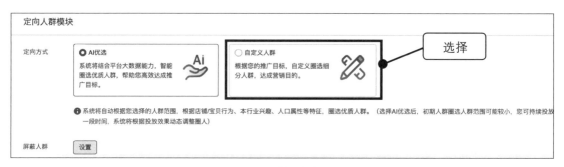

图 7-12　选择定向方式

② 跳转至"新建人群"页面，设置人群的性别、年龄、职业等信息，输入人群包名称，单击"确定"按钮，如图 7-13 所示。

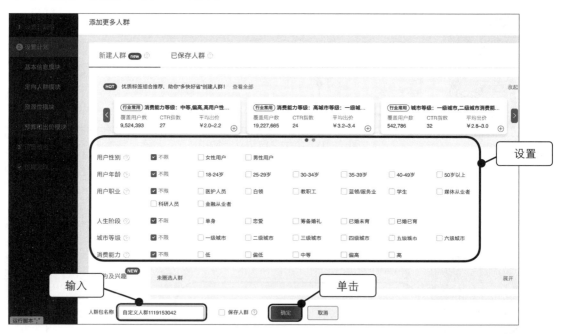

图 7-13　设置自定义人群信息

3. 选择资源位

超级钻展所有的资源位在"资源位"列表中，商家可以根据自己的实际情况选择适合自己的资源位。在"资源位"模块页面中可设置投放方式、广告位置、媒体类型等信息，如图 7-14 所示。

图 7-14　设置资源位信息

4. 预算和出价

为此计划出价，可选择按点击收费还是按浏览量收费。

① 在"设置计划"的"预算和出价模块"页面中，设置营销目标和竞价方式（这里以选择"成交量"为营销目标，选择"成本控制"的竞价方式为例），系统会根据设置的内容给出累计营销目标数量与成本关系的曲线图供大家参考，如图 7-15 所示。

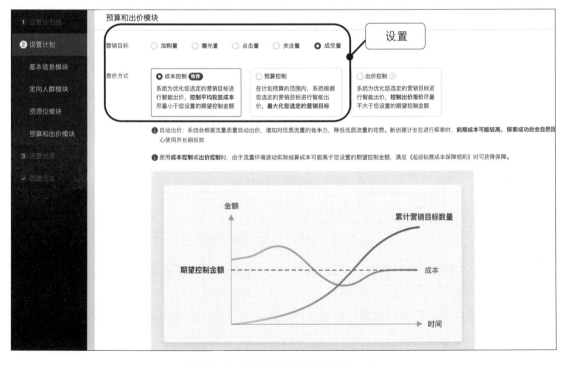

图 7-15　设置营销目标和竞价方式

② 在"预算和出价模块"页面中设置期望控制金额、预算类型、投放方式、计费方式等信息,并单击"下一步,设置创意"按钮,如图7-16所示。

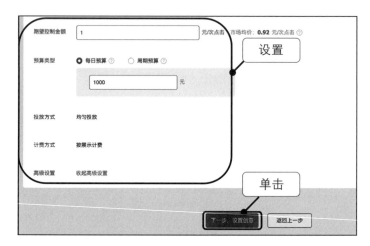

图7-16 "预算和出价模块"页面

5. 添加投放创意

① 跳转到"设置创意"页面,根据已选的资源位添加创意,这里以单击"本地上传"为例,如图7-17所示。

图7-17 单击"本地上传"按钮

② 跳转到"本地上传"页面,设置创意的投放主体,单击"选择本地创意"按钮添加创意后,单击"确定"按钮,如图7-18所示。

完成以上操作后,系统自动跳转完成创建页面,可单击"完成创建计划"按钮,一个完整的超级钻展计划就创建好了。

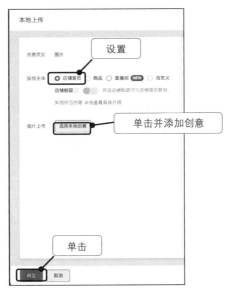

图 7-18 添加创意

7.4 人群定向投放技巧

人群定向是基于消费者的搜索、浏览、收藏、购买 4 个维度，筛选出各种消费者群体，并赋予标签进行归类。商家在投放超级钻展计划时，通过超级钻展后台指定将超级钻展计划推送给具有某些标签的消费者群体，以达到精确投放的效果，从而提高产品的点击率和转化率。在进行人群定向之前，先了解如图 7-19 所示的人群模型图。

- 在最外层的是未触达人群，指与店铺没有任何交际的人群。当商家把超级钻展计划推荐给未触达人群后，他们就变成了触达人群。
- 当触达人群看到超级钻展计划的创意图后，产生了点击行为，那么他们就由触达人群变成了兴趣人群。
- 当兴趣人群进入店铺并在 7 天内有搜索品牌词时，他们就由兴趣人群变成了意向人群。
- 当意向人群对产品产生了收藏、加购等行为时，他们就变成了行动人群。
- 当行动人群在店内产生了交易，就变成了成交人群。

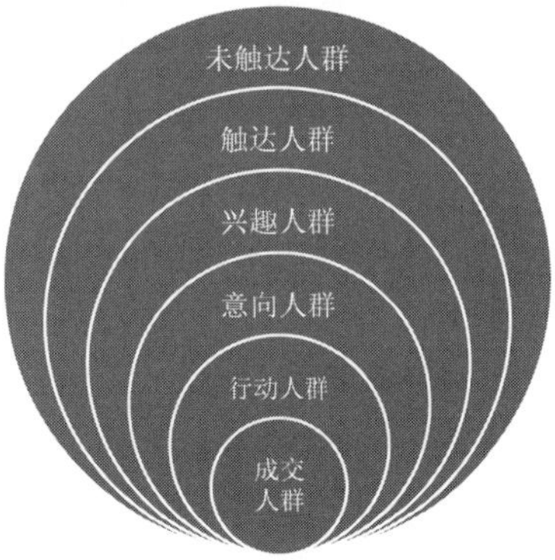

图 7-19 人群模型图

部分商家在投放超级钻展计划时，喜欢从意向人群入手，直接定向自己的店铺；而部分商家则喜欢从未触达人群入手，定向竞争店铺。

> **注意**
>
> 可以通过生意参谋、店内数据来分析产品定向人群，以实现精准投放。

1. 定向自己的店铺

定向自己的店铺，就是定向对自己店铺内产品有意向的人群，这类人群对产品已经产生兴趣，因此转化起来相对比较容易。这种定向方式适合消费者决策周期长且复购率高的商品。例如，某消费者浏览过店内多款包包，并将其中两款加入购物车。针对这种情况，商家如果再向这位消费者推送超级钻展广告，频繁展示店内产品，该消费者看到后就会加深印象，很可能促成订单。

消费者在浏览决策周期长的产品时，往往会浏览多次才进行交易。商家如果能抓住这一特点，向店内兴趣人群投放计划，则更容易引起消费者购买。

2. 定向竞争店铺

部分商家也会选择投放拉新计划，定向对产品可能感兴趣但之前没有交易的人群，通常做法是定向竞争店铺。例如，对于经营运动卫衣的商家来说，有部分消费者可能喜欢运动卫衣，但从来没进过自己的店铺。针对这种情况，商家可以投放一个定向竞争店铺的计划，将同样喜欢运动卫衣但自己店铺未触达的人群吸引过来。

> **注意**
>
> 商家在选择定向竞争店铺时，需定向风格相似、主营产品相似、价格区间相似的店铺。如果类似产品的风格、价格差异大，那么其相应的消费者也会存在明显差异，转化起来也有难度。

7.5 选择优质资源位

选择展位的方法可根据店铺的日均浏览量和日均点击量的多少来判断。由于无线淘宝的浏览量和点击量较大，所以可以优先选择无线淘宝端来尝试投放。

商家在选择资源位时，有如下两点建议：首先，资源位数量不宜过多，建议选择1～2个资源位，最多不要超过5个；其次，优先选择较优质的站内资源位进行投放，根据投放的测试数据，保留适合自己店铺的资源位，再根据预算的多少来调整资源位的个数。根据多个商家总结发现，如表7-1所示的资源位较为优质，可供商家参考。

表7-1 较为优质的资源位

资源位特点	站内或站外	具体资源位
"三高"展位：高流量、高点击、高转化	站内	无线_网上购物_手淘APP流量包_手淘焦点图
		PC_流量包_网上购物_淘宝首页焦点图
		PC_流量包_网上购物_淘金币首页通栏轮播
	站外	无线_流量包_门户_APP_腾讯新闻客户端_图集页
		无线_流量包_垂直行业_APP_腾讯网
		PC_门户_凤凰网_资讯文章页

续表

资源位特点	站内或站外	具体资源位
高性价比展位：日均流量丰富且稳定，可低成本获得高展现	站内	PC_流量包_网上购物_爱淘宝焦点图
		无线_流量包_网上购物_触摸版_爱淘宝焦点图
		无线_流量包_网上购物_触摸版_爱淘宝通栏
	站外	PC_门户_新浪网_首页_娱乐频道
		PC_影视_PPTV_客户端_播放页
低成本展位：中小卖家的福利展位，低出价也可获得高流量	站内	PC_网上购物_淘宝收藏夹_底部通栏轮播
		PC_流量包_网上购物_阿里旺旺
	站外	PC_影视_优酷_视频播放页
		PC_社交_新浪微博_首页

7.6 选择计费方式

在超级钻展计划的推广过程中，投入与产出是运营人员最为关注的问题之一。大部分运营人员都想在降低推广费用的同时获得更多流量，但实际上往往事与愿违。要解决这个问题，运营人员应先了解超级钻展的展现原理和结算方式，才能充分利用好推广预算，获得更好的推广效果。

超级钻展按出价高低顺序进行展现。系统将各时间段的出价，按照竞价高低进行排名，价高者优先展现，出价最高的预算消耗完后，即展现下一位的广告。以此类推，直到该小时流量全部消耗，排在后面的将无法展现。智钻的结算方式包括"每千次浏览单价"（Cost Per Mille，CPM）或"点击付费"（Cost Per Click，CPC）两种方式，运营人员可选择其中之一来投放计划。

1. CPM 计费方式

CPM 是按照展位的网页被打开的次数来计费的。如果竞价投放成功，超级钻展展位的实际计费是根据每天的预算决定的，同时受到下一位出价的影响。实际计费是在下一位有效出价的基础上加 0.1 元结算。计算公式为

$$点击单价 = CPM 单价 \div (1000 \times 点击率)$$

例如，商家 A 以 CPM 出价方式投放超级钻展计划，出价费用为 100 元，那么花 100 元可以买到 10000 次的展现，假设该广告位的点击率是 8%，就会有 10000×8% = 800 次点击，点击单价为 100÷800 = 0.125（元）。

如果商家 A 选用按点击付费模式设置出价是 0.125 元，实际以 100 元的 CPM 参与竞价，最后根据 CPM 出价高低进行展现排序。假设下一位商家的结算价格为 0.35 元，那么商家 A 投放结算的 CPM 价格为 0.35 + 0.1 = 0.45（元）。

2. CPC 计费方式

CPC 指根据广告被点击的次数收费，商家可先免费展示，再按点击扣费。这种计费方式的点击成本更可控，获取的流量更为优质。CPC 模式下，"点击出价"将被折算成"千次展现价格"，其公式为

$$CPM = 商家设置的出价 \times 参考创意的历史 CTR 预估的数值 \times 1000$$

其中，CTR 指淘宝网络广告的点击通过率（Click Through Rate）。超级钻展系统会参考创意历史 CTR 来计算预估 CTR。如果是新上传的创意图，没有历史 CTR，系统会参考同行在相同定向、资源位的平均 CTR 来修正预估 CTR。

例如，某商家设置的出价是 0.80 元，预估 CTR 是 7%，参与竞价的 CPM = 0.80×7%×1000 = 56（元）。虽然商家是 0.80 元的出价，实际是以 56 元的 CPM 参与竞价，最后根据 CPM 出价的高低进行展现排序。

在竞价成功后，按照下一名 CPM 结算价格加上 0.1 元作为实际扣费的 CPM 价格。如商家用 56 元获得展位，下一位的结算价格为 51 元，则实际扣费 = CPM ÷ 1000 ÷ CTR =（51 + 0.1）÷ 1000 ÷ 7% = 0.73（元）。

CPM 和 CPC 两种出价方式各有特点，商家可根据自己的实际情况进行选择。CPM 出价方式提供通投、系统智能推荐、行业店铺、营销场景定向，目前支持电脑端淘宝、手机端首焦流量包、电脑端爱淘宝、无线的首焦流量包等资源位，更适合维护店铺现有客户和召回老客户。

CPC 出价方式提供通投、群体、兴趣点、访客、达摩盘（需开通）、营销场景（需开通）定向，支持在所有超级钻展资源位上投放，更适合引入新客户。

简而言之，CPC 的优势在于平台提供较为精准的人群、操作简单、引流成本可控；CPM 的优势在于定向人群可个性化组合、资源位出价可灵活配置。建议使用 CPC 的系统智能推荐进行店铺日常或活动前的拉新，同时用 CPM 中的自主访客、达摩盘等做店铺老客重定向，新老客并进，综合提升广告效果。

7.7 创意图设计技巧

一个计划的创意图决定了消费者的点击意愿，所以对于一个超级钻展计划而言，一张好的创意图尤为重要。创意图除了要满足平台要求，还要主图突出、目标明确、形式美观，迎合更多消费者的喜好。

- 主图突出：正常情况下，超级钻展创意图的尺寸相对直通车创意图更大，且有多种规格可供选择，因此可以在创意图中添加更多元素，使主图更加突出，以此来吸引消费者点击。
- 目标明确：商家在制作创意图时，需明确自己的营销目标，然后再根据目标有针对性地选择素材并进行设计，提高点击率。
- 形式美观：形式美观的创意图更能获取消费者好感，进而提高点击率。例如，一些促销活动的创意图在排版、配色、文案等方面的设计均比较优秀，使得整个推广计划更具吸引力。

创意图是一个超级钻展计划的灵魂,越有看点的创意图越容易吸引消费者点击,故商家需要掌握一些高点击率创意图的设计方法。

1. 图文构图

图文构图指以左文右图或左图右文的方式来构图。图片大致分为左右两个部分,一边放文字,另一边放商品或者人物图片。大部分的创意图构图都是这样制作出来的。如某商家在电脑端投放的超级钻展广告,该图片就采用左图右文的构图方法,左边用模特图片展示产品,右边用文案传递产品信息,如图7-20所示。

图 7-20　左图右文构图

> **注意**
>
> 商家在采用这种构图方法时,文案内容尽量缩减在3句话内,第1句话为吸引眼球的噱头,第2句话为吸引点击的理由,第3句话是行动指令的按钮,引导消费者点击。

2. 通栏广告

通栏广告遵循"视觉认知的产品(左边)+促销文字信息+图片(右边)"这一原则,即通栏广告采用产品图片放两边、中间放文字的版式布局。产品图片起到暗示性作用,让消费者知道自己售卖什么产品,而文字作为主要信息传递的媒介,放在中间。

某商家在投放的超级钻展计划中就采用了通栏广告,如图7-21所示。创意图的左边和右边分别放置图片,中间放置文字信息。左右两边的产品图片说明该店售卖有服饰、鞋帽等产品,中间的文字说明店内产品既是精品,还是特卖价,以吸引消费者点击进店。

图 7-21　通栏广告示例

3. 整体拍摄

整体拍摄指拍摄、制作出产品主体完整的创意图，从视觉上呈现很好的产品效果。如图 7-22 所示，某店铺使用的超级钻展创意图就是采用整体拍摄方法拍摄，既给消费者传递了一种温馨感，又让消费者有很强的代入感。

4. 加入数字

大部分人都对数字比较敏感，在超级钻展创意图中加入数字，能使营销更具吸引力。如图 7-23 所示的创意图中用"每满 300 减 30"的文字，突出店内产品有满减活动，来刺激消费者进入店铺。

图 7-22 整体拍摄原则示例

图 7-23 加入数字的创意图

商家在上传创意图后，应多关注创意图的点击率变化。如果一张创意图在长期内点击率都很低，则应该考虑更换其他创意图。

7.8 3 类店铺通过超级钻展防守流量

在流量越来越贵的今天，如何防止流量被竞争店铺抢走是每个商家必须面对的问题。在推广过程中，形成合理有效的流量闭环非常重要，一旦形成闭环，即可防守自己的流量，而超级钻展作为流量闭环的最后一环更是各个商家必须掌握的技能。

> **注意**
>
> 如何判断店铺是否要做流量防守？当店铺访客一天能达到 3000 及以上，就有必要进行防守。

不同类型的店铺，其防守计划有所差异，而且每个店铺在不同阶段所要针对的防守人群也会有所调整。这里主要以高客单价、低转化率的店铺，低客单价、高转化率的店铺，以及动销型（风格型）店铺为例，讲解防守计划的要点。

7.8.1 高客单价、低转化率的店铺

高客单价、低转化率的店铺（转化率低于 2%），指全店的流量大多（80%）集中在一个产品链接上，且该产品属于高客单价、低转化率的产品。高客单价说明消费者决策度较高，这种情形下非常有必要进行防守，避免消费者被同行抢去。例如，高端家具、高端婴儿车等产品，客单价高，转化率却不高，如果消费者再被同行抢走，将非常不利于店铺的发展。

针对这种情况的店铺，在投放超级钻展计划时，可参照如下的计划模型。

1. 选择营销参数

在新建计划的营销参数页面，计划类型选择"常规投放"，营销目标选择"优化成交量"，生成方式选择"自定义"即可，如图 7-24 所示。

图 7-24 营销参数页面

2. 设置基本信息

由于设置基本信息页面所含信息较多，所以这里以如表 7-2 的形式进行展示。

表 7-2 设置基本信息内容

基本信息名称	内容	备注
竞价方式	最大化产出	
预算	固定单日预算	前期最好 500 元起
单元预算优化	开启	
计划名称	方便自己好记即可	1 个计划下只有 1 个单元、1 个人群定向
投放日期	不限	
推广主体	宝贝	店铺主推款
高级设置	全时段、全地域	后期根据预算及数据再做细节调整

3. 定向人群选择

同理，由于定向人群选择页面所含信息较多，故这里以如表 7-3 的形式进行展示。

表 7-3　高客单价、低转化率计划的人群选择

人群名称	人群解析	精准过滤
宝贝偏好	在店铺人群里面，选择最近30天浏览过主推款宝贝的人群	购买人群，建议15天，也可根据产品的回购周期设定时限
宝贝优质人群	在智能定向里面，系统通过大数据计算，以店铺老访客为主，附带少量的精准拉新客户	购买人群，建议15天，也可根据产品的回购周期设定时限
加购人群	在店铺人群里面，根据产品特性选择合适天数进行定向。前期可以选择近15天的进行优先定向	购买人群，天数选择跟加购人群一致即可
潜在购买人群	选择90天内进过店铺的人群	购买人群，天数选择30天
成交人群	有稳定回购周期可选择，没有可不选	不选择
渠道人群	选择店内流量近期增加但转化率低的渠道	购买人群，天数选择15天
智能定向宝贝优质人群	系统智能筛选人群，以老访客为主附带少量精准拉新	购买人群，天数选择15天

高客单价、低转化率的店铺，是最需要投放超级钻展计划进行流量防守的店铺。这类店铺在投放计划时，如果预算有限，建议优先选择近15天加购的人群和宝贝偏好人群，留住兴趣人群、意向人群及行动人群。

7.8.2　低客单价、高转化率的店铺

低客单价、高转化率的店铺（转化率高于2%），指全店的流量大多（80%）集中在一个产品链接上，且该产品属于低客单价、高转化率的产品。低客单价，说明该产品的消费者决策度很低，消费者进店后大致浏览一下就会下单交易。

对于这种类型的店铺而言，如果消费者没有在自己店内购买，很有可能就去了其他竞店。因此，类似这种店铺所需要做的工作就是减少近期进店的人群的流失。同时，由于产品客单价低，需要控制计划的点击成本。在设置超级钻展计划时，其他步骤与高客单价、低转化率的计划类似，只有如表7-4所示的人群定向需做出差异化。

表 7-4　低客单价、高转化率计划的人群选择

人群名称	人群解析	精准过滤
浏览人群	建议选择近7天高转化率的产品	过滤30天内的购买人群
加购人群	选择近15天	过滤30天内的购买人群
收藏人群	选择近15天	过滤30天内的购买人群
购买忠诚客户和成交人群	如果产品有稳定的回购人群，则可选择；反之，不选	不选择
近7天加购、收藏未成交	最近7天在店内有加购、收藏但未成交的客户	不选择
近3天浏览未成交	最近3天在店内有浏览但未成交的客户	不选择
宝贝偏好和智能定向人群	可以测试，但在高转化类目里面不一定好用	过滤购买人群，建议30天

这类产品的兴趣人群在近期即使不在该店内转化，也会去其他店铺转化。在预算有限的情况下，优先选择近 7 天加购 / 收藏未成交、近 3 天浏览未成交、近 7 天浏览未成交的人群。

> **注意**
>
> 高转化类目的产品应该优先开直通车和超级推荐，在预算充足的情况下再开超级钻展。如果流量拉升遇到瓶颈，可以考虑通过超级钻展进行淘外流量的补充，同时用超级推荐收割。

7.8.3 动销型（风格型）店铺

动销型（风格型）店铺，最为显著的特点为动销率好。除此之外，还具有店铺流量分散、上新率高、首页流量占比较大、产品风格统一等。

动销型（风格型）店铺，如果转化率低，在投放超级钻展计划时，可参考高客单价、低转化率店铺计划，但需要注意以下几点。

- 在基本信息的选择中，除了要做投放宝贝的计划外，还要做投放店铺首页的计划。
- 宝贝偏好人群要根据每周店铺产品的流量排名，选取流量前 5 名的产品做定向，且每周都要更新。
- 大部分以女性为主要群体的风格店铺"成交人群"效果比较好，可以作为优先测试。
- 有高复购率的消耗品，如居家日用品和清洁产品，在选择人群定向时，选择忠诚用户人群，效果会更好。

同时，这类店铺在投放计划时，创意图可参考前期流量占比前 3 名的创意图去做，更能迎合消费者的喜好。

动销型（风格型）店铺，如果转化率高，防守很难出效果，一般表现为产出差。这种类型的店铺建议把预算集中在超级推荐和直通车计划上；如果预算充足，可以适当地进行自定义的淘外拉新及站外短视频推广。在投放防守计划时，人群只需选择宝贝偏好人群和宝贝优质人群，如果反馈数据良好可继续保留，如果数据不佳则放弃整个计划，将重心放在其他推广工具上。

> **注意**
>
> 投放超级钻展计划，需要先对店铺流量有一个明确清晰的诊断，了解店铺当前的流量结构，并查明存在的问题，从而确定对应的推广目的与策略。

雇佣淘宝客高效分销店铺产品

本章导读

　　淘宝客也是付费推广工具中的一种，但与直通车、超级推荐等推广方式不同的是，淘宝客是雇人推广店内产品，按成交量支付预设的佣金给推广人员。这种付费方式使得推广成本更加可控，因此深受商家欢迎。作为电商商家，应该了解淘宝客的付费模式与展位，并能根据推广需求配置合适的推荐计划，充分利用淘宝客来推广店内商品。

8.1 认识淘宝客

淘宝客作为与直通车、超级钻展、超级推荐齐名的推广工具,被各大商家广泛用作站外推广与营销的渠道,是对前述三个站内工具的良好补充。对于不会使用淘宝客的商家,首先需要对淘宝客付费模式、开通条件等内容进行全面的了解。

8.1.1 淘宝客成交付费模式与展位

淘宝客既是淘宝平台上雇人推广的一种方式,同时也指为商家推广产品并按成交业绩提成的推广人员。在不同的语境下提到"淘宝客"这个词,有可能是指推广方式,也有可能是指推广人员,请大家注意辨别。

与其他付费推广方式不同的是,淘宝客按成交付费,于商家而言是一种较为保险的推广方式,没有成交则无须付费。

淘宝客的成交轨迹如图 8-1 所示。首先,需要商家在阿里妈妈平台上设置淘宝客推广,选择产品并设置好佣金,并将之发布出去;阿里妈妈作为一个中转平台,将显示各个商家的具体产品及佣金等信息;而推手(淘宝客)们则在阿里妈妈平台自主挑选自己想推的产品,平台自动计算推广成绩并进行结算。

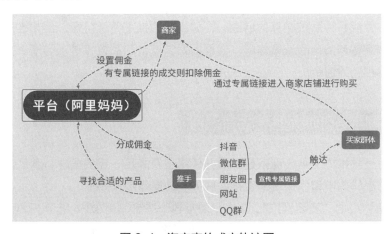

图 8-1 淘宝客的成交轨迹图

参与淘宝客推广的产品是如何展示的呢？推手们登录淘宝联盟，在搜索框中输入产品关键词，如图8-2所示，在搜索框中输入"连衣裙"，单击"搜索"按钮，即可跳转到具体产品页面。

图 8-2　在淘宝联盟中输入关键词

产品以默认排序进行展示，这里选择"收入比率从高到低"排序方式，即可优先展现佣金比率高的产品。如图 8-3 所示，这些产品的佣金比率高达 54%，一件单价为 4399.90 元的连衣裙，可获得 2375.95 元的佣金。

图 8-3　参与淘宝客推广的产品信息

推手根据自己的实际情况，选择产品进行推广。例如，一位经过长期积累已经有几万粉丝的抖音主播，为了获得更多变现，可以在淘宝客平台上搜索产品，将这些产品展现在直播室中，当粉丝下单后，便能获得系统结算的佣金。再如，有的推手不玩抖音，但却维护多个微信群，那么也可以将淘宝客产品分享在微信群，当群内好友点击产品链接进入详情页并购买产品，这名推手也能获得相应的佣金。

8.1.2　淘宝客开通条件与后台识别

淘宝客作为一种推广工具，商家想开通并使用也要满足一定的条件。满足条件的商家可以在卖家中心或阿里妈妈申请使用淘宝客推广服务。其操作步骤如下。

① 打开卖家中心的"我要推广"，单击"淘宝客"按钮，如图8-4所示，即可进入相应页面。

图 8-4　加入淘宝客

如果商家的店铺不满足开通淘宝客的条件，系统会跳转到如图 8-5 所示的页面，提示无法开通淘宝客推广的原因。

图 8-5　提示账号无法开通淘宝客推广的页面

商家可单击"了解开通条件"按钮，查看具体的开通规则，例如以下几点。
- 店铺状态正常（店铺可正常访问）。
- 用户状态正常（店铺账户可正常登录使用）。
- 近 30 天内成交金额大于 0 元。
- 淘宝店铺掌柜信用大于或等于 300 分；天猫店铺无此要求。
- 淘宝店铺近 365 天内不存在修改商品（如类目、品牌、型号、价格等重要属性）使其成为另外一种宝贝继续出售而被淘宝处罚的记录。天猫店铺无此要求。
- 店铺账户实际控制人的其他阿里平台账户（以淘宝排查认定为准），未被阿里平台处以特定严重违规行为的处罚，未发生过严重危及交易安全的情形。
- 店铺综合排名良好。排名维度包括但不限于用户类型、店铺主营类目、店铺服务等级、店铺历史违规情况等。

店铺如因违反淘宝规则、天猫规则、飞猪规则、天猫国际服务条款规则中相关规定而被处罚扣分的，还需符合其他相应条件才能申请使用淘宝客推广服务。店家可自己通过阿里妈妈平台查看自己店铺是否满足申请条件。

② 满足开通淘宝客的商家，会直接跳转到后台，如图 8-6 所示。在商家端的淘宝客后台中，首先展示相关数据，付款佣金支出、付款笔数、付款金额、进店量、收藏宝贝量、添加购物车量等数据。

图 8-6　淘宝客后台效果预览页面

③进入"推广产品看板"页面，如图 8-7 所示，该页面展示近期投放的各个计划的数据。

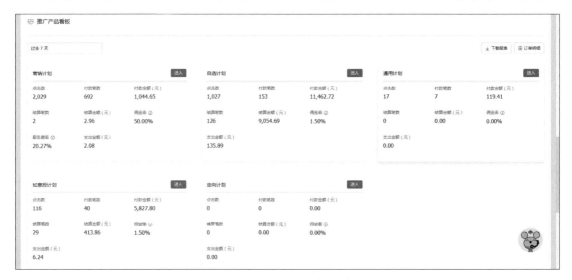

图 8-7　推广产品看板

商家可单击任意计划，查看计划的详细情况。除此之外，商家还可以单击上方的计划、活动等按钮，进行更多操作。

8.1.3　淘宝客对于店铺的作用

淘宝客是按照成交付费的工具，这种付费方式对中小商家很有吸引力，因为事先不需要支付任何成本，只有在交易成功后才需要付费。那么，这种推广方式对于店铺而言有些什么具体作用呢？

- 建立基础销量：当店内某产品的销量较少时，可借助淘宝客迅速提升产品的基础销量和评价。特别是对于标品，如水果、家居用品等产品，其产品特征类似，只有提升自己的基础销量和评价后，再去做直通车、超级推荐才有意义。假如一款水果基础销量较少，可供参考的评论数也寥寥可数，即使通过直通车将消费者引进详情页，消费者也会大量流失。

- 冲刺销量排名：部分小类目产品，其销量排名并不高，对手销量可能也在第几百或第一千名左右。针对这种情况，开启淘宝客推广计划，提升产品销量至同类前5名，再使用直通车推广，会得到更理想的推广效果。
- 日常销售推广：针对一些资金较少的商家，即使不做其他推广计划，也可以尝试淘宝客这种推广方式。因为淘宝客不成交就没有费用，相较于其他推广方式更安全。

由此可见，淘宝客对于一个店铺的运营而言起着重要作用，它既可以让产品突破没有销量的尴尬困境，也可以让产品冲刺到更好的排名，获得更多的自然流量。

淘宝客看起来是一种较为安全的推广方式，深受广大商家的喜爱。但淘宝客一定能为商家带来可观效果吗？

首先，淘宝客很难让推广的产品直接产生盈利，除非一个产品本身就是爆款产品，再利用淘宝客推广，可能会带来少部分盈利，但更多的产品无法盈利。因为在淘宝客里也存在竞争。比如同一款产品，A商家愿意出30%的佣金，B商家就可能出40%的佣金，甚至有的商家愿意提高佣金至不赚钱或亏钱的程度来推广产品。不愿意提高佣金的商家很难与淘宝客达成合作，而盲目提高佣金则又可能导致商家亏损。

对于商家而言，只要在可接受的亏损范围内，可以尝试使用淘宝客推广。至于如何计算可接受的亏损范围，商家可计算多个推广方法的推广费用，从而得知淘宝客所带来的亏损是否是较小的。例如，某新品上架，需要1000单的基础销量，如果全用直通车，需要花多少钱？如果全用超级推荐需要多少钱？如果用淘宝客又需要多少钱……大致计算一下推广成本，只要在可控范围内，就可以开展淘宝客计划。

> **注意**
>
> 对于大多数类目而言，使用淘宝客推广时的单件亏损只要控制在5元之内，都还是可以接受的。但这个数值也仅起参考作用，具体类目还需要具体分析。

因此，商家在使用淘宝客推广时需要摆正心态。对于大多数商家而言，淘宝客只能用来建立基础销量，而无法直接带来收益。

8.2 淘宝客计划配置方法和技巧

在讲解淘宝客计划配置方法之前，先来了解下淘宝客计划的类型，商家只有了解各个类型的特点，才便于今后结合实际推广需要去投放相应类型的计划。

淘宝客计划类型分为通用计划、营销计划、定向计划、自选计划和如意投计划，它们的特点分别如下。

- 通用计划主要针对店内所有产品来设置，计划为公开状态，所有淘宝客都可以参与进来。

- 营销计划主要针对店内某几款主推产品而设置。
- 定向计划是不公开且手动审核的计划，只对少数高佣金淘宝客开放的计划。
- 自选计划主要针对公开的定向计划，也即所有淘宝客都可以来申请高佣金计划，商家可对淘宝客的推广能力进行查看，暂停与推广能力差的淘宝客合作。
- 如意投计划主要针对淘宝官方推广。

这 5 种类型的淘宝客计划可满足商家不同的推广场景。商家可根据自己的实际情况进行选择。

8.2.1 营销计划与通用计划的作用和配置方法

营销计划主要针对主推产品单独设置佣金来吸引淘宝客，如为某个产品设置高达 45% 的佣金比率，可吸引较多淘宝客来推广该产品。通用计划是默认开启的计划，主要由淘宝客单独获取某个产品或店铺的推广链接，并分享到淘宝网以外的地方进行推广。如要推广全店产品，只能设置类目佣金比率。

可以同时创建营销计划和通用计划，结合两种计划的优势，让商家用最少的成本获得最大的推广效果。例如，某商家近期上了一批新品，需要做推广。商家可选出一款鞋子（A 产品）作为主推产品，设置 30% 的佣金；将其他产品（B 产品、C 产品、D 产品）以关联产品的形式展现在主推产品详情页，并将产品佣金设置为 5%，如图 8-8 所示。

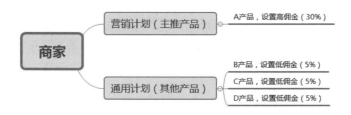

图 8-8　同时设置营销计划和通用计划

淘宝客在推广时，会优先选择佣金高的 A 产品，消费者在朋友圈、抖音等平台看到淘宝客的推广信息进入 A 产品详情页时，可能也会关注并购买 B 产品、C 产品、D 产品。在这些其他产品成交后，商家仅需支付 5% 的佣金给淘宝客。

简而言之，营销计划主要是针对单个产品设置较高的佣金，而通用计划主要是针对全店的非主推产品设置较低的佣金。商家在了解营销计划和通用计划的作用后，还需要熟悉配置其具体计划的方法。

1. 配置营销计划

商家需进入淘宝客后台进行营销计划配置，具体操作步骤如下。

第 1 步：登录商家端的淘宝客后台，单击"计划管理"，在弹出的页面中单击"添加主推商品"按钮，如图 8-9 所示。

图 8-9 单击"添加主推商品"按钮

第 2 步：进入添加主推商品页面，选择主推商品，单击"确定"按钮，如图 8-10 所示。

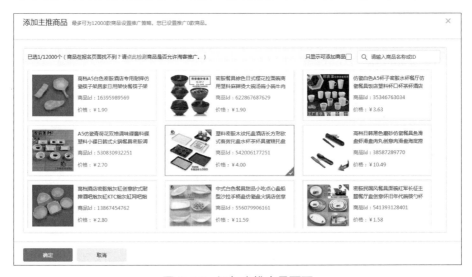

图 8-10 添加主推商品页面

第 3 步：选择一个主推商品进入设置产品佣金页面，可分别设置不同时间段的佣金率，如图 8-11 所示。

图 8-11 设置产品佣金页面

第 4 步：单击"保存设置"按钮，即可生成一个完整的营销计划。

2. 配置通用计划

与配置营销计划不同的是，通用计划需要同时为多个产品设置佣金，其具体操作如下。

第 1 步：登录商家端的淘宝客后台，单击"计划管理"页面左侧的"通用计划"，如图 8-12 所示，即可进入通用计划页面。

第 2 步：进入"通用计划"页面，下拉至"佣金管理"页面，可以分别为不同类目产品设置佣金率，如图 8-13 所示。

图 8-12 单击"通用计划"

图 8-13 "佣金管理"页面

商家在设置通用计划的佣金比率时，系统会根据店内产品类目进行分类。商家发布的产品越多，需要设置的类目佣金也就越多。无论类目的多少，都建议将这些类目产品的佣金设置为最低佣金 1.5%。

以上就是设置营销计划和通用计划的方法。当配置好以后，等待计划生效即可展开推广。

8.2.2 定向计划与自选计划的作用和配置方法

定向计划由商家在后台自行创建,支持自定义部分功能。目前只能设置不公开且手动审核的定向计划。如果要推广全店产品,未设置主推商品时按类目佣金结算。自选计划是定向计划的升级计划,商家还可根据推广情况选择与淘宝客建立推广关系,如为某淘宝客开设人工审核的定向计划等。

商家在什么情况下,需要用到定向计划与自选计划呢?这主要根据具体淘宝客的能力而定,如图 8-14 所示。不同的淘宝客,其能力也有强弱之分,商家可以为推广能力强的淘宝客设置更高的佣金,激励其推广;而对于推广能力弱的淘宝客,可以降低其佣金。

图 8-14 为不同的淘宝客设置不同佣金

定向计划可以针对淘宝客的能力来设置佣金。例如,同一件产品在设置推广时,如果淘宝客 A 的粉丝很多,也长期在合作,可以为其设置 30% 的佣金;但淘宝客 B 的粉丝较少,近期成交数量也比较少,可以为其设置 15% 的佣金。但为不同淘宝客设置不同佣金,需要商家手动完成。

如果商家不想手动设置,则可开启自选计划。自选计划不需要商家手动同意推广的佣金,由系统公开审核淘宝客的推广能力,能力强的淘宝客自动进入高佣金计划中。商家可以在淘宝客后台查看淘宝客们的推广能力,包括总成交金额、总成交易笔数等,如图 8-15 所示。商家还可以单击"查看详情"按钮,查看该推手的精准数据。针对推广能力强的淘宝客予以保留;针对推广能力弱的淘宝客,可选择暂停推广,不让其享受高额佣金。

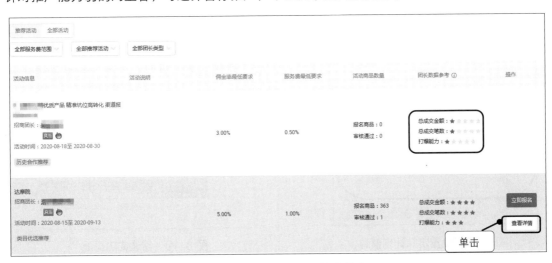

图 8-15 查看淘宝客的推广能力

换言之,定向计划与自选计划的区别就在于是否需要商家手动、公开设置高佣金计划。如果仅仅是一两个能力强的淘宝客联系商家想提高佣金，商家认为合理，则可为其单独设置高佣金；如果商家想自动筛选出推广能力强的淘宝客，则可设置定向计划。

1. 设置定向计划

商家可进入淘宝客后台设置定向计划，其具体步骤如下。

第1步：登录商家端的淘宝客后台，单击"计划管理"页面左侧的"定向计划"，如图 8-16 所示。

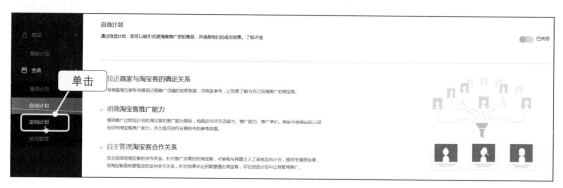

图 8-16　单击"定向计划"

第2步：跳转到"定向计划"页面，单击"新建定向计划"按钮，如图 8-17 所示。

图 8-17　单击"新建定向计划"按钮

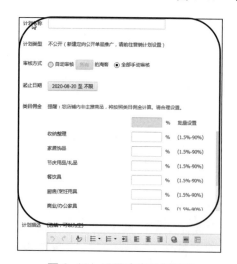

图 8-18　设置定向计划信息

第3步：跳转到新页面，设置定向计划的名称、佣金等信息，如图 8-18 所示。

第4步：单击"创建完成"按钮，即可跳转到"创建成功"页面，商家可将计划链接复制下来转发给淘宝客，如图 8-19 所示。

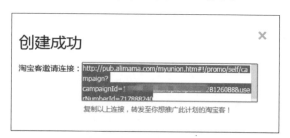

图 8-19　创建成功页面

第5步：在淘宝客申请高金额计划时，商家可单击"淘宝客管理"按钮，对淘宝客进行审核管理，如图 8-20 所示。

图 8-20　单击"淘宝客管理"按钮

> **注意**
> 商家也可以在"淘宝客管理"页面中,单击"添加主推商品"按钮,针对个别淘宝客设置高佣金的产品。

2. 设置自选计划

设置自选计划仍需进入淘宝客后台进行操作,其具体步骤如下。

第 1 步:登录商家端的淘宝客后台,单击"计划管理"页面左侧的"自选计划",如图 8-21 所示。

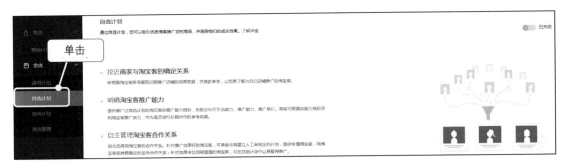

图 8-21　单击"自选计划"

第 2 步:进入"自选计划"页面,设置类目佣金和主推商品,如图 8-22 所示。

图 8-22　"自选计划"页面

需要注意的是，这里与设置主推商品和营销计划不一样。在自选计划中，商家可以看到各个淘宝客能力的强弱，可有选择性地选择一些淘宝客合作；但在营销计划中，商家的计划是公开的，所有淘宝客都可以参与到该计划中来。

8.2.3　如意投计划的作用和配置方法

如意投计划是由淘宝官方作为推手参与的推广计划。商家在投放如意投计划后，淘宝官方就会将商家的产品展示在爱淘宝、一淘等网页中。如果消费者在这些页面中下单，那么商家需要支付给淘宝官方佣金。

例如，消费者在打开某个浏览器时，爱淘宝会展现在显眼位置，如图 8-23 所示。当消费者单击"爱淘宝"时，系统会自动跳转到爱淘宝首页。凡是通过该页面成交的产品，商家都需要支付给淘宝官方佣金。

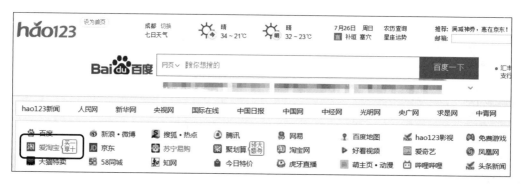

图 8-23　导航网中"爱淘宝"位置

如意投计划属于关闭状态，在初次使用如意投推广时，需要商家手动开启，其具体操作如下。

第 1 步：登录商家端的淘宝客后台，单击"推广计划"页面中"如意投计划"前方的状态按钮，单击"激活计划"按钮，如图 8-24 所示。

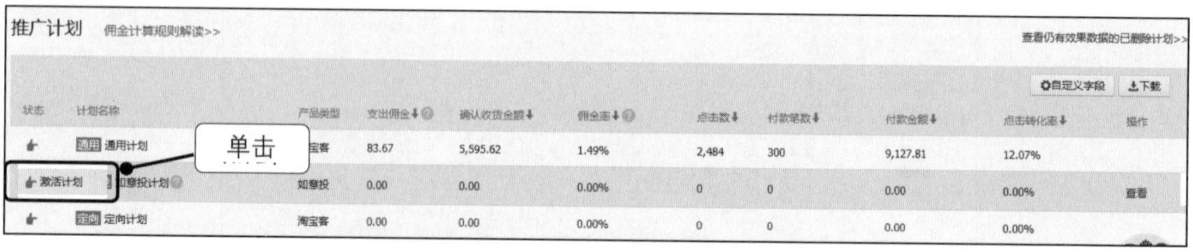

图 8-24　单击"激活计划"按钮

第 2 步：单击进入"如意投计划"页面，单击"新建主推产品"按钮，根据提示添加产品，如图 8-25 所示。

第 3 步：添加好产品后，返回如意投计划页面，为商品设置佣金即可，如图 8-26 所示。

参与如意投计划推广的产品在设置成功后，可看到产品的质量评价、参考排名等数据。因为在淘宝官方的推荐过程中，系统会根据产品的佣金率、产品信息等对产品进行排名。如在爱淘宝中搜索"连衣裙"，系统也会根据产品特征进行排名。排名越靠前的产品，展现机会越多，成交概率也就越高。故商家在设置如意投计划的佣金时，为取得更好的效果，可设置较高的佣金。

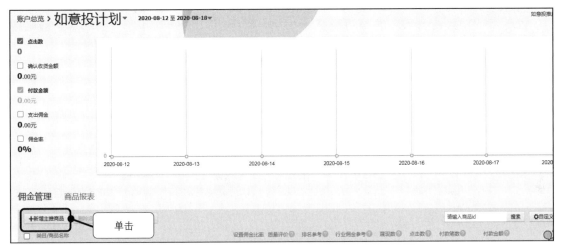

图 8-25　单击"新建主推产品"按钮

图 8-26　为如意投产品设置佣金

以上就是如意投计划的作用和配置方法。商家在根据自己的需求设置好计划后，即可开启推荐计划。

8.2.4　淘宝客活动报名的方法与技巧

商家在熟悉如何配置淘宝客计划后，还需要想方设法把计划推出去，让更多淘宝客来推广商家的产品。正常情况下，只有极少数产品的计划可以吸引到推广能力强的淘宝客，更多的新品和基础销量少的产品，即使发布了推广计划，也鲜有问津。因此，商家需要了解如何报名淘宝客活动，主动寻找推广能力强的淘宝客。商家报名参加淘宝客活动的具体步骤如下。

第1步：登录商家端的淘宝客后台，单击"活动"，跳转到"活动"页面，如图8-27所示。在"活动"页面中，可任意单击"推荐活动""全部活动"等，跳转到"活动列表"页面。

图8-27 淘宝客"活动"页面

淘宝客活动都是以团队的形式展现。例如，某淘宝客有个50人左右的团队，其中一人以团长的身份将团队信息展现在此处，在与商家达成合作后，这个团队的所有人都会推广同一款产品。

第2步：在活动列表页面中查看各个团队的历史交易数据，如团队在30天内的成交额、订单数、服务商家数等数据，如图8-28所示。

第3步：如果商家还想查看团队的更多信息，可单击图8-28中的"查看详情"按钮，即可跳转到更为详细的信息页面。在查看信息后，如果有意与团队达成合作，可单击"立即报名"按钮，如图8-29所示。

图8-28 查看团队的历史交易数据

图8-29 单击"立即报名"按钮

注意

如果商家在"活动列表"页面查看团队数据较为满意，可直接单击该页面中团队数据右侧的"立即报名"按钮。

第 4 步：自动跳转到"选择报名商品"页面，商家可自主选择要推广的产品，单击"确定"按钮，如图 8-30 所示。

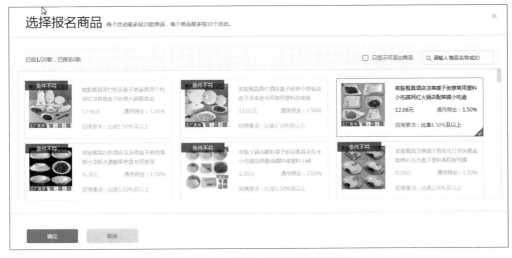

图 8-30　"选择报名商品"页面

第 5 步：跳转到"商品推广"页面，设置推广佣金，单击"添加优惠券"按钮，如图 8-31 所示。

图 8-31　设置佣金

第 6 步：进入"配置优惠券"页面，选择优惠券，单击"确定"按钮，如图 8-32 所示。

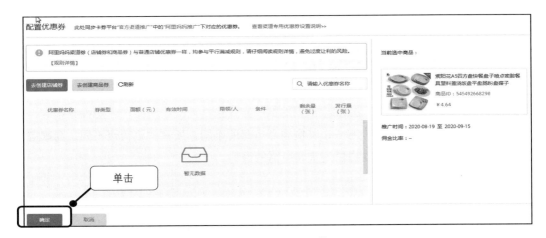

图 8-32　"配置优惠券"页面

> **注意**
> 由于该产品从未创建过优惠券，故应该先创建优惠券才能选择，这里暂且省略创建优惠券的步骤。

这里的优惠券只适用于淘宝客推广，仅限于通过淘宝客链接进入产品页面的消费者才能领取。例如，同一款连衣裙，商家为淘宝客推广设置满99元减30元的优惠券，消费者只有通过淘宝客分享的链接才能领取该优惠券。优惠券常是淘宝客为吸引消费者并使其转化的利器，故正常情况下，商家都需要为推广计划配置优惠券。

> **注意**
> 如果新手商家第一次进入该页面没有优惠券，则可以在线创建一个或多个优惠券方案，并配置在推广计划中。

商家完成以上设置后，提交报名即可。商家报名后，需要淘宝客团队确认通过后，才展开推广。但是，并非每个活动都能通过，也不是通过后就一定能为商家带来可观流量，所以商家可以广撒网、多报名。

值得一提的是，淘宝客也想多推广产品，这样才能多赚钱，但对于一些基础流量、销量都不可观的产品，淘宝客不愿意合作。作为商家，想让淘宝客推广自己流量、销量差的产品，就必须提高佣金，同时还要给消费者配置高额优惠券。

例如，一件单价为100元的产品，配置50元的优惠券，再给淘宝客分30%的佣金，付10%的服务费。那么，该产品的实际成交价格为50元，再扣除30%的佣金和10%的服务费共20元，商家最终得到的只有30元，很可能连成本都不够。

因此，商家必须认清一个现实，想通过淘宝客推广而盈利还是有一定难度的。商家如果想缩减推广成本，要么提升产品基础销量，要么想办法与淘宝客讲价，降低推广佣金。如果二者都行不通，那也只能把淘宝客看成一种付费的推广方式了。

> **注意**
> 从上面案例中可见，淘宝客推广很难盈利，商家在设置计划之前一定要核算成本，避免最后亏损太多。

8.2.5 淘宝客常见的推广方式

不同的淘宝客有不同的推广方式。常见的推广方式包括社交平台推广、短视频推广、直播推广和图文推广等。不同的推广方式，其侧重点也有所不同，所需的资料也不同，商家应熟悉淘宝客常见的推广方式，并主动提供淘宝客所需的资料。

1. 社交平台推广

社交平台包括微信、微博、QQ等平台，生活中有很多购物群就是借用这些平台组织起来的，如常见一些低价抢购商品的QQ群、微信群等。淘宝客把需要推广的商品信息发布在这些群里，供群友们选择购买。部分管理有方的淘宝客有成百上千个这样的群，积累了大量客户，推广效益比较可观。

也有部分淘宝客把商品优惠信息分享在朋友圈，以图文并茂的形式吸引消费者点击链接，如图 8-33 所示。消费者复制该链接后打开淘宝 APP，即可弹出淘口令，如图 8-34 所示。消费者如果对该产品有兴趣，可继续点击"打开"按钮，领取优惠券，进入产品详情页下单。当消费者成交后，分享该信息的淘宝客即可获得商家支付的佣金。

图 8-33　淘宝客在微信朋友圈推广产品

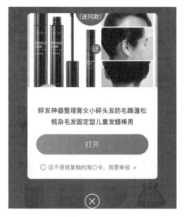

图 8-34　在淘宝 APP 打开产品淘口令

在社交平台推广产品的淘宝客，一般已经取得网友的信任，在网友面前树立了一个分享好货达人的身份。这类淘宝客在分享产品时，多以家居生活用品为主。为促进这类订单生成，需要商家为推广的产品设置高额抵用券。

2. 短视频推广

随着短视频市场的扩大，不少短视频达人也加入淘宝客行列，在视频中分享实用产品，增加收入。如图 8-35 所示，在抖音短视频中会有小黄车（购物链接）。当消费者对视频中提及的产品感兴趣时，会点击小黄车，继而跳转到产品页面，如图 8-36 所示。

图 8-35　抖音短视频小黄车

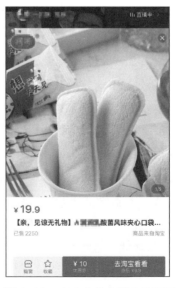

图 8-36　点击小黄车进入的页面

目前，抖音支持短视频达人在抖音平台开店，或放置淘宝、京东等平台的链接。当消费者点击小黄车按钮，进入产品详情页下单购买，短视频达人将获得商家支付的佣金。随着5G时代的来临，抖音、快手等短视频越来越火，也有越来越多的消费者在看短视频时就直接购物了，而不再专门去电商平台挑选。因此，短视频推广也是淘宝客常见的推广方式之一。

商家如果想与短视频达人合作，可多看抖音，主动寻找与自己类目产品相关的短视频达人，与之洽谈合作。例如，某商家平时以售卖美妆类产品为主，在看抖音短视频时发现某达人在视频中推荐同类型的粉饼，如图8-37所示。商家可点击短视频达人头像进入个人主页，可看到该达人的粉丝数量及商务联系微信，如图8-38所示。

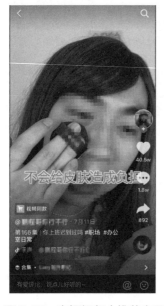

图 8-37 在短视频中推荐产品

图 8-38 达人在个人主页留下联系方式

注意

如果一些短视频达人没有留联系方式，商家可主动关注他们，并给他们发送私信寻求合作。

当然，并不是所有商家所联系的达人最后都能达成理想合作。可能联系几十位达人，最终能成功一两位。但商家只有坚持去做，才能找到合适的淘宝客。另外，商家也可以策划自己的视频号，制作与产品相关的内容吸引粉丝关注，从而增加自己的销售渠道。

3. 直播推广

随着直播的发展，不少购物平台也兴起了直播，故不少淘宝客也通过淘宝直播推广产品。如图8-39所示，在淘宝直播左下角显示有购物袋，主播可以往购物袋里添加产品。消费者在观看直播时，可点击按购物袋，可看到产品主图、标题、价格等信息，如图8-40所示。如果消费者对产品感兴趣，可点击"马上抢"按钮，进入产品详情页购买产品。

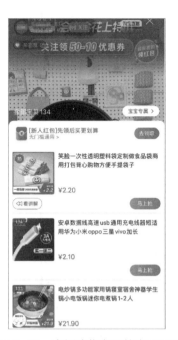

图 8-39　主播在直播推荐产品　　　　图 8-40　直播购物车里的产品页面

部分带货直播由商家招聘专业主播进行直播，售卖店内产品；但也有部分主播没有店铺，他/她们的主要业务就是帮助商家售卖产品，赚取佣金。与寻找短视频达人一样，商家平时可多看直播，主动寻找与产品推广方向相符的主播合作。

另外，商家也可以通过多种服务平台（如阿里 V 任务）发出意向合作信息，供给商家选择。如图 8-41 所示为阿里 V 平台"直播"板块的主播信息，在此可看到主播的粉丝数量、垂直领域、报价等信息。

图 8-41　阿里 V 任务的主播信息页面

4. 图文推广

在淘宝、小红书等平台活跃着一大群图文达人，他们将自己使用产品的心得分享出来，供大家参考。同时，他们也会在图文中加入产品链接，当消费者看完图文描述后，如果对产品感兴趣，可直接点击产品链接，进入产品详情页购买，如图 8-42 所示。

当消费者被达人的图文内容打动后，点击图文中的链接进店并下单，商家就需支付相应的佣金给达人。商家也可主动挖掘与自家产品相关的达人寻求合作，或在多种服务平台（如阿里 V 任务）筛选符合条件的达人合作，如图 8-43 所示，为阿里 V 任务的图文达人信息页面。

图 8-42　图文达人分享的内容　　　　　图 8-43　阿里 V 任务的图文达人信息页面

淘宝客常见的推广方式不仅限于以上 4 种，商家可根据自己的产品去寻找合适的淘宝客。寻找淘宝客的渠道还有很多，如社区论坛、社交群组、贴吧等。在寻找淘宝客时，淘宝客比较在意产品的佣金和受众面，所以商家在写招募帖标题时最好能直接突出佣金、店铺信誉、产品等信息。此外要注意，在平台发布招募帖时，需要遵循相应的发帖格式，以免被封帖或删帖。

8.2.6　淘宝客佣金设置技巧

设置淘宝客的佣金，在一定程度上决定了淘宝客是否有兴趣合作。商家应该如何设置佣金，既能吸引淘宝客，又能保证自己的利润？首先，类目佣金比率是对店铺内同类型的商品给出一个统一的提成比例，可直接设成默认的最低值。在设置单品佣金时，应针对不同产品做出区别。根据产品的价格、功能、质量、库存以历史业绩、口碑、季节、市场竞争等因素，可设置不同比例的佣金。

- 新店：一般新店的销量基础和店铺信誉都比较差，这个时候要想吸引淘宝客，最好的办法就是让利，即让淘宝客认为这家新店是一支"潜力股"，目前非常需要淘宝客前来推广。凡是淘宝客需要的推广素材，店家都要积极配合制作。除此之外，更要设置偏高的佣金来吸引淘宝客。
- 稳定期店铺：这类店铺时不时会有淘宝客找上门，因此淘宝客的佣金比率可以根据店铺的具体利润及行业、竞争对手的情况来设置，只要确保佣金比率达到行业的中等水平就行了。
- 爆款产品：爆款产品的佣金比率一定要在利润可以承受的范围之内，最好能够设置成中等偏上。而且，爆款产品的佣金也要保持稳定的水平，一旦爆款成形，就不要大幅度地修改淘宝客的佣金比率。例如，有店铺之前设置的佣金比率为30%，合作的淘宝客十分稳定，但是店家看到销量起来了，就调低佣金至20%、10%。淘宝客看到大幅度下调佣金，自然会产生流失，于是商品推广可能就会后继乏力，最终没有成为爆款。

总之，商家在设置佣金时，需计算成本，再参考同行产品佣金，从而找到一个较为折中的价格。

8.2.7 使用淘宝客推广产品的实操流程

下面以使用淘宝客推广一件成本为40元、最终售价为100元的产品为例，讲解使用淘宝客推广的实际操作流程。

第1步：核算推广费用和产品利润。

当商家有推广需求并决定采用淘宝客进行推广时，应该仔细核算成本。假设淘宝客佣金比率为30%，团长服务费为10%，优惠券为30元，那么，推广费用和产品利润如何计算呢？

根据上述费用情况，可以计算出该产品的实际售价、推广费用和商家到手的费用如下：

$$实际售价 = 100 - 30 = 70(元)$$

$$推广费用 = 70 \times 40\% = 28(元)$$

$$商家到手费用 = 70 - 28 = 42(元)$$

商家到手费用为42元，与成本40元相比还有2元的利润，属于可承受范围内，确定可以开展淘宝客推广计划。

第2步：确定淘宝客计划类型。

当商家确定好推广费用及成本后，再根据实际情况选择淘宝客计划类型，如通用计划、营销计划、自选计划等。

第3步：联系淘宝客，建立合作关系。

确定好计划，即可建立淘宝客的联系渠道，如从淘宝客后台报名活动，联系团长，谈好产品的佣金、优惠券等信息。

商家在与淘宝客建立关系时，一般有两种模式。

- 拍Ａ发Ａ：意思是淘宝客所找的消费者就是商家所推广产品的目标消费者。例如，商家在推广白酒时，淘宝客所找来的消费者正好是对白酒有需求的用户，这也是一种较为理想的合作模式。
- 拍Ａ发Ｂ：意思是淘宝客所找的消费者不直接是商家所推广产品的目标消费者。例如，商家在推广白酒时，虽然有消费者进入店铺，但这些消费者可能对白酒没兴趣也没需求，他们最终在店内成交了其他产品。

这两种合作模式中，拍Ａ发Ａ是首选，它在成交率、消费者标签及安全系数等方面都优于拍Ａ发Ｂ。但部分产品很难直接采用拍Ａ发Ａ模式，如部分家具类产品，很难直接找到淘宝客推广生成家具订单，很多消费者通过淘宝客的链接进入店内，都会有很长的考虑周期。因此，这类产品一般只能采取拍Ａ发Ｂ的模式给淘宝客结算佣金。

第4步：创建并开启推广计划。

商家与淘宝客确定好推广模式后，就可根据淘宝客的建议创建并开启计划了。在推广过程中，应该控制好数量，如每人可买笔数及优惠券数。例如，有的产品做推广时每笔亏4元，如果不限制每人笔数，同一个消费者同时购买10件产品，那商家就会亏损40元，但这都是同一个消费者购买的，其销量和评价不一定能记成"10"，对于提升产品的销量和评价意义不大。所以，商家在推广时一定要控制好数量。

> **注意**
>
> 淘宝客推广只是一个开盘操作，不要期望在推广后能让产品的权重快速提高。淘宝客推广只能增加产品的基础销量和评价，商家要趁热打铁，维护好产品评价，策划直通车计划，做进一步的引流工作。

第9章

手淘引流思路与实操技法

本章导读

如今,很多消费者已经习惯在手淘APP中购物,手淘已经成为淘宝店重要的流量来源。手机与电脑有着较大的区别,手机屏幕较小,消费者在使用手机购物时,也多是利用碎片时间来浏览。因此,在手淘中为店铺引流的方法与在电脑端淘宝上引流的方法有很多不同之处,商家或运营人员想要充分利用好手淘这个渠道,就必须掌握手淘的引流方法与技巧。

9.1 快速理解手淘引流思路

做任何事之前,都要有一个正确的引导思路,手淘店引流也是如此。商家想要高效率地从手淘引来流量,就必须先了解手淘引流步骤和思路、流量重点渠道、手淘的展位与推荐算法等基础知识。

9.1.1 店铺引流步骤建立

手淘店大发展已经有将近 10 年的时间了,很多商家在实践中摸索出一套行之有效的引流步骤,如图 9-1 所示。

1. 建立基础销量

俗话说"万事开头难",很难有消费者愿意购买一个产品销量为零、评论为零的产品。设身处地,假设自己看到一个产品的主图和详情页时很心动,但该产品没有任何销量和评论,即使商家提出 7 天无理由退货及赠送运费险,自己下单的可能性也很小,因为与其冒险购买这种没有任何销量的产品,还不如去购买有销量的同类产品。所以,产品在没有基础销量的情况下,获得消费者认同并购买的可能性微乎其微,这时为产品或店铺做引流也是事倍功半的。

因此,引流第一步就是要建立基础销量。很多商家可能想到的最直接的方法就是刷单。虽然刷单有快速增量、堆积好评等作用,能较为有效地刺激其他消费者下单,但刷单风险同样也很大,不仅容易被系统查处,还会额外交税。因此,并不建议大家通过刷单去建立基础销量。

> **注意**
>
> 直通车、超级钻展、超级推荐等付费推广每吸引一个消费者进店都需要支付费用,但这些消费者在看到产品销量为零时,几乎不会转化,这对引流费用来说是一种极大的浪费。因此,不建议通过这些付费方式来建立基础销量。

那么,还有哪些方法可以建立基础销量呢?例如,通过淘宝客推广,就是一种有效建立基础销量的方法。在服装、食品等高频低价的产品领域，通过与淘宝客合作实现销量破零是非常常见的，也是非常有效的。

作为消费者，为什么愿意购买淘宝客分享的零销量产品呢？因为这些产品本身价格就比较低廉，且消费者通过淘宝客的链接进入产品详情页，可领取不同金额的代金券，有价格优势。加上淘宝客与消费者的好友关系（或同在一个群里），有一定的信任基础，愿意相信淘宝客推荐的产品。因此，商家可用淘宝客来建立产品基础销量。

> **注意**
>
> 对于一些高价产品，如大家电、家具等产品，不适合淘宝客推广。这类产品的价格高，消费者不容易下单，淘宝客也不愿意把时间和精力花在这类产品上面。因此，这类产品不适合通过淘宝客建立基础销量。

另外，商家也可以通过与主播合作的方式来建立产品基础销量。例如，消费者直接点击淘宝直播中产品的"马上抢"按钮，如图9-1所示，即可跳转到产品详情页。当然，与主播合作，需给予相应的费用。大部分主播在推广一个产品的链接时，商家需支付几百元的链接费，在消费者生成订单后，还需要再支付产品佣金。

图 9-1　点击"马上抢"按钮

> **注意**
>
> 对于部分经济实力较为雄厚的商家，也可以自己培养主播，当主播与消费者建立起良好关系后，通过直播来建立基础销量。

建立基础销量的方法，还包括老客户营销和低价抛售等。例如，当产品上新时，可将新品链接分享给老客户。老客户对店铺有信任在前，更容易下单转化。另外，如果一个产品成本不高，则还可以选择低价抛售。例如，一个产品的总体成本大概在10元左右，商家可用低于市场价的价格（如9.9元）吸引消费者购买。

2. 提升搜索排名

当产品建立基础销量后，接下来的工作就是优化产品信息（如标题、关键词、详情页等），利用直通车、超级钻展、超级推荐等方式来做数据拉升，达到提升搜索排名的目的。因此，引流的思路是先建立基础销量，再去做引流工作，而不是一开始就盲目花钱做推广。

那为什么要优化产品信息呢？消费者在看到几个类似产品时，肯定会对比这几个产品的图片、文字描述、价格及评论。商家要通过分析竞争对手的产品信息，看看是否有需要优化的地方，尽可能把产品的优点展现给消费者，才能促进转化。

总之，整个引流步骤和思路，应该是先做好基础销量，再去引流。如果没有基础销量就去引流，很可能导致推广费用亏损。至于具体的引流渠道，将在下面内容中进行详解。

各商家可登录店铺后台查看店内流量来源、同行流量来源信息。如图9-2所示为某淘宝店的同行流量渠道图，包括淘内免费、付费流量、自主访问等。商家通过分析同行流量渠道，可大致知道同行引流来源，从而针对性地对各个渠道进行突破，抢到同行流量。

图9-2　某淘宝店的同行流量渠道图

每个流量渠道都有其相应的流量分配机制，当商家掌握了这些流量分配机制后，可以有针对性地去优化产品信息，获得更多系统分配的流量。"手淘搜索"流量占比最大，因为很多消费者在购买产品时，常通过关键词搜索购买产品。因此，"手淘搜索"流量是商家重点维护的流量渠道。另外，手淘首页也是一个重要的流量入口，其中包括猜你喜欢、淘宝直播等流量入口。其中，店铺直播到了一定级别后，在店铺直播并获得更多直播权限时，就可能展示在手淘首页，获得一个免费流量入口。

除上述讲到的流量渠道外，还有一些重要的付费流量，如直通车、超级推荐、超级钻展等。

> **注意**
>
> 除以上流量渠道外，还有很多热门流量渠道，如聚划算、淘抢购、天天特价等，可统称为"活动入口"。想获得这些渠道的流量，需要报名参加到这些活动中去。

9.1.2 手淘首页流量展位与推荐算法

手淘流量主要来源于付费流量和免费流量，其中"猜你喜欢"是免费流量的重中之重，是大部分流量的入口。大家常说到的手淘首页流量，其实就是猜你喜欢流量。猜你喜欢是淘宝平台根据消费者的搜索、浏览习惯，为其推荐对应产品的服务。商家想获得更多猜你喜欢流量，则必须在了解其推荐算法后，根据其特点去争取。

1. 根据千人千面推荐

消费者在手淘首页搜索框中输入一个之前从未搜索过的产品（这里以"富贵竹"为例），搜索结果如图9-3所示。消费者在浏览搜索结果后，再返回首页的"猜你喜欢"板块，就会看到与富贵竹相关的产品，如图9-4所示。

图9-3 搜索"富贵竹"的结果

图9-4 "猜你喜欢"板块

通过上述案例不难发现，搜索结果不一定会出现在"猜你喜欢"里，但"猜你喜欢"板块会展现与搜索关键词相关的产品，如大芦荟、绿植墙壁挂饰、花盆等。整个"猜你喜欢"推荐流程如图9-5所示。

系统是如何根据消费者的行为数据来进一步推荐产品的呢？这里又涉及"千人千面"的概念。千人千面，即淘宝平台根据自身庞大的数据库，总结出每个消费者的爱好特点与购物习惯等，有针对性地推荐产品给每个消费者，以实现精准的营销。"千人千面"的推荐流程主要分为如下3个步骤。

图9-5 "猜你喜欢"推荐流程

第1步：收集数据。

商家在收集数据时，主要分析消费者数据和产品数据。所谓分析消费者数据，是指收集消费者账号的属性数据，如注册时提供的性别、年龄、身份证等数据，包括绑定支付宝的信用数据去推测消费者是否有车、有房等信息，以及消费者平时的搜索信息、收藏信息、加购信息、下单信息等。

除了收集消费者的数据外，系统还会收集产品的数据。例如，发布产品时填写的标题、价格、材质、属性、规格等信息，以及该产品吸引到的人群有哪些特征等。

第2步：分类打标。

打标，即"打上标签"的意思。系统会基于消费者平时浏览、购买的产品价格，来给消费者分类并打标。

首先，是价格分类打标。例如，一个平时喜欢浏览、购买的产品价格均在1000元以上的消费者，几乎没怎么看低价产品，则可能会被系统判断为消费能力中等偏上的类型，从而打上"消费力高"的标签。

其次，是兴趣点打标。例如，某消费者经常浏览、购买孕妇产品、婴儿产品，那系统可能会把这个消费者判断为准妈妈或准爸爸类型，从而打上"准妈妈"或"准爸爸"等标签。

另外，系统还会给产品打标，根据产品的价格、类目、属性、消费者属性等信息进行打标。例如，一件私人订制的旗袍，因用料讲究、手工制作，属于中高端产品，那系统可能会为之打上"高端""私人订制"等标签。

第3步：匹配测试。

一个消费者或一个产品可能被同时打上几十个标签，如何才能让消费者的标签和产品的标签匹配起来呢？这需要系统不断进行测试。例如，一个男性身上有"衬衫""礼物"等标签，但没有消费力标签，那系统可能先给他推荐带"中高端"标签的衬衫和礼物，如果他对带有这些标签的产品感兴趣，甚至有收藏、加购、付款等行为，则可能给他贴上"中高消费力"的标签；但如果他对中高端产品不感兴趣，系统会继续给他推荐其他价位的产品。

正因为系统对数据进行收集、分类、打标，所以不同消费者看到的产品不一样。"猜你喜欢"在推荐产品之前，也要看种子产品（消费者浏览过的产品）和被推荐的产品是否属于同一个标签体系下，只有同属于一个标签才会被推荐。

2. 根据产品相关性推荐

除了"千人千面"外，系统还会根据产品相关性来向消费者推荐产品。例如，在搜索富贵竹的案例里，系统除了会向消费者推荐具有同类标签的产品，如芦荟等室内盆栽植物以外，还会推荐具有关联性的产品，如花盆、营养剂等。

那么，当消费者在点击"猜你喜欢"中的花盆后，系统可能会判断该消费者对花盆感兴趣，投其所好为其推荐更多花盆。但如果消费者对花盆不感兴趣，也没有点击行为，那系统可能会判断该消费者对花盆没有兴趣和需求，从而逐渐减少花盆的展示量。

商家在得知这个算法机制后应该如何做呢？要想产品获得更多被推荐的机会，就要先做到和种子产品（如富贵竹）相匹配。也就是看到种子产品的人还会看店内产品，并且对该产品感兴趣，会产生收藏、加购、下单等行为。当其他有相似标签的人群在搜索产品关键词时，系统才会判断其店内产品与人群相匹配，从而进行推荐。

如何才能使自己的产品被展现在更多精准人群眼前,并产生点击、加购、收藏等行为呢?就被展现而言,有免费渠道也有付费渠道,如图9-6所示,带有"广告"标识的是付费工具中的直通车展位。商家可以通过付费的方式来使产品获得更多流量,从而被更多精准人群看到。

图9-6 直通车展位

这种广告可以锁定竞店的消费者人群,采用价格或优惠活动等方式使竞店消费者购买自己店铺的同类产品,"抢"过来的消费者越多,系统就会认为本店的这款产品跟竞店是一样的,也会逐渐给这款产品一些免费的推荐,只要销售情况表现越来越好,系统就会分配更多的免费推荐。

> **注意**
> 免费推荐与付费推荐相似,只是免费推荐无须花费推广工具费用,但更考验商家优化产品信息的能力。例如,优化产品关键词,加大产品被搜索到的可能性。

9.1.3 手淘首页流量获取必备条件

在了解了手淘首页的推荐机制和展位之后,还需要知道满足哪些条件才能更好地获取流量。总体而言,想获取流量应该具备以下4个条件。

1. 类目有手淘流量

首先要确定这个产品所在的类目要有手淘流量,这样这个类目才有被推荐的机会。如果整个类目都没有流量,那商家做再多的努力也是无用功。所以,商家可通过生意参谋工具监控几个竞品的入店来源中是否有手淘首页。如图9-7所示为某产品的入店来源页面。

图 9-7　某产品的竞品入店来源页面

商家在监测竞品入店来源时,如果大多数竞品都有来源于手淘首页的流量,则说明这个类目可以获得手淘首页流量;反之,则说明这个市场手淘首页流量较少或者没有,基本就可以放弃这个流量渠道了。

2. 第 5 张主图是白底图

通常,产品一共有 5 张主图,如图 9-8 所示为某连衣裙的主图,主图的展示顺序分别为产品正面图、产品背面图或侧面图、能展示产品品质或特色的细节图。5 张主图必须是同一款产品。

图 9-8　某连衣裙的主图

因为手淘首页上大部分产品会针对不同的消费者需求推荐不同的产品入口图,而且消费者会在相关渠道优先点击手淘首页看到的产品;同时,达人选择内容产品时也会优先选择有白底图的产品。简而言之,上传白底图有助于保障产品在手淘端的流量获取,因此建议商家上传产品白底图,根据经验来看,把第 5 张图设置为白底图效果最好。

3. 主图点击率要高

产品的主图点击率越高，获得的流量才可能越稳定。手淘首页本身是推荐流量，如果产品的流量突然下降，很可能是产品点击率不达标，而影响产品点击率的重要因素就是主图。

如何判断产品点击率的高低呢？可以通过直通车的测试数据来判断。例如，同一个产品，分别用两个主图方案来进行测试，选择点击率高的主图来推广；或者通过对比同行产品主图的点击率，查看自己的主图点击率是否更具优势。

4. 转化率和坑产要达标

坑产指坑位（展位）的产出，就是销售额。商家一旦开始进行推荐手淘首页流量，一定要让这个渠道进来的访客有较高的成交率、坑产，这样才能保证产品引流费用和产出平衡。假如一个产品在当日的直通车推广费用达到 1000 元，但访客进入产品详情页后又纷纷流失了，只带来微乎其微的成交额，那该产品无法获得更多流量。

9.2 关键词引流

每个产品都有标题，而恰当的关键词所组成的标题能让产品排名靠前，从而被更多消费者注意到。特别是在手淘流量占比日益提升的今日，产品要想获得更多流量，必须先进入流量池，而关键词就是决定产品能否进入流量池的重要因素。所以，商家必须学会收集、整理关键词，并将其组合成标题，才有机会获得更多流量。

9.2.1 手淘搜索流量分配机制

随着消费者的碎片化时间越来越多，手淘流量占比也越来越重。在手淘中，约 60% 的消费者习惯通过搜索方式来购物。因此，这里重点分析手淘搜索流量的分配机制，便于商家了解分配机制并获取更多流量。搜索流量的分配机制可分为两步，分别是关键词入池和数据赛马。

1. 关键词入池

通常，消费者对一个产品有需求或有兴趣时，会在手淘首页搜索框中输入关键词，在搜索结果中可能会看到系统展现出数万件产品。商家如何才能让自己的产品被系统展现出来呢？

被展现的产品标题和消费者输入的关键词一定存在关联，如图 9-9 所示，搜索关键

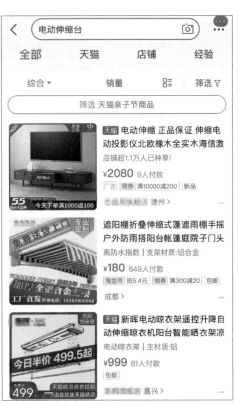

图 9-9 搜索关键词"电动伸缩台"的展现结果

词"电动伸缩台",其展现的产品包括伸缩电动投影仪、伸缩式雨棚、电动伸缩晾衣架等。

虽然这个关键词可能有数百万产品,商家的产品却不一定能展现在排名靠前的位置,但首先一定要让产品呈现在搜索结果中,哪怕是在结果的最后一页。产品的排序方式不仅仅是"销量排序"这一种,这说明其他销量低的产品仍然有排名靠前的机会。

> **注意**
>
> 正常情况下,产品排名越靠前,越有被点击、转化的可能。因为消费者在购物过程中,可能在看前几页产品时已经下单了,不会再去看后面页面内的产品。

商家应了解,手淘搜索排序与电脑端类似,主要包括综合排序、销量排序、信用排序和价格排序。

- 综合排序:指系统通过对消费者输入的关键词进行计算权重占比后得出的产品排序,是电商平台中较为常见的一种排序方式。
- 销量排序:指按照产品销量的多少来进行排序。在很多消费者看来,销量高的产品性价比可能更高,而且销量越多,可参考的评论也越多。销量排序也是常见的排序方式。
- 信用排序:指根据消费者得到的好评、中评和差评等累积分数得出的排序。换言之,店铺或产品获得的好评越多,其信用也越高。
- 价格排序:根据产品价格从高到低或从低到高来进行排序。部分追求高价或低价的消费者喜欢价格排序。

图 9-10 "火锅底料"的综合排序

新手商家可能会误认为,只有销量高的产品才能获得好排名。实际上,综合排序才是系统默认的排序方式。例如,在手淘首页搜索框中输入"火锅底料"关键词,在默认的综合排序下,排名第一的产品只有 800 多人付款,而排名第二的产品已有 20 多万人付款,如图 9-10 所示。

只有几百人付款的产品为什么能排在第一位呢?不难发现,图中排名第一的产品带有"HOT"标识,是直通车产品。消费者每点击直通车产品一次,就需要支付一定的推广费用。这也从侧面说明,不是只有销量高的产品才能被分配到流量。商家只需要让关键词入池,让产品出现在搜索结果中,就有机会被分配流量。

2. 数据赛马

正如前面所说,同一个关键词所展现的产品数以万计,那系统根据什么来对产品进行排序呢?这就涉及数据赛马。按理说,电商系统并不认识每个店铺、每个产品,但是它有自己的数据赛马机制,会根据数据来决定排名顺序。例如以下产品的排名情况。

- 甲产品销量高，那系统可能会判断出它很受欢迎，愿意分配给它更多流量。
- 乙产品销量不高，但所在店铺信用高，在消费者选择"信用排序"时会得到更多流量，从而优先展现。
- 丙产品销量不高，店铺信用也很一般，但由于价格低，在消费者选择"价格排序"时会得到更多流量，从而优先展现。
- 丁产品是新店的新品，原本在综合、流量、信用、价格排序下都不具优势，但由于投放了直通车计划，从而得到更多流量，并展现在搜索结果中的第一位。
- 戊产品既没有综合、流量、信用、价格排序优势，也没有钱投广告，但标题和消费者搜索的关键词契合度高，所以也能得到流量，从而优先展现。

由此可以判断出，产品自身数据在一定程度上决定了搜索排名。特别是作为一个新品，优势不明显，也没有经济条件支撑付费推广的情况下，可以考虑优化产品标题来缩小竞争范围，获得好的排名。

9.2.2 标题关键词数据收集

标题决定了产品能否入关键词池，能否经过数据赛马获得好排名。那么，关键词到底应该如何优化呢？首先要做的应该是获取关键词的数据，再做整理、分析、组合。这里以关键词"盘子"为例进行讲解，其数据收集步骤如下。

第1步：打开生意参谋，在"搜索分析"页面中输入关键词"盘子"，如图9-11所示。

图9-11 输入关键词

第2步：在搜索结果页面中选择"相关分析"选项卡，即可看到与盘子相关的关键词，再单击"小旺神一键转化"按钮，如图9-12所示。

第3步：跳转到关键词详细分析页面，单击"导出csv表格"按钮，即可将关键词数据以Excel的形式保存到电脑中，如图9-13所示。

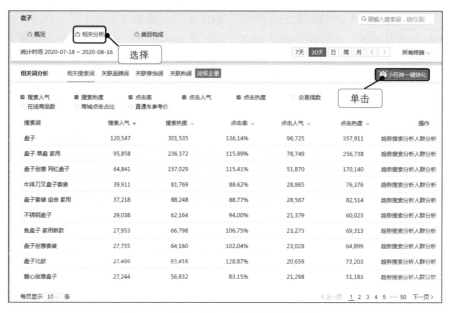

图 9-12 单击"小旺神一键转化"按钮

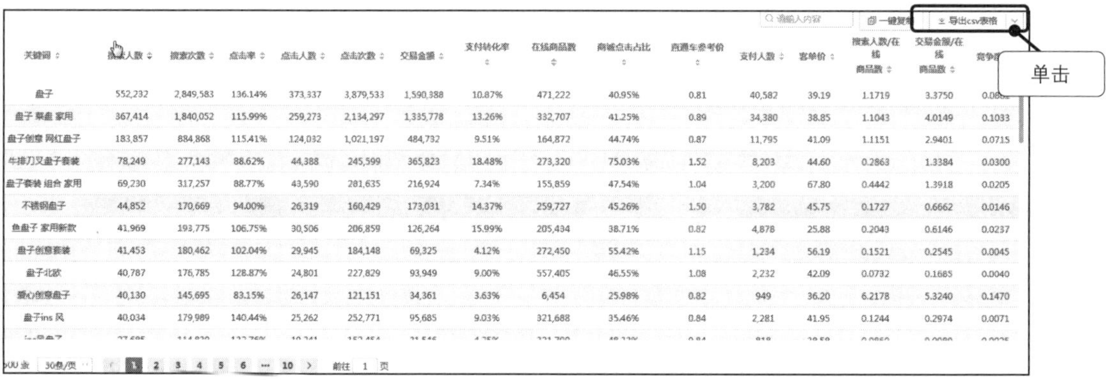

图 9-13 导出数据

> **注意**
>
> 商家在搜索关键词时，如果不确定自己的类目名称，可以把产品类目切换到最小类目进行查看。

9.2.3 标题关键词词库的筛选

商家在收集的关键词中会出现一些与自己产品不相关或相关度不大的关键词，那么商家就需要对关键词词库进行筛选，剔除这部分关键词。仅仅靠手动去剔除效率明显太低，特别是在数量庞大的词库中操作会浪费很多时间和精力。要实现高效剔除，可以借助 Excel 表格来完成。这里以在 Excel 表格中剔除重复的关键词为例进行讲解。

第1步：打开"盘子"关键词词库的 Excel 表格，选中需要进行操作的关键词，在菜单栏中选择"数据"→"数据工具"→"删除重复项"命令，如图 9-14 所示。

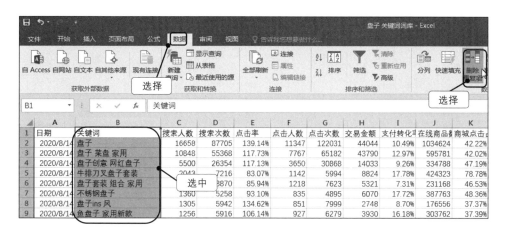

图 9-14　选择"删除重复项"命令

第2步：在弹出的对话框中选中"以当前选定区域排序"单选按钮，并单击"删除重复项"按钮，如图 9-15 所示。

第3步：在弹出的对话框中选中"列 B"复选框，并单击"确定"按钮，如图 9-16 所示。

图 9-15　单击"删除重复项"按钮

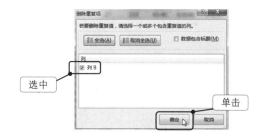

图 9-16　选择删除重复值的列

第4步：在完成删除重复数据后，会弹出如图 9-17 所示的对话框，单击"确定"按钮即可完成重复词的筛选。

图 9-17　删除情况展示

为保证关键词更精准，商家还可以删除部分与产品相关度不大的关键词。例如，商家的产品是"盘子"，但在关键词词库中分布着如"盘子女人坊""盘子画""盘子架子"等相关度不大的关键词，也应予以剔除，具体操作步骤如下。

第1步：打开前面整理好的盘子关键词 Excel 工作表，选中需要筛选的关键词，并在菜单栏中选择"开始"→"样式"→"条件格式"→"突出显示单元格规则"→"文本包含"命令，如图 9-18 所示。

图 9-18 选择"文本包含"命令

第 2 步：在弹出的对话框中输入想剔除的关键词（这里以"架子"为例），将"设置为"选择为"浅红填充色深红色文本"，单击"确定"按钮，如图 9-19 所示。

第 3 步：返回表中，可以看到带有"架子"的关键词被标上了颜色，在其上右击，在弹出的快捷菜单中选择"删除"命令即可将之删除，如图 9-20 所示。

图 9-19 输入想剔除的关键词

图 9-20 删除红色的关键词

除了上述方法可以剔除不相关的关键词外，还可以采用直接筛选的方法将关键词提取出来，继而删除。

9.2.4 五要素判断标题关键词好坏

剔除部分关键词后，所剩的关键词数量可能还是数以千计，那么如何分析这些关键词的好坏呢？主要从以下 5 个要素来判断。

- 搜索人数：关键词最近 30 天的搜索人数，搜索量越大，代表需求量越大。
- 交易金额：通过搜索关键词成交的预计金额，金额越大，代表需求越大。
- 支付人数：通过搜索关键词进店后的付款人数，人数越多，代表需求越大。
- 支付转化率：通过搜索关键词进店的转化概率，转化率越高，代表购买意向越强，流量价值越高。

- 在线商品数：标题上使用该关键词的产品个数，使用数量越多，代表竞争越大。

商家在分析关键词时需要用到 Excel 表中的数据透视表功能，其具体操作如下。

第 1 步：选中盘子关键词全表，在菜单栏中选择"插入"→"表格"→"数据透视表"命令，在弹出的对话框中单击"确定"按钮来插入透视表，如图 9-21 所示。

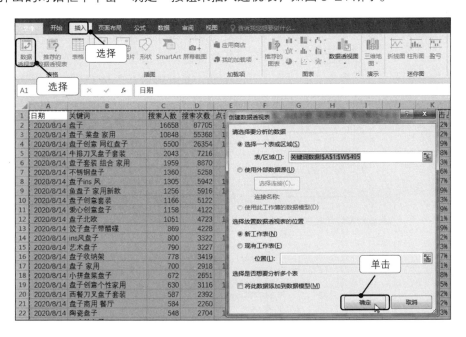

图 9-21　插入透视表

第 2 步：进入数据透视表页面，将"关键词"拖入"行"组；将"搜索人数""交易金额""支付人数""支付转化率""在线商品数"拖入"值"组，即可得到如图 9-22 所示的结果页面。

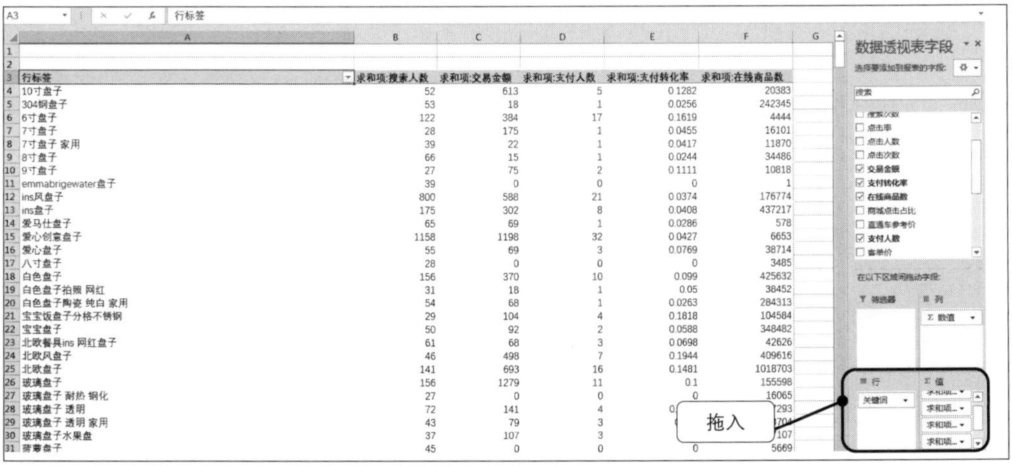

图 9-22　将透视表字段拖入相应的"行"和"值"组中

第 3 步：为了便于查看数据，将支付转化率的数据格式调整为百分比，并将值汇总依据整

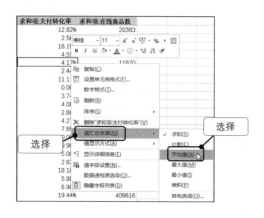

图 9-23　调整支付转化率的汇总依据和格式

为平均值。首先，在如图 9-22 所示页面中选中支付转化率下的任意数值，右击，在弹出的快捷菜单中选择"数字格式"命令，在弹出的对话框中选择"百分比"选项并单击"确定"按钮即可将数据格式调整为百分比。其次，选中支付转化率下任意百分比数值，右击，在弹出的快捷菜单中选择"值汇总依据"→"平均值"命令，即可将值汇总依据调整为平均值，如图 9-23 所示。

第 4 步：选中交易金额下的任意数值，右击，在弹出的快捷菜单中选择"排序"→"降序"命令，使关键词按照交易金额从大到小进行排列，如图 9-24 所示。

图 9-24　关键词按照交易金额从大到小进行排列

第 5 步：为了进一步对比关键词数据，可用颜色将表现良好的关键词突出显示出来。选中所有关键词的搜索人数数值，在菜单栏中选择"开始"→"样式"→"条件格式"→"项目选取规则"→"前 10%"命令，如图 9-25 所示。

第 6 步：在弹出的对话框中将值设置为"30%"，并单击"确定"按钮，如图 9-26 所示。

第 7 步：重复以上两步操作，将交易金额、支付人数、支付转化率及在线商品数都标上相应的颜色，如图 9-27 所示。

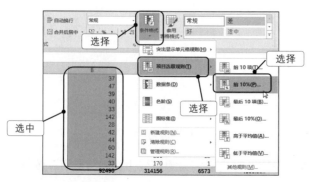

图 9-25　在条件格式中选择"前 10%"命令

图 9-26　将值设置为"30%"

行标签	求和项:搜索人数	求和项:交易金额	求和项:支付人数	平均值项:支付转化率	求和项:在线商品数
10寸盘子	52	613	5	12.82%	20383
304钢盘子	53	18	1	2.56%	242345
6寸盘子	122	384	17	16.19%	4444
7寸盘子	28	175	1	4.55%	16101
7寸盘子 家用	39	22	1	4.17%	11870
8寸盘子	66	15	1	2.44%	34486
9寸盘子	27	75	2	11.11%	10818
emmabrigewater盘子	39	0	0	0.00%	1
ins风盘子	800	588	21	3.74%	176774
ins盘子	175	302	8	4.08%	437217
爱马仕盘子	65	69	1	2.86%	578
爱心创意盘子	1158	1198	32	4.27%	6653
爱心盘子	55	69	3	7.69%	38714
八寸盘子	28	0	0	0.00%	3485
白色盘子	156	370	10	9.90%	425632
白色盘子拍照 网红	31	18	1	5.00%	38452
白色盘子陶瓷 纯白 家用	54	68	1	2.63%	284313
宝宝饭盘子分格不锈钢	29	104	4	18.18%	104584
宝宝盘子	50	92	2	5.88%	348482
北欧餐具ins 网红盘子	61	68	3	6.98%	42626
北欧风盘子	46	498	7	19.44%	409616
北欧盘子	141	693	16	14.81%	1018703
玻璃盘子	156	1279	11	10.00%	155598

图9-27 标上相应颜色的数据

> **注意**
>
> 搜索人数、交易金额、支付人数、支付转化率等数据都是数值越大越好,但在线商品数越少,则说明竞争越小,所以在设置在线商品数"项目选取规则"时,应选择"最后10%"命令,并将值设置为"50%"。

通过为关键词数据标上颜色,商家能快速看出哪些关键词更具优势,哪些关键词在哪些方面略差。如图9-28所示,关键词"蛋糕盘子一次性 纸盘"的5个数据都属于标红数据,说明该关键词的需求量大,购买意向强而又具有竞争力,是表现很好的关键词。

蛋糕盘子 欧式	37	0	0	0.00%	40124
蛋糕盘子ins 风	112	9	1	1.67%	60281
蛋糕盘子一次性 纸盘	412	2522	55	25.94%	91920
点心盘子	52	98	2	6.90%	238493
点心小盘子	99	94	3	4.29%	97219
多宝鱼盘子	28	71	3	15.79%	228145
剁椒鱼头盘子	38	102	4	13.79%	14934
剁椒鱼头专用盘子	217	683	28	18.42%	43373
儿童盘子	121	254	8	10.53%	751416
儿童盘子 可爱 创意 欧式	38	75	2	7.41%	13007
法式盘子	32	0	0	0.00%	19039
饭店盘子	51	18	1	2.50%	402087
饭店盘子 菜盘 商用	125	753	8	10.67%	66202
方形盘子	208	638	13	10.00%	353579
方形盘子陶瓷 家用	37	94	1	3.23%	599687
仿瓷盘子	53	636	5	13.51%	320627
放盘子的收纳架	50	107	5	14.29%	154487
放碗碟子盘子收纳架	70	192	5	13.16%	71236
分餐盘子 减脂	101	369	17	19.77%	12627
分餐制盘子	43	10	1	5.26%	46654
分格盘子	34	50	4	21.05%	265089

图9-28 表现很好的关键词(部分)

按照这个思路,商家可将更多表现好的关键词收集起来,用于制作自己产品的标题。

9.2.5 标题关键词选择注意事项

关键词词库经过对比分析后,筛选出了一些较为优质的关键词,接下来的工作就是将关键词组合成标题。但是在制作标题之前，商家需要关注一些注意事项，避免由于误用关键词带来的负面影响。

关键词中的违规词包括但不限于如表9-1所示的4个类型，商家在检索关键词时应该引起重视。

表9-1 违规词举例

词语类型	举例
最高级	第一、最高、最好、最优、秒杀全网、底价、最低、最强、最新、最便宜、最牛、抄底、最实惠、最专业、最时尚、最受欢迎、最火、最安全、极致、顶尖、领导品牌、史无前例、最完美、最简约等
绝对词	比任何一家都好、100%不反弹、不会产生任何副作用、永久、超越一切、彻底消除、永不复发、××天见效、根除、神效、CCTV品牌、××专供、××特供等
疾病类	肿瘤、肝炎、囊肿、关节炎、类风湿等
其他类	假一赔××，如假一赔百、假一赔厂；假一罚××，如假一罚万、假一罚命；假一关××，如假一关店、假货关厂等

如果商家没有留意，将这些违规词应用在标题中，可能导致如下两个结果：一种是经过系统排查发现产品包含违规词，直接下架处理；还有一种是被职业打假人发现，要求商家给钱，否则就举报给平台，导致产品被下架处理。无论哪种情况，都不利于店铺的发展。因此，商家在选择关键词时，应注意避开这些违规词。

9.2.6 优质关键词的组合运用

经过前面的对比分析，在词库中剩下的均为一些较为优质的关键词。商家需要根据这些优质关键词，组合成产品标题。在组合关键词之前，商家不仅需要了解优质关键词的类型，还需要再次筛选关键词，最后把剩下的关键词组合成一个完整的标题。

1. 交易金额高的关键词和在线商品数量少的关键词

在分析对比关键词时，应关注的5个方面分别是搜索人数、交易金额、支付人数、支付转化率和在线商品数。前4个方面都可以理解为需求量大的关键词，统称为"交易金额高"的关键词；在线商品数代表竞争力，数量越少越有竞争力。因此，可以把所有优质的关键词都分为两类，分别是交易金额高（需求量大）的关键词和在线商品数小（竞争小）的关键词。

由于不同的商品有不同的营销路线，那么产品的标题也应该分情况而论，如图9-29所示，普通的新品标题和爆款标题所用到的关键词有所区别。

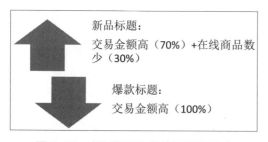

图9-29 新品标题和爆款标题的组成

根据相关准则，商品的标题最多只能为60字节（30个汉字），其中一个英文和一个标点符号各代表一个字节，一个中文汉字等于两个字节。以新品标题为例，30个汉字里大致有21个左右汉字是交易金额高的关键词，其余9个汉字是在线商品数少的关键词。

这样规划的原因在于：交易金额高代表流量价值高，但竞争也激烈；但如果在线商品数少，则能稍微减少一些竞争。通常，在产品上新时，其权重分较低。这 30 个汉字就像高考生填志愿一样。面对全国数百所大学，按理说可以随便填，可是为什么不是所有高考生都会填清华大学？因为肯定有同学知道依自己的实力不可能考上清华大学，所以他们会根据自己的考试分值来填报几所有把握的学校。

交易金额高的关键词对产品的要求高，竞争也很激烈。如图 9-30 所示，"北欧盘子"这一关键词，虽然交易金额高，但已经有 1018703 个产品。假如商家有款权重较低的新品，排名已经接近末尾，假设移动端一屏可以展示 5 个产品，那该产品至少在 20 多万屏后，消费者自然不会翻 20 多万屏去看该产品。由此可见，商家如果全用交易金额高的关键词给新品组合标题，会导致整个产品标题陷入非常激烈的竞争环境中，很难取得好排名。

北欧风盘子	46	498	7	19.44%	409616
北欧盘子	141	693	16	14.81%	1018703
玻璃盘子	156	1279	11	10.00%	155598
玻璃盘子 耐热 钢化	27	0	0	0.00%	16065
玻璃盘子 透明	72	141	4	8.51%	47293
玻璃盘子 透明 家用	43	79	3	12.50%	28704

图 9-30　在线商品数过百万的关键词

因此，新品一定要加上一些在线商品数量少的关键词，降低整个标题的竞争力，展现在 10 屏内，才有机会被消费者留意到。产品经过一段时间的沉淀，提升权重分以后，如果有意将其打造成爆款，愿意为其投放多个渠道的推广计划，再逐渐将关键词都替换为交易金额高的关键词。

2．筛选关键词

商家在面对数以千计的关键词时，该如何选择呢？这里以前面整理好的"盘子"关键词为例进行讲解。

（1）筛选交易金额高的关键词

筛选交易金额高的关键词的步骤如下。

第 1 步：打开"盘子"关键词的数据透视表，选中交易金额下的任意数值，右击，在弹出的快捷菜单中选择"排序"→"降序"命令，使得关键词按照交易金额从高到低进行排序，如图 9-31 所示。

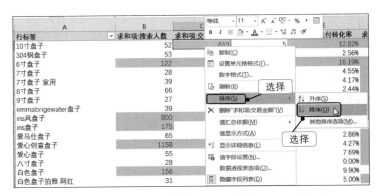

图 9-31　关键词按照交易金额从高到低进行排序

第 2 步：选中与产品相关的关键词，选择主题颜色中的任意颜色（这里以黄色为例）进行填充，如图 9-32 所示。

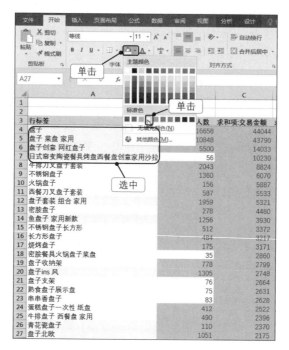

图 9-32　为选中的关键词填充颜色

第 3 步：将行标签里的关键词移动到一个新文档中，选中所有关键词，在菜单栏中选择"数据"→"排序和筛选"→"筛选"命令，单击"关键词"后的下拉按钮，在弹出的列表框中选择"按颜色筛选"选项，选择之前填充的颜色（黄色），单击"确定"按钮，即可筛选出之前已标色的关键词，如图 9-33 所示。

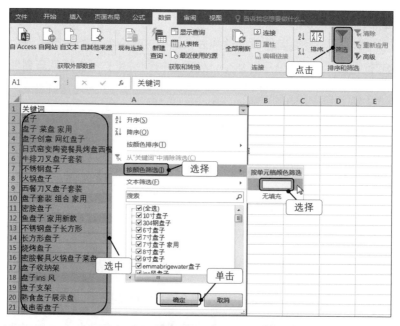

图 9-33　筛选出之前已标色的关键词

（2）筛选在线商品数少的关键词

筛选在线商品数少的关键词的具体操作如下。

第1步：打开"盘子"关键词的数据透视表，选中在线商品数下的任意数值，右击，在弹出的快捷菜单中选择"排序"→"升序"命令，使得关键词按照在线商品数从小到大进行排序，如图9-34所示。

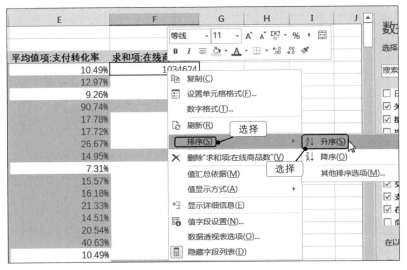

图9-34　关键词按照在线商品数从小到大进行排序

第2步：选中与产品相关且交易金额高、在线商品数量少的关键词，为其填充上颜色，如图9-35所示。

行标签	求和项:搜索人数	求和项:交易金额	求和项:支付人数	平均值项:支付转化率	求和项:在线商品数
emmabrigewater盘子	39			0.00%	1
日式窑变陶瓷餐具烤盘西餐盘创意家用沙拉盘鱼盘子烘焙双耳焗饭碗	56	10230	49	90.74%	13
盘子碗盲盒	28	258	1	4.76%	54
灵魂盘子	26	0	0	0.00%	203
高级感盘子	273	655	11	5.61%	260
盘子盲盒	34	0	0	0.00%	284
千叶盘子	32	0	0	0.00%	369
爱马仕盘子	65	69	1	2.86%	578
盘子8.5英寸	81	111	3	7.14%	815
减肥盘子	112	124	5	8.62%	897
凉菜盘子商用 加厚	35	0	0	0.00%	993
贵州盘子粉	33	55	2	11.76%	1146
小黄鸭盘子	38	0	0	0.00%	1180
盘子家用五角星	85	173	5	11.63%	1279
炸鸡盘子 创意 韩式	46	0	0	0.00%	1433
深口径盘子	139	151	4	4.40%	1508
一次性蛋糕刀叉碟套装蛋糕盘子	187	670	5	2.78%	1685
酷彩盘子	53	168	1	2.38%	1783
盘子夹子防烫 三爪	33	140	11	42.31%	1829
雅诚德盘子	47	50	1	3.45%	1869
盘子带把手	27	15	1	4.00%	2054
一次性盘子塑料 硬质	103	636	7	11.11%	2069

图9-35　为选中的关键词填充颜色

> **注意**
>
> 部分关键词虽然在线商品数量少，但由于交易金额不高，所以不能选；部分关键词虽然在线商品数量少，交易金额高，但与产品关系不大，也不能选。如这里找与家用盘子相关的关键词，而"一次性蛋糕刀叉碟套装蛋糕盘子"这一关键词显然与产品没有较强关联，故不能选。

第 3 步：将筛选后的在线商品数量少和交易金额高的关键词保存到记事本中，如图 9-36 所示。

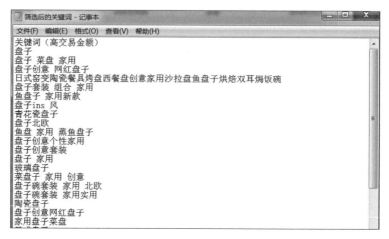

图 9-36　筛选后的关键词

3. 组合关键词

商家在关键词词库中筛选出部分优质关键词后，接下来就要将其组合成标题。在组合标题时，需要注意一些事项。

首先，需要再次删除重复关键词。消费者在搜索关键词（这里以搜索"盘子"为例）时，搜索结果与产品标题相匹配，可以看到有"餐具盘子""刀叉盘子""盘子""欧式盘子"等关键词，如图 9-37 所示。其中，第三个产品的标题含有两个"盘子"，其实这个标题中就含有重复关键词。

图 9-37　"盘子"关键词的搜索结果（部分）

选择用重复关键词，相当于产品多次进入关键词池子，没有太大意义。因为产品填写标题的目的，就是为了让产品进入指定的搜索关键词池子里，像上述案例，删除重复关键词，使用"欧式盘子"这一关键词，当消费者搜索"盘子"时，它就可以得到展现。

因此，商家需要打开关键词记事本，对重复关键词进行删除。如图 9-38 所示，"盘子"和

"盘子 菜盘 家用"中就有重复关键词"盘子",故删除"盘子";再看"盘子 菜盘 家用"和"盘子创意 网红盘子"也存在重复的文字,将其删除即可。以此类推,删除全部重复的文字,合并剩余的文字。如图9-39所示,为删除部分文字后的关键词组合。

图9-38 关键词记事本(删除前)

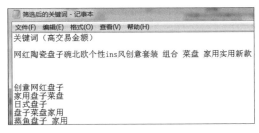

图9-39 关键词组合(删除部分后)

> **注意**
>
> 诸如"日式窑变陶瓷餐具烤盘西餐盘创意家用沙拉盘鱼盘子烘焙双耳焗饭碗"这类长尾关键词,很少有消费者会自主搜索,所以这里可以直接删除处理。还有与产品匹配度不够的关键词,如产品是陶瓷盘子,可将如"玻璃盘子"的关键词删除。

使用上述方法删除所有重复关键词后,剩下的文字可组合成标题"网红陶瓷盘子厨具碗北欧个性ins风创意好看套装组合菜盘家用实用新款简约"。但由于这已经超出了30个汉字,故还需要删除部分关键词,如删除"碗""组合"等关键词。

其次,关键词是一个不断优化的过程,商家在组合关键词时可同时组合多个标题,经过对比、分析留下1~2个备用即可。

第10章

通过营销活动提高访客转化率

本章导读

当访客被引流进店以后,商家应该尽最大的努力促使访客购物,将访客转化为消费者,这样才不会浪费商家的引流成本。为了尽可能地将访客转化为消费者,很多商家会举办各种营销活动,吸引访客下单。营销活动大致包括电商官方活动和店铺活动两种,商家应该去了解这些活动,并根据情况参加或举办,以期能够提高访客转化率。

10.1　活动营销的魅力所在

很多消费者在对比两个产品的图片、视频及评论等内容后,会因为其中一个产品的活动价格更具诱惑力而选择它,而另一个产品由于活动力度不够大,消费者则不愿意购买。因此,商家应该在自己能力范围内,策划一些有利于提升产品销量的活动。

很多产品的标价都不是最终售价。如图 10-1 所示,从某款灯具的详情页可见,该款产品可选活动一或活动二。以活动一为例,在 0：00—1：00 购买产品满 699 元立减 100 元,由于该产品最便宜的款式价格都为 799 元,因此只要消费者在规定时间内购买该产品的任意一款都能少支付 100 元。

图 10-1　某灯具的详情页

如果其他商家也有同规格产品,但没有任何优惠,只能 799 元成交,想必消费者经过对比后会愿意购买有活动的这款产品。

为什么商家不直接将产品价格设置为 699 元,而非要通过活动来减去这 100 元呢?这里面有一定的消费心理因素。消费者看到活动时间有限,优惠力度也不小,担心错过机会,从而立即下单购买。

活动营销的方式多种多样，不仅限于领优惠券这一种。商家可多看竞品的详情页，去分析他们常用的营销活动，并将其沿用至自己的产品中，提高产品竞争力。

活动可以分为官方活动和店铺活动。各个电商平台都有很多促销活动，平台会出资宣传活动，如京东的"6·18"，淘宝的"双十一"和"双十二"等。

10.2 官方活动：吸引更多平台流量

商家如果选好产品，报名参与到活动中，不仅能吸引更多流量，还有机会获得更多转化。例如，在淘宝搜索框中搜索"床单被套四件套"，综合排名靠前的产品分别参加了官方"新风尚"活动和"造物节"活动，如图10-2所示。从页面中可见，参加"新风尚"活动的产品可领取满300元减30元的优惠券；而参加"造物节"活动的产品，可以领取满200元减15元的优惠券。

图10-2　参加官方活动的产品

商家可在营销活动中心查看活动，选择符合自己类目的活动报名。例如，家具类产品，可以参加"极有家"活动；食品类产品，可以参加"吃货节"活动。由于各个活动的主题有所差异，所以对商家资质的要求也可能有所不同。商家在参加活动之前，应仔细阅读活动规则，审视自己的产品、店铺是否与活动主题相契合。如准备报名，可单击右侧的"去报名"按钮，根据要求提交资料即可，如图10-3所示。

图 10-3　单击"去报名"按钮

官方活动有着流量大、转化高等优点，但对商家和产品都有一定的门槛。商家在报名参加活动之前应仔细阅读招商规则，争取一次入驻成功。

与官方活动相比，店铺活动有着时间更灵活、门槛低、免费等优点。由于店铺活动完全由商家自行设置活动规则、活动折扣和礼品等内容，因此商家需掌握一定的活动策划方法。部分产品支持官方活动和店铺活动同时进行，如图 10-4 所示，消费者可先领取店铺满 118 元减 20 元的优惠券，再下单其他产品凑足 300 元，还可再享受减 30 元的优惠。

官方活动主要靠商家自主报名，而店铺活动需要商家根据产品特征及消费者需求等，自行设置活动细则。

在淘宝、天猫中，常见的营销活动主要包括聚划算、淘金币、淘抢购、天天特卖、免费试用及"双十一"等。每个活动都有着不同的主题，商家需要在了解这些活动后积极参与到活动中。

图 10-4　官方活动和店铺活动同享的活动页面

10.2.1　聚划算

聚划算是阿里巴巴集团旗下的团购网站，有着用户基数大、流量多等优点。聚划算依托淘宝网的消费群体，在 2011 年成交金额达 100 亿元，成为当时较为火热的团购网站。聚划算自身就拥有丰富的流量，在淘宝电脑端和移动端都有入口。如图 10-5 所示，在移动端的首页中，展示有两个聚划算产品。当消费者点击任意一个产品，即可进入聚划算主页，如图 10-6 所示。

图 10-5　移动端聚划算入口

图 10-6　移动端聚划算主页

聚划算对诸多商家而言，有着增加产品流量、打造爆款产品、清理库存商品等众多优点。符合条件的商家应参与到聚划算活动中，这对店铺经营来说不无裨益。截至目前，聚划算已经有商品团、品牌团、聚名品、聚新品、竞拍团 5 种类型。

- 商品团：是聚划算最常见的限时特惠的体验式营销模式。商品团是很好的爆款营销渠道，也是低成本获取访客的方式。商品团有着展位多、门槛低、流量稳定等优点。
- 品牌团：是基于品牌限时折扣的营销模式。品牌团主要是品牌规模化出货，快速抢占市场份额，提升品牌认知的好渠道。品牌团适合少量库存、多种款型的品牌商参与。
- 聚名品：是定位于中高端消费人群的营销模式，以"轻奢""快时尚"为核心定位。聚名品聚集了高端品牌，采取灵活佣金收费方式，包括单品团、品牌团等多种方式。
- 聚新品：是全网新品首发的地方，其核心价值在于能快速引爆新品类及新产品。商家可以快速积累新消费者，形成良好的口碑传播。
- 竞拍团：是中小商家快速参与聚划算的营销模式。因为采用流程系统审核，中小商家更有机会参与进来，而且采用市场化的竞价模式，竞拍费用反映参加聚划算的意愿，商家可掌握更多主动权。

聚划算 5 种类型的招商规则略有不同。商家可进入报名网页，仔细阅读招商规则，在确定满足条件的基础上报名参加活动。

10.2.2　淘金币

淘金币是淘宝网的虚拟积分。消费者通过购物、签到、逛店铺等方式都可以得到数量不等的淘金币。当淘金币积累到一定数量后，可以参加抽奖活动，或在购物时抵扣部分金额，如图 10-7 所示。此外，在淘金币频道页面，很多产品不仅可以使用淘金币抵扣购买，购买成功后还能再得到一些淘金币。

在营销中，淘金币常见的用法如下。

- 签到送金币：消费者进店签到可获得金币，以此提升消费者黏性，加大复购率。
- 分享送金币：主动分享店铺或产品的消费者可获得金币，以此激励消费者分享产品，增加产品曝光率。
- 收藏送金币：对收藏产品的消费者赠送金币，既能提升店铺人气，又能增加消费者回访的可能性。
- 购物送金币：购买店内产品可获得金币，提高下单率与产品转化率。
- 金币抵现：通过抵扣购物金额的方式，激发消费者下单的欲望。

另外，商家参加淘金币活动，还有机会获得淘金币频道的展位，提升产品流量和销量。故商家可为部分产品设置淘金币活动，提高产品的转化率。

图 10-7 淘金币活动页面

10.2.3 淘抢购

淘抢购是淘宝重要营销活动之一。目前的活动以时间为维度，每天 12 个场次进行商品展示，分别为 00：00 场、06：00 场、08：00 场、10：00 场、12：00 场、13：00 场、15：00 场、17：00 场、19：00 场、21：00 场、22：00 场、23：00 场，所有产品限时限量售卖。

在淘抢购活动页面可看到已抢的件数和剩余的库存条形图，通过直观的图形营造出抢购的氛围，刺激消费者下单，如图 10-8 所示。所以，淘抢购也是快速引流、快速转化的营销活动。

淘抢购也包括多种类型，如淘抢购智能单品团、淘抢购抢 5 折、淘抢购急速抢、淘抢购洋葱盒子、淘抢购单品联盟等。商家可进入卖家中心下的营销中心，单击"淘抢购"报名相应的活动。

图 10-8 淘抢购页面

> **注意**
>
> 目前，淘抢购活动属于收费活动，但对于符合条件的商家也会有一定的现金奖励。此外，淘抢购还会设置保底费用，如果实时技术服务费的总金额和保底费用不匹配，那么最终会按照保底费用的金额收取。

10.2.4 天天特卖

天天特卖，是一个快速引流、快速成交的官方活动。天天特卖活动中的产品以低价出名，如图 10-9 所示为移动端天天特卖活动页面，页面中的商品价格普遍偏低，更有 10.9 元包邮、全场 1.9 元起等模块。

很多追求实惠的消费者，喜欢在该活动中寻找性价比高的产品。因此产品参加天天特卖，一般都能吸引很多流量。如果价格合理，则转化量也会较为可观。

> **注意**
>
> 为了更好地服务天天特卖商家和消费者，天天特卖于 2019 年 6 月 25 日开始启动收费机制。活动开始后，天天特卖交易订单在消费者确认收货时，实时进行划扣。

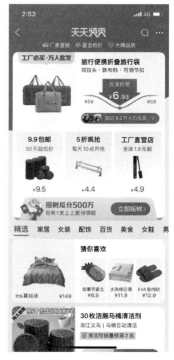

图 10-9　天天特卖活动页面

10.2.5 免费试用

在阿里免费试用中心里，商家拿出试用品免费给消费者试用，消费者在获得试用名额后得到该产品，再反馈一个试用报告给商家即可。于商家而言，这样可以花较少的广告费来宣传产品，还能得到较好的传播效果和销售效果。

阿里试用中心目前提供多个类目产品的免费试用商品。如图 10-10 所示为某款唇釉试用活动页面。从图中可看出，这款价值 308 元的唇釉，截至报名活动结束时间共有 20044 人参加，但只有 5 个人能得到免费试用的机会。这 20044 人在查看活动报名细节时，也会潜移默化地记住产品，部分消费者很可能会收藏、购买该产品。

图 10-10　某款唇釉试用活动页面

商家参与免费试用活动后，可在后台查看对产品感兴趣的消费者信息。商家可根据这些消费者信息，制定精准的店铺活动。商家在参加试用中心活动时，要注意控制试用品的份数。份数越多当然越具吸引力，但是成本也会越高。建议对于单价较低的产品，可以多设置份数；对于单价高的商品，则可以减少份数。

> **注意**
>
> 大部分消费者在收到试用品后,都会根据实际情况撰写试用报告。因此,商家还是要注意试用品的质量,不要为了节约费用而选择低质或劣质产品来参加活动。

10.2.6 "双十一"活动

"双十一"活动,指每年 11 月 11 日的网络促销活动。在这一天,许多线上、线下商家都会进行大规模促销活动。阿里官方数据显示,2020 年"双十一"总成交额达到 4982 亿元,相比 2019 年的 2684 亿元,多了 2298 亿元。在 2020 年的"双十一"活动中,有 1400 万款商品参与其中,是 2019 年的 1.4 倍。由此可见,"双十一"活动的影响力之大。"双十一"一般会提前发布招商规则,满足招商规则的商家,都应该积极参与"双十一"促销活动。

除了以上活动外,还有很多官方营销活动,如"京东 6·18""限时秒杀""断码清仓""9 块 9 特卖""助力享免单""1 分抽大奖""砍价免费拿"等活动。商家在满足招商规则的情况下,可多多报名,提升产品的曝光率和转化率。

10.3 店铺活动:吸引更多关注量

除了可报名参加一些官方活动外,商家或运营人员也可自行策划店铺营销活动,如常见的指定促销活动、赠送类促销活动、另类促销活动、组合促销活动等。与官方活动相比,自主策划的活动流量更小,转化也更低,但可控性更强,可以根据不同目的设置不同的活动规则。在策划活动时,需要充分考虑活动目的、活动类型及活动规则等。此外,为考虑活动顺利开展,还要注意一些事项。

10.3.1 迎合目标消费者的需求

与其说为了产品而策划活动,不如说为了消费者而策划活动。一个活动的效果良好与否,更多地是由消费者的表现来判断。只有当活动的参与人数、转化人数较多时,才能说明活动的效果良好。那么,如何才能吸引更多人参与呢?这就需要迎合目标消费者的需求了。

在策划活动之前,商家应先找准目标消费者,再根据这些消费者的特点,策划出迎合其需求的活动。商家可在生意参谋平台中查看产品的目标消费者的信息,如地域、年龄、性别、消费层级、新老客户、行为分布等信息。

例如,某产品的目标消费者主要集中在 30~40 岁之间的男性群体,主要分布在北京、上海、广州等一线城市,消费层级集中在 300~500 元。通过这些信息,商家即可初步判断这个群体较为看重产品品质,购买产品时也较为果断。那么,商家在策划该产品的活动时,就要充分考虑到活动规则的简单性。

如图 10-11 所示,该商家在微淘页面中发布名为"全民选品"的活动,消费者进入活动页面后，只需花几秒的时间点击心仪产品，待提交成功后，页面自动跳转到领取奖品页面，如图 10-12 所示。从图中可见，消费者只需简单地点击几款产品，即可获得满 400 元减 60 元的优惠券。

图 10-11 某店铺的微淘活动页面

图 10-12 活动领取奖品页面

该店铺之所以策划出操作简单的"全民选品"活动，就是抓住了男性消费者购物果断的特点。这种简单的操作，既能增加产品曝光率，也能成功发放优惠券，刺激消费者转化，效果相对来说还是比较良好的。

假设目标消费者不变，活动方式变更为召集好友砍价可获得 60 元代金券时，活动效果可能就大不如前。因为大多数男性消费者喜欢简单、直接的活动，很少愿意为了几十元钱去召集好友。因此，策划活动的首要条件是迎合目标消费者的需求与特点，在活动中展现更多符合目标消费者喜好的元素。

10.3.2 常见的店铺活动

电商中的活动类型多不胜数，商家必须了解常见的活动类型，并根据产品与营销相符的规则策划活动。常见的店铺活动主要包括赠送类活动、限定式活动、组合促销活动、指定促销活动、名义主题类活动、纪念式活动、时令活动、临界点式活动、回报式活动、另类营销活动等。商家应熟悉这些活动，才能策划出有吸引力的店铺活动。

1. 赠送类活动

赠送类活动，指通过向消费者赠送产品，来吸引消费者对产品性能、特点、功效等进行关注，达到促进销售的目的。

赠送类活动在电商中较为常见，如礼品促销和惠赠式促销（买一送一、送红包、送积分等）。如图 10-13 所示为某款碟子买一送一的详情页。

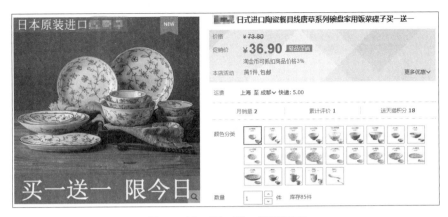

图 10-13　买一送一促销页面

从该产品的页面可以看出，该产品 36.90 元可以享受买一送一的优惠，得到 2 个碟子。如果消费者对该碟子的外观感兴趣，在买一送一的优惠下，下单的可能性就更大了。

2．限定式活动

限定式活动，指限时或限量购买产品可以获得优惠。限定式活动常用于新品上架时或清理库存时，商家一般采取限量发售的手段，人为营造抢购氛围，吸引消费者购买。

如图 10-14 所示为某款菜碟的限购活动页面。商家在主图中标明"限购一套"来营造氛围，再加以"6 盘仅需 14.8 元"来突出产品的价格优势，刺激消费者迅速下单。

图 10-14　限购活动页面

因为消费者对产品有兴趣，在限购的刺激下，更容易下单。一些独家或原创的产品，因为其稀缺性，也适合采用限购销售。

3．组合促销活动

组合促销活动属于降价促销的一种方法，即将库存积压产品和热销产品进行巧妙的搭配，用热销商品来带动库存积压产品的销售。

在电商中，常见的组合促销方式包括搭配促销、捆绑式促销、连贯式促销等。如图 10-15 所示的盘子详情页，从中可以看出商家将圆碗、圆盘、筷子、汤勺及隔热垫等产品捆绑在一起销售，这样既可以省去消费者搭配的烦恼，也可以提升客单价。

图 10-15 组合促销活动页面

4. 指定促销活动

指定促销活动，指对指定产品或对象赠送礼物的促销方式。常见的指定促销包括指定产品促销，如买鞋送袜子；指定对象促销，如先购买者（下单前 100 名）享折扣；指定角色人群（粉丝）享折扣，以及新老客户享折扣等。

如图 10-16 所示为某童装专卖店的粉丝群，客服不定时在群内分享"群专享"产品，针对指定产品、指定人群（群成员）推出专享价格。

> **注意**
> 随着淘宝直播的兴起，很多产品还设定了"直播间专享价"，吸引直播间内的消费者下单购买，提升直播间内消费者的转化率。

5. 名义主题类活动

名义主题类活动，指以某某名义而展开的活动。常见的名义主题类活动有"新品首发""感恩回馈"等活动。如图 10-17 所示的产品，就是一款以"感恩回馈"名义而促销的大衣。

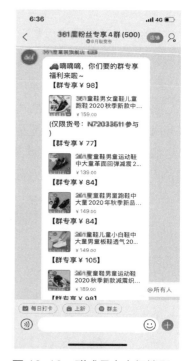

图 10-16 群成员专享促销页面

图 10-17 "感恩回馈"名义的产品详情页

> **注意**
>
> 在产品的标题中加上"感恩回馈"的名义,给消费者营造出一种更人性化、更暖心的感觉,进而刺激消费者购买。

6. 纪念式活动

纪念式活动,指以特殊的节日、纪念日等方式推出促销活动来吸引消费者。例如,官方的"6·18""双十一"及年货节等,都是以节日为契机推出的活动。

常见的店铺纪念式活动有周年庆活动、老板生日活动等。这种以特殊日期为促销的切入点,贴合消费者的心理,可实行性强。如图10-18所示为某鞋类产品的周年庆秒杀活动,活动提供了99元购买2双真皮皮鞋的优惠,吸引消费者下单。

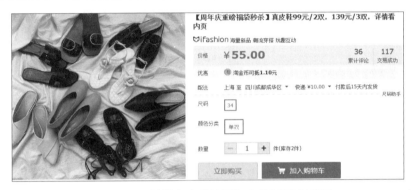

图10-18 某鞋类产品的周年庆秒杀活动页面

> **注意**
>
> 有的店铺为刺激消费者的购物习惯,将固定日期设置为会员日,在会员日当天,产品(或部分产品)可享受折扣福利。

7. 时令活动

时令活动,指以季节为缘由进行的促销活动,如常见的反季清仓、冬装热卖等活动。如图10-19所示为某款正在反季清仓的雪地靴。从图中可见,35码的鞋子,标价118元,领取一张满98元可用的50元代金券,最终实付费用只要68元,相当划算。

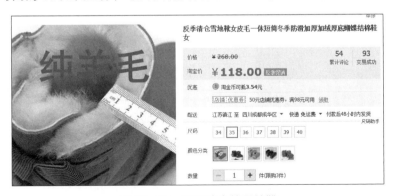

图10-19 反季清仓的雪地靴

除了反季清仓外，商家还可以策划应季活动，如"夏季泳装热销""春节鲜花热卖"等。

8. 临界点式活动

临界点式活动，指商家将产品的价格以最低或打折等字眼来吸引消费者，如"低至1折""10元封顶"等。如图10-20所示为某品牌箱包低至1折的活动页面，该商家直接打着清仓的主题，抛出低至1折的活动价格，吸引消费者下单购买。

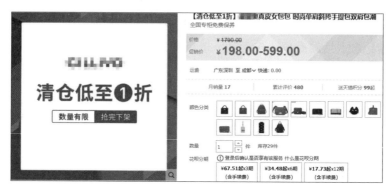

图10-20　低至1折活动页面

> **注意**
> 临界点式活动常与其他活动相配合，如图10-20中，产品之所以能低至1折的原因是商家清仓。

9. 回报式活动

回报式活动，指采用免费、拼单、返利等方式进行促销，让消费者感受到便宜、福利，从而下单。回报式活动，可以吸引新消费者试用，刺激老客户回购。

常见的回报式活动包括免费试用、满减金额、拼单折扣等。如图10-21所示为某款垃圾桶的详情页。根据页面显示，该垃圾桶标价39.9元，但是可以参加本店活动"满11元减10元"，相当于实付29.9元即可购买该产品。

图10-21　某款垃圾桶的详情页

10. 另类营销活动

另类营销活动，指避开传统营销惯用技法，采取独树一帜的营销方法。例如，不标价或不说明产品等悬念式活动，坚决不打折的反促销式，绝版、独家等稀缺性营销等。

在电商活动中，也常见"限量发售""独家经营""福袋"等营销活动。如图 10-22 所示为某个福袋销售详情页。"福袋"指商家自行设定的产品组合，在详情页中会告诉消费者福袋里可能包含的产品，但具体每个袋子包含些什么则是未知的，消费者常由于好奇而去购买福袋。

图 10-22　某销售福袋页面

实际上，店铺活动远不止上述的类型，商家可根据自己的实际情况去策划更多的活动。

10.3.3　策划活动的基本流程

商家每参加或策划一个活动，都有自己的目的。有的活动是为了增加成交额，有的活动则是为了宣传品牌。无论是出于什么目的，在活动实行之前都需要进行策划。策划活动的基本流程大致包括以下 8 个步骤。

1. 明确活动主题

任何一个活动都应有其相应的主题来说服消费者，否则消费者很难产生交易行为。例如，一个产品如果没有任何主题和原因，就将价格降低至 1 折，消费者在看到该活动信息时，很可能会怀疑商品质量，或者会怀疑这个产品是不是就只值 1 折的价格。

因此，每个活动都应有相应的主题，且整个活动围绕主题开展。例如，店内近期新出几款新色系的连衣裙，如果要针对它们做推广，策划的活动主题就应该围绕"新品""新色系"来展开。

活动主题应简洁有力并具有吸引力，让消费者一看就知道活动能带来什么福利。例如，"清仓价，全场 1 折起"，让消费者一看就知道该店铺正在举办清仓活动，有很多折扣较大的产品。

2. 找准活动人群

不同主题的活动应面向不同人群。例如，清仓活动主要面向追求价格的消费者；新品活动主要面向追求样式的消费者。商家在活动前就要找准受众人群，以便针对这些人群策划活动规则及推送渠道，向对的人推广对的产品，效果才会好。

商家可使用生意参谋查看产品的消费者特征，如消费者的年龄、性别、消费层级、新老客户占比等数据。再根据这些信息来分析活动的目标人群及其兴趣点。

3. 选择活动类型

如前面所说，电商活动类型多而广，有官方活动也有店铺活动，商家需根据活动主题选择活动类型。如商家需要处理一批过季库存产品，可以参加官方的"天天特卖"活动，也可以自行策划一个店铺的清仓活动。显然，官方活动影响力更大，可以更快处理完库存产品，但需要支付费用；自行策划店铺活动不需要费用，但可能影响力不够，无法处理完库存产品，商家需要仔细核算、对比后，再确定活动类型。

如商家确定要举办店铺活动，还需要确定具体的活动类型，如买一送一、半价抢购、老客户专享6折、福袋等。

4. 估算活动成本

商家参加或举办活动都会产生一定的成本，如有的官方活动需支付活动费用，有些活动产品其实是亏本出售，也会有成本，等等。因此商家在策划活动时，必须详细估算活动成本，并保证在可控范围内实行。避免不知道成本而胡乱参加活动、随意定价，导致亏损收场。

5. 确定活动时间

选择合适的时间做活动，可以吸引更多消费者的参与和关注，也给消费者下单转化创造合理理由。因此，在策划活动时，要考虑活动时间，以及说明选择这个时间的理由，让消费者积极地参与进来。

商家在策划活动时，应考虑的时间包括活动准备时间、推广时间及活动的时长。在正式开启活动前，需留够时间准备货品、联系快递，这段时间为活动准备时间。当活动敲定后，需要选择推广渠道、推广方法，并把活动的具体主题和规则展示给更多消费者查看，这个过程可以理解为活动推广时间。如果是参加官方活动，由平台决定活动的时长，但如果是店铺活动，则可根据实际情况决定活动的时长。特别是抢购活动，可注明"产品有限，抢完截止"；如果是上新折扣活动，则可以设定3~5天的活动时长。

6. 设定活动规则

在策划电商活动时，应遵循相应的规则，如与主题相呼应、真实可行和易参与等。有的活动可能同时具有多个主题，如新品上新、库存清理、爆款热销等。但任何一个活动的主题都必须有主次之分，并且在活动规则中必须用图文表述清楚该活动与哪个主题最相关。

另外，在策划电商活动时，必须从店铺的实际情况出发，遵循真实可行性原则。通常，判断一个活动是否具有真实可行性原则，主要从可执行性、实际操作性及绩效性来分析，既保证消费者能真切参与到活动中来，也让商家盈利。

部分活动奖品比较有吸引力，但参与门槛也很高，导致不少消费者被拒之门外。因此，商家在策划活动时，应考虑消费者是否容易参与。

7. 监测活动数据

活动中的成交额不是检验活动效果的唯一标准，商家还需要检测活动中的基础数据、流量来源、互动数据及转化数据等，如图10-23所示。

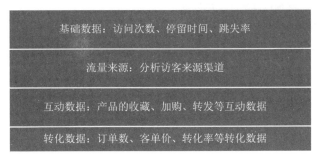

图 10-23　活动应重点监测数据

> **注意**
>
> 商家在活动中,可以通过生意参谋监测上述数据。

8. 分析活动效果

任何一项工作都应该有始有终,商家在活动结束时,应根据活动数据来判断此次活动效果。对于发挥得好的地方予以保留,对于不好的地方应及时优化、改进,将经验应用于下一次活动中,让活动开设得越来越成功。

10.4　"双十一"活动实战经验与技巧

"双十一"是淘宝平台最重要的官方活动,每年11月11日举行,提前一个月就开始预热,到活动当日爆发出惊人的交易额。阿里官方数据统计,2020年"双十一"从2020年11月11日0:00开始,截至11日24:00,活动交易额达到4982亿元,创造了全新纪录。从2010年到2020年,"双十一"的成交额一直呈现出上升态势,如图10-24所示。

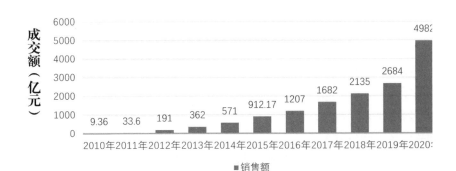

图 10-24　2010—2020 年"双十一"活动的成交额数据图

从图 10-24 中可见,2010—2020 年"双十一"活动的成交额不断上升,不少商家也在"双十一"活动中获得大量订单。因此,还不熟悉"双十一"活动的商家应积极学习并掌握"双十一"的基本规则,参与到活动中获得更多订单。

10.4.1 报名"双十一"活动

每年的"双十一"活动都会有不同的规则。例如,在2010年"双十一"中,淘宝为"双十一"的促销活动制作了9款不同风格的广告创意,以匹配多个产品和活动,提前为"双十一"活动造势。海报大多有强烈的促销感觉,刺激消费者的购物欲望。到了2016年,正是微博火热之时,淘宝联合微博达人发放"双十一"红包来做宣传。活动期间,新浪微博用户将微博账号与淘宝账户相互绑定后可在微博平台抢购适用于淘宝平台的红包,以此将微博用户转化为淘宝用户。

由此可见,不同年份的"双十一"活动有着不同规则,商家应提前了解当年的规则,并积极报名参与到活动中。2020年,淘宝推出"淘宝嘉年华(双十一)"活动,其活动共包括4个时间段,如图10-25所示。

2020年淘宝"双十一"在电脑端和无线端同时发力,携手商家共同打造购物盛宴。活动流量资源支持覆盖如图10-26所示的多个热门渠道,是各大商家获取流量的好机会。

图10-25 2020年"双十一"活动时间   图10-26 2020年"双十一"活动流量资源位(部分)

同时,在移动端,部分资源位为支持活动,实现个性化投放,流量更加精准有效。符合报名条件的商家可以申请报名。参加2020年淘宝"双十一"活动,商家需满足以下基本店铺资质要求。

- 符合《淘宝网营销活动规范》。
- 本自然年度内,未因发布违禁信息或假冒材质成分的严重违规行为扣分满6分及以上。
- 本自然年度内,不存在出售假冒商品违规的行为。
- 店铺绑定的支付宝账户身份认证完善信息达到Ⅱ类支付账户。
- 店铺具有一定的综合竞争力。
- 除以上之外,还须符合各分会场的其他招商要求(详见各分会场招商帖)。

满足招商条件的商家,可在淘宝平台"卖家中心"的"营销中心"页面报名参加"双十一"活动。对于符合上述条件的商家,系统将择优审核通过;商家是否有机会报名会场,以最终审核结果为准;商家通过海选后,若出现不符合任一活动报名要求的情形,淘宝有权随时取消其资格。

10.4.2 活动节点规划

任何一个活动都应有相应的规则,商家只有在了解活动规则后,才能进一步进行店铺策划和工作安排。"双十一"活动虽然是官方活动,但商家在通过报名后,需要自主完成节点规划工作。"双十一"活动节点规划主要包括业绩规划、玩法规划、推广规划及工作计划落实等内容。

1. 业绩规划

商家在参加、策划任意一个活动时,都需要有业绩规划,并根据业绩规划将销售额拆分到活动期间的每日中,再根据每日销售额来提升每日的销售数据,如访客量、转化率、成交额等。

例如,某商家规划"双十一"活动当日需完成100万元的销售额,根据"双十一"活动的流量情况,当日时间段的业绩表现如下。

- 2020年11月11日0:00—2:00为流量爆发期,需要完成30%～40%的业绩,也就是完成30万～40万元的成交额。
- 2020年11月11日3:00—8:00为疲软期,需要完成5%～10%的业绩。
- 2020年11月11日9:00—12:00为高峰期,需要完成10%～20%的业绩。
- 2020年11月11日13:00—17:00也为疲软期,需要完成5%～10%的业绩。
- 2020年11月11日18:00—23:00也为高峰期,需要完成20%～45%的业绩。

只有严格按照时间段的业绩目标去完成实际成交额,该商家当日的业绩才能达到100万元。商家可以根据不同时段的流量特点,灵活地变化营销策略来吸引消费者。例如,在流量爆发期,消费者的抢购状态比较好,可以设置秒杀、满减等容易完成的活动规则,刺激消费者迅速下单;当到了疲软期,则可以设置一些小游戏,刺激消费者分享活动领取优惠券,加大产品的曝光率。

2. 玩法规划

官方的"双十一"活动玩法一般是满减,如满300元减30元。但除了官方活动玩法外,商家还需要策划一些适用于店铺实际情况的玩法,加大消费者转化的概率。如表10-1所示,常见的店铺"双十一"活动玩法包括免单、打折、返款、赠送等4种玩法。

表10-1 常见的店铺"双十一"活动玩法

活动玩法	举例	特点
免单	前50名下单消费者免单(免单上限为100元)	刺激消费者迅速下单,是成交转化的利器
打折	某产品前100件10.9元包邮	刺激消费者提前将产品收藏和加入购物车,且有利于刺激消费者下单
返款	30分钟内付款消费者可获得10%的返利	刺激消费者迅速付款,也是为产品争取好评的利器
赠送	前3名下单的消费者可获得华为××手机一台	在赠送礼品诱惑下,消费者愿意自发转发邀请好友加入,同时,也能刺激消费者迅速下单、付款

"双十一"活动的玩法不仅限于以上几种,而且各个玩法都有其相应的优势和劣势,商家在策划活动前可先根据产品特点与消费者特点规划出多个玩法,引爆店内流量和销量。

3. 推广规划

"双十一"活动的推广规划,主要指付费推广工具的规划,如直通车、超级推荐、超级钻展及淘宝客等;控制好推广计划的总费用,以及费用分别用在哪些渠道,具体产出又是多少,等等。如表10-2所示为某商家的推广规划明细表,可供商家参考。

表10-2 某商家的推广规划明细表

渠道名称	预估费用/元	预计访客/个	渠道产出/元	投产比
直通车	50000	25000	150000	3
超级推荐	50000	20000	250000	5
超级钻展	25000	15000	100000	4
淘宝客	25000	25000	150000	6
总计	150000	85000	650000	

例如,该商家在"双十一"活动开始的前7天内,需要引进50000个访客,其中付费访客占比为50%,也就是25000个访客。再将这25000个访客来源分配到直通车、超级推荐、超级钻展及淘宝客等不同的引流渠道中去,至于各个渠道的投放费用各是多少,需要参考商家往期投放的付费推广计划而定。商家依据上述思路,在活动开启前就需要做好推广规划,其中的投产比要尽量做到细化,尽量保证商家的推广费用花在实处。

另外,无论是什么推广工具,都需要提前布局。因为活动当日的流量虽大,竞争也尤为激烈,想靠当日推广让流量到达巅峰有一定的难度。以表10-3的直通车为例,"双十一"推广时间布局应提前到9月下旬。

表10-3 直通车"双十一"活动推广时间布局

时间段	主要工作	资金投入比率
9月22日—9月28日	选款,测款;熟悉关键词、推广力度;寻找可能成为爆款的产品	10%左右
9月29日—10月4日	养关键词,优化创意(主图和文案),提高质量分,提高点击率,加"双十一"热词	15%左右
10月5日—11月7日	提高质量分,优化创意,提高"双十一"关键词出价	15%左右
11月8日—11月10日	进一步提高"双十一"热词出价,使用"双十一"热词,选出3~5款产品(备货、提高排名)	30%左右
11月11日当天	提高关键词出价、随时查看库存信息、大流量词卡位、店铺推广	30%左右

以上时间段仅供商家参考，具体的时间段可由店铺实际情况而定。

4. 工作计划落实

最后，工作计划要落实到个人的事务性节点安排，即具体什么事情由哪个人去负责跟进，什么时间去检测，完成进度如何等。这些事务性的节点，都要商家提前去安排。

10.4.3 活动团队的规划与准备

工欲善其事，必先利其器。"双十一"活动是电商商家的订单高峰，面对突然激增的流量和订单，如果没有充分准备，难免出现手忙脚乱导致频频出现订单问题。商家为了能从容应对"双十一"活动，应提前做好活动团队的规划与准备工作。

1. 客服团队

客服主要负责销售产品、处理售后等重要工作。当消费者对产品产生疑虑时，客服通过线上交流帮助消费者快速了解产品和服务，完成订单。在"双十一"活动前后，流量和销量的增加，也是对客服团队的考验。

在"双十一"活动期间，为了能够从容应对繁忙而紧张的工作，客服组应提前做好催付方案、自动回复话术、普通话术、危机处理等准备工作。

- 客服人员在11月10日0：00—11月13日23：59轮流值班，做到全天24小时有客服在线，提供更好的服务。
- 分成多个客服小组，并挑选出组长，由组长管理组员，商家直接对接客服主管及客服组长即可。
- 制定与"双十一"相关的活动内容文档，包括快捷回复短语、自动回复短语等，提高客服工作效率。
- 添加客服子账号，设置旺旺权限，确保后台设置准确无误。
- 制订活动中消费者退换货的方案和话术方案，减少由活动引起的纠纷。
- 制订活动当天催付方案及催付话术，提高消费者的付款进度。
- 制订应急预案，降低出现意外情况的可能。

"双十一"当天会有很多拍下没能及时付款的订单，客服必须做好催付工作，为避免订单出现问题，客服必须认真核对订单、地址、联系人等信息。

2. 货品组

"双十一"活动期间，货品组需要负责货品结构、备货深度、卖点包装、搭配和品控等方面的工作，其具体工作内容如下。

- 梳理产品结构、制作产品结构总表。
- 确定预爆款、主推款、常规款，并将各个款式进行分类、存储。
- 规划和淘宝后台设置活动安全库存。
- 跟踪库存产品销售数据和预售情况，及时追单。
- 制作"双十一"活动分销渠道产品规划及当天库存分配方案。

在活动开始之前，大部分商家会频繁上架新款。如果对货品管控不好，则容易出现缺货、超卖无货等问题，会给店铺的后期运营带来诸多麻烦。因此，货品组必须要配合运营组了解自家店铺的货品结构及主卖货品的库存深度，并根据运营组反馈的预热数据来协调好货品库存。

3. 运营组

运营组主要负责活动报名、推广方案、流量方案、推广素材测试等工作，其具体工作内容如下。

- "双十一"活动报名及活动产品申报。
- 制定"双十一"活动方案。
- 完成"双十一"活动专题页海报、策划页面导入接口。
- "双十一"专题页制定日收藏数据指标。
- 跟进"双十一"活动专题的访客量及收藏量。
- 优惠券派发入口、文案说明。
- 根据产品销售情况，每天确定流量指标。
- 组织洽谈与参加"双十一"活动相关店铺友情链接方案。
- 制订"双十一"活动会员营销方案、老客户"双十一"活动特权与奖励方案。
- 活动短信通知文案撰写，第一次活动预告新品折扣，第二次体现关怀，第三次活动相关内容。

总体而言，运营人员需要先报名"双十一"活动，不管是什么卖家，都得先报名获得活动权限；报名成功后开始做"双十一"活动的推广，如主推款方案、利润款有哪些产品等；在活动开始前，还需要做好老客户维护的工作，制订会员营销方案。如此一来，才能让活动流程更加顺畅，让活动效果达到最大化。

4. 美工组

美工在活动中主要负责各种活动页面、海报、装修等视觉方面的内容优化，让整个店铺更有活动氛围的同时也便于消费者下单转化，其细节工作如下。

- 产品详情页设计、制作、分批次优化。
- 主推款的详情页制作及优化上线。
- 活动报名素材制作与优化。
- 首页页面制作（几套备选方案）。
- 活动单品详情页、直通车推广款详情页制作。
- 活动期间的手机端装修。
- 活动自主购物攻略页面制作。
- 店铺自定义页面及产品列表页优化。
- 制定大促进行中的页面轮换（如发货相关、售罄标识、库存紧张标识、页面倒计时、客服旺旺号排位轮换等）。

活动当天的店铺页面最好分成活动前、活动中及活动后3个不同版面，用不同的版面迎合不同阶段的消费者需求。

10.4.4 活动时间规划表

为保证活动顺利开展，运营人员需要制定时间规划表，做好活动的时间安排。正常情况下，可以把"双十一"活动时间分为蓄水期、预热期、爆发期和余热期4个阶段。

1. 蓄水期

每年的10月1—31日为"双十一"活动的蓄水期，这个时期的消费者购物意识开始被唤醒，会自主搜索意向产品并加购收藏。对于商家而言，蓄水期必须让店铺活跃起来，重点工作为扩大引流和唤醒老客户，圈定更多人群；多报名活动；加大付费推广力度等。细分下来，商家在蓄水期的工作包括以下几方面。

- 活动产品布局，广泛拉新，刺激成交，并提醒收藏、加购。
- 做好各方面的准备工作，如备货、选品、活动定价、推广预算、营销方案等。
- 加大全店推广力度，优化人群，冲刺排名，大量拉新，以及测款、测图等。

"双十一"活动期间，每个流量都弥足珍贵，商家只有在活动开始前做好以上准备工作，才能收获更多流量。

2. 预热期

每年的11月1—10日就进入了"双十一"活动的预热期，这个阶段的消费者对"双十一"活动充满了期待，会有更多的收藏、加购等行为。对于商家而言，这个阶段的基本任务则是通过大促活动，让消费者有更多收藏加购的行为。

消费者在预热期这个阶段，心态容易发生变化，基本都在等待"双十一"活动大促，转化就比较难。所以商家在这个阶段要注重收藏、加购的概率。为加大产品的收藏、加购率，可送优惠券、购物津贴等，唤醒老客户。

对于错过了报名，或海选未通过的商家，不受活动规则限制，可以提前降价，提高产品转化率。能否说服消费者提前转化，不仅取决于产品是否吸引人，还要能打消消费者"双十一"降价顾虑。部分商家会采取保价营销的手段来刺激消费者下单，如"发现'双十一'当天降价，可双倍补偿差价"。

3. 爆发期

在"双十一"当日，活动就进入爆发期，在这个阶段的消费者基本都在抢购产品。对于商家而言，主要工作就是不断刺激转化、提升客单价，并随时观察流量变化，调整预算和投入。爆发期的目标应该很明确：提高转化。为达到这一目的，首先要准备好热卖海报；其次，要设置好店铺优惠活动，通过领取大额优惠券的方式，尽可能多地引导消费者购买更多产品。

例如，某个店铺平时客单价为200元左右，如果活动当天设置满299元减100元的活动，大部分消费者都会为了满减去凑够299元，但在凑的过程中很可能超出299元，甚至399元、499元。因此，商家在爆发期当日的优惠力度要充分、诱惑度要够大，而且优惠的方式和产品种类要丰富。总之，就是多方面引导消费者多买。

4. 余热期

每年的11月12—14日为"双十一"活动的余热期，很多消费者在这个阶段进入捡漏模式。

对于商家而言，进入余热期后，可以策划出多个返场活动，实现错峰推广，再次收获订单。

注意

> 非活动商家可以继续"双十一"的活动优惠（同价即可）；而活动商家，因为有价格保护期，所以"双十一"活动结束后产品价格需要上调一些。

热销返场的时间通常 1～3 天为宜。因为这个时候主要弥补消费者对"双十一"没能买够的遗憾，当消费者的包裹陆续到手后，大多数人会认为自己买多了，很难再购物。所以，余热时间控制在 3 天内即可。

10.4.5 活动后期处理

"双十一"活动到了后期，问题会集中在物流和积货上面。想要保证活动的效果，商家必须引起重视。为了避免活动爆仓带来的物流问题，商家应提前规划好发货工作，并做相应的准备。对于积压产品过多的店铺，可参加清仓活动、聚划算、淘抢购等活动，处理库存产品。

一般来说，参加活动的商家必须在规定时间内发货。但由于销量暴涨，工作量剧增，致使很多工作人员手忙脚乱，出现错发、漏发、少发等发货问题，为店铺带来不必要的损失。为合理解决这个问题，商家可提前做好发货相关的准备工作，并合理利用场地，缩短操作路线，提高工作效率，做好发货流水线安排。如某商家的"双十一"发货流程如下。

- 审单打单：在活动开启后立刻开始审单，为避免遗漏异常订单，先审异常订单和备注订单。要求工作人员在审单过程中，仔细检查未审订单、已审未打印订单，留意已打印未发货订单。
- 配货：缩短拣货路程，减少重复路线，实现高效率配货。
- 验货：验货区分未验、已验、配货错误、订单错误，减少错误订单的出现。
- 打包：打包前仔细核对产品款式和件数，减少误发的概率。
- 称重：区分已称重和未称重的包裹，并整理好已称重的包裹，将其摆放整齐，面单朝上，便于快递员签收。

部分店铺在"双十一"活动后仍有大部分的库存产品，为解决这些产品，商家可报名参加多个清仓活动，如聚划算、淘抢购等。

10.4.6 实战：通过聚划算活动使流量持续上涨

某淘宝商家考虑在"双十一"大促之前先参加一场官方活动，让产品获得更多曝光。经过前期选款、定价、报名、营销准备等工作，该聚划算活动在 2020 年 10 月 15 日当天展开，取得较好成绩，并从活动开始当天，该品流量呈持续上涨趋势，如图 10-27 所示。

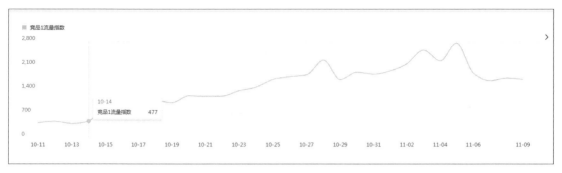

图 10-27　某参加聚划算活动产品流量指数图

参加聚划算这种官方活动,不仅有扣点费用,还有坑位费,按理说是增加了运营成本,那该商家是如何做到让流量递增、销量递增的呢?

(1)店铺内功

参加或策划一场活动,提高销量并不是唯一目的,活动应该是店铺运营的一部分。只有确保店铺处于健康状态,才能结合产品和服务,让客户满意。该产品在上聚划算之前,先确保店铺首页分类清晰、各项评分正常,才能给进店的客户留下好印象。

(2)关注聚划算活动

平台每天都有商家进行聚划算活动,其中不乏优质同行商家。该商家长期关注聚划算活动,分析同行产品的价格、主图、标题等因素,以此总结出聚划算中较为受欢迎产品的特征,并有利于自己加以模仿。

(3)选款

想成功报名聚划算活动,选款很重要。首先,审核活动的人员会着重看产品的款式、价位、是否应季及店铺综合能力等因素。如果产品的款式不符合要求,很难通过审核。其次,喜欢在聚划算上购买产品的消费者购物较为理性,追求性价比高的同时也追求品质。如果商家用低档产品来参加活动,也很难引起消费者关注。因此,在报名前,商家要选款式新颖且性价比高的产品。

(4)定价

通过前面的关注聚划算活动和选款等步骤,基本已经能确定活动产品的价格。该商家为了让活动取得更好的效果,在原有产品活动价格的基础上又降低价格,旨在迎合消费者的心理价位。

(5)报名活动

在确定好产品的款式和价格后,可以着手报名聚划算活动。通常,3~5天即可通过审核。也有商家曾因多种原因被拒,通过运营人员耐心查看被拒理由,在不断修改后再次报名,最终报名成功。

(6)备货

当产品报名成功且确定坑位后,该商家立即联系工厂备货,确保活动当天有货可发。为避免备货工作出现意外情况,运营人员应同时联系上级、库房、供应商,减少产品出现质量问题、少货问题等情况。

(7)营销准备

在确定聚划算活动日期后,运营人员要及时联系美工、客服、仓储等部门,做好活动的准备工作。为便于所有人员对活动的理解,运营人员提前做出活动计划,详细列出各个工作流程、时间节点及相关负责人等,将各项工作落到实处。

同时,运营人员需根据活动需求,制订引流计划,如开启直通车、超级推荐及淘宝客等推广计划。为使店铺看起来更具美感,还要求运营人员优化产品主图、详情页等内容,突出产品质感。

(8)发货售后

为给消费者提供更为满意的服务,该店铺在活动当天特意从其他部门调动人员来做接待工作,以照顾好每位进店询问的消费者。同时,为了第一时间做好发货工作,库房工作人员也提前做好打包准备工作,保证消费者在下单的第一时间将产品打包好,并于当日发出。

在活动当日,还有很多人询问发货、快递等事宜,运营人员主动协助客服,策划相关话术、安抚消费者情绪,给消费者带来良好的购物体验,以获得更多产品好评。由此可见,一个活动的成功并非偶然,需要店内各个部门人员相互配合,更需要做好选款、定价、报名、引流等步骤。

第11章

内容运营：吸引消费者的"心理磁铁"

本章导读

随着网络的发展，各种营销形式也应运而生，如以社交为主的微淘营销，以视频讲解产品且吸引消费者直接购买的直播营销与短视频营销。无论商家采用哪种营销方式，都应注重其内容，因为只有高质量的内容才是吸引与转化消费者的"核心"。内容通常都是通过文案来进行策划及表现的，因此商家应掌握好各种文案的撰写方法与技巧，结合微淘、直播与短视频等新型营销方式来吸引消费者，推广产品与品牌。

11.1 优秀文案的策划技巧

文案又称为广告文案，指以语言文字等内容来表现产品或品牌的广告信息，其目的是打动消费者，促使消费者产生消费行为，或在消费者心中留下深刻的产品与品牌印象。电商文案则是特指电子商务中，通过互联网向消费者发送图文内容，传递产品或品牌信息，引发消费者的购买欲望，从而达到促进产品销售目的的一种宣传形式。

如图11-1所示为某产品广告文案。该文案以图文结合的形式对产品进行展示，通过"终于降价了""这个价格卖1次"等文字内容来突出产品在价格上的优势，再以部分热门产品图作为该广告文案的背景图向消费者进行展示，可以快速激起消费者的点击兴趣。

图 11-1　某产品广告文案

11.1.1 文案的作用

文案可以用较小的成本契合消费者的心理需求，引起消费者的情感共鸣，从而达到营销推广的目的。因此，文案对于运营推广而言也具有重要作用。

1. 增强消费者的信任

好的文案可以让消费者对文案内容所描述的产品或品牌产生信任，并在这种信任的基础上产生购买产品的欲望。因此，很多商家会在文案中展示产品信息、第三方评价、各种专业机构的证书等内容来取得消费者信任。如图11-2所示为某款食品类产品的文案，通过展示产品的送检报告来证明产品的品质，加深消费者对产品的信任，进而促进产品的销售。

2. 树立品牌形象

消费者在选购产品时通常都会受到品牌影响，从而产生不同的购买倾向。因此，很多商家会通过文案生动形象地向消费者展示品牌文化、品牌的形成过程及品牌所包含的价值观等，这种方式可提高品牌的形象，增加消费者对品牌的好感和信任度。如图11-3所示，某零食品牌的广告使用了"连续8年全网坚果零食销量第一"和"超过1亿主人的选择"等文案，突出产品受众面广、被认可度高的特点，来提升品牌的公信力，让更多的消费者认识和认同该品牌。

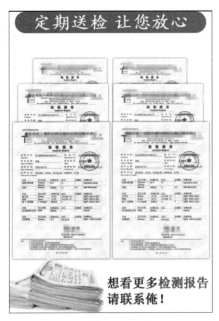

图 11-2　某款食品类产品的文案

图 11-3　某零食品牌文案

3. 增加互动频率

在信息交换特别快的今天，很多营销方式都不是单向的，而是双向的。在营销推广过程中，商家除了可以向消费者传递信息以外，还可以获得消费者的反馈，并根据反馈及时调整营销方向，以及修正各种错误。部分意识到双向互动重要性的商家，在推广的文案中加入有利于互动的信息，以期增加互动频率。如图11-4所示，某商家在微淘文案中加入有利于互动的内容，刺激消费者在评论区留言自己喜欢的衣服，以加强商家与消费者之间的联系。

综上所述，文案对产品的转化和品牌形象起着重要作用，商家必须掌握文案策划与编写的技巧。

图 11-4　增加互动频率的微淘文案

11.1.2 文案的分类

文案种类多种多样，不同文案的创作方法和应用场景有所差异。以电商文案为例，常见的电商文案包括主图文案、详情页文案、营销活动文案、海报文案，以及软文类文案等类型。只有熟练掌握各种文案的撰写方法，才能有助于店铺的发展。

1. 主图文案

主图文案是较早的电商文案类型，常以 JPG、GIF、Flash 等图像格式进行呈现。在电商购物过程中，消费者常通过主图文案来了解产品信息。如图 11-5 所示为某水杯的主图文案。该文案以图片的形式向消费者展示了水杯的外观，又通过文字说明向消费者展示了该水杯有两个盖子，还可以免费刻字。

2. 详情页文案

消费者在进入产品详情页后，可以查看更多关于产品信息的文案，并且详情页的文案在一定程度上决定了消费者的购买兴趣。详情页文案一般通过文字、图片、视频等多种形式，全面、详细地向消费者展示产品的卖点、外观、功效、规格参数、使用方法等基本信息。如图 11-6 所示为某款太阳伞的详情页文案。该文案通过图片和文字说明了该款太阳伞的设计初心和功能，让消费者更加了解该产品。

图 11-5　某水杯的主图文案

图 11-6　某款太阳伞的详情页文案

3. 营销活动文案

在电商营销过程中，经常使用各种营销活动来提升产品销量和人气。营销活动的展现方式之一就是文案，如直通车、超级钻展等推广方式，都需要上传富有感染力和号召力的创意图。如图 11-7 所示为某店家的营销活动文案。该文案通过图片展现了令人垂涎欲滴的龙虾，通过文字表明店内全场满 300 元可减 50 元，以此来刺激消费者购买产品。

图 11-7　某店家的营销活动文案

4. 海报文案

海报是一种信息传递的视觉表现形式，也是常见的大众化宣传工具。海报文案主要由文字、图片、色彩、页面等要素组成，能起到很好的营销宣传效果。如图 11-8 所示为某珠宝旗舰店的海报文案。该文案通过精美的页面排版和配色，以及富有创意性的文字和配图，使消费者看一眼就能过目不忘、印象深刻，进而产生购买欲望和购买行为。

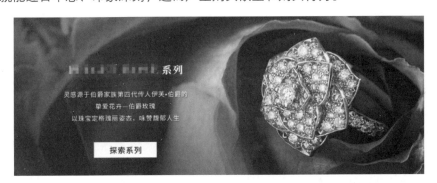

图 11-8　某珠宝旗舰店的海报文案

5. 软文类文案

软文指软性广告文案，常指通过故事、情景、笑话等看似不像广告的文字，迂回介绍产品或品牌的一种推广营销文案。软文类文案因为广告意味不明显，常能起到潜移默化的传播效果，使消费者在不知不觉中就被吸引，从而产生购买产品的欲望和行为。如图 11-9 所示为某淘宝头条的软文类文案。该文案通过介绍养虎皮兰（一种绿植的名称）的方法，穿插几个绿植的链接。当消费者在阅读到该软文时，不仅可以学习到绿植的栽种方法，还可以点击文中的产品链接直接购买绿植，这就是软文类文案的作用：让消费者放下戒心，接受产品或品牌。

图 11-9　某淘宝头条的软文类文案

11.1.3 策划电商文案的技巧

电商文案的作用在于吸引消费者的注意力,并激发消费者的购买欲望。好的文案能刺激更多消费者点击、转化;而差的文案不仅耗费了制作人员的时间与精力,还达不到预期的广告作用,徒然浪费广告费用与广告时机。因此,运营人员需掌握策划电商文案的技巧,将文案内容与消费者联系在一起,制作出打动人心的好文案,从而吸引消费者的注意,激发消费者的购买欲望。

1. 迎合消费者的好奇心理

好奇心是人们对未知事物的探究心理。在商业应用中,适度激发消费者的好奇心,可以快速吸引消费者的注意力,刺激消费者进一步了解产品,找到答案来满足好奇心。

例如,某砂锅的软文类文案标题为"为什么广东人煲汤那么好喝?学会这三招",用发问的形式让消费者想点进去一看究竟,如图 11-10 所示。这就是文案创作者在试图唤起消费者的好奇心,紧接着该文案内容就向消费者讲述了广东人煲汤好喝的原因,其中一个原因就是砂锅煲汤,能保留汤汁的鲜美,巧妙地把自己的砂锅产品推荐给消费者。

2. 结合热点话题

热点话题指受大众关注的各类信息。热点话题通常能受到大量的关注,因此文案中如果结合了热点话题,则很容易得到传播,从而带动产品的销量。如图 11-11 所示,小米手机结合 2020 年 9 月热播的电影《花木兰》推出活动,该条微博文案吸引了 1200 次转发,851 条评论及 619 次点赞。

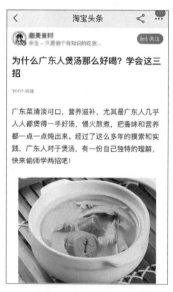

图 11-10 某砂锅的软文类文案

图 11-11 结合热点话题创作的微博文案

> **注意**
>
> 热点话题具有很强的时效性,因此利用热点话题撰写文案时一定要注意这一点,尽量抢在第一时间进行文案创作,以保证文案的营销效果。

3. 制造冲突

人类大脑有不对称性的"左右脑分工理论",该理论说明正常人的大脑有两个半球,冲突存在于每个个体的大脑中,存在于每次消费的选择中,如右脑追求价值,左脑追求价格;右脑追求愉悦,左脑追求健康。如果文案能解决冲突,就能让消费者找到消费的理由。

例如,很多人都在好身材与食物之间有着明显冲突,既想拥有好身材,但又需要补充能量。某商家就推出高膳食纤维的麦片,如图11-12所示为该麦片的文案。文案的"0卡糖"和"非膨化"告诉消费者该麦片能帮助保持身材,而"高膳食纤维"则可以为人体补充能量,告诉消费者这款产品能解决冲突,促使其下单购买。

4. 情感营销

情感营销指在文案中注入情感或情怀,增加品牌的感性特质,使消费者产生认同感,从而使产品更具竞争力。例如,某酒类产品文案,针对都市青年的心理进行营销,很快就占据白酒市场份额。如图11-13所示,通过文案"'今天又加班到这个点之类'朋友圈就别发了,毕竟谁都在奋斗。回家小酌一瓶奖励自己,就够了。"激起加班白领的情感共鸣。

图11-12 某解决冲突的文案

图11-13 某白酒文案

> **注意**
>
> 情感营销文案主要是通过释放品牌的感性特质来打动消费者,获取消费者的认同,至于产品的卖点、功能等方面的介绍,可以有也可以没有。

5. 搭建使用场景

如果能通过文案搭建产品的使用情景,则可以让消费者产生对产品的联想和需求。如图11-14所示某帐篷的文案即是如此。该文案采用文字形式展示了帐篷的大小尺寸、容纳

人数等信息，并采用图片形式展示了一家三口在外露营的图片，让消费者联想到自己一家人在这顶帐篷里会有什么样的快乐时光，从而产生一种强烈的代入感，最后忍不住下单购买。

电商文案大多属于销售型文案，它的作用在于向消费者展示产品的卖点，促使消费者产生购买行为。在撰写电商文案时应避免复杂的修辞和文字游戏，因为这些因素不利于消费者阅读理解；同时，还应避免使用负面或贬低他人产品的信息，这有可能被平台判定为违规文案，从而导致处罚。

图 11-14　通过搭建场景来创作的文案

11.2　微淘：社区型营销

微淘是移动端的重要板块，其定位是便于移动端消费者购物服务。微淘是一个社区化的营销方式，商家可用微淘来实现导购、销售、互动。

微淘在移动端有明显入口，如图 11-15 所示。微淘属于典型的内容运营，商家可在微淘中发布文字、图片、视频等内容，来吸引消费者的关注和互动。如图 11-16 所示，微淘内容包括"关注""上新""直播""种草""福利"等板块，包含以图文、直播、消费者评价、活动等类型的营销方式，可以从多方面触及消费者。

图 11-15　微淘入口

图 11-16　微淘内容一览

11.2.1 发布微淘信息

商家运营微淘,粉丝和内容很关键。粉丝是营销基础,粉丝越多,其生产的内容才有机会被更多人看到;内容更是直接决定了营销效果,只有符合消费者需求的内容,才能得到青睐。商家可发布的微淘内容包括店铺上新、好货种草、洋淘秀、主题清单及粉丝福利。这里以发布一条店铺上新为例,讲解发布微淘的步骤。

第 1 步:打开"卖家中心",单击"自运营中心"下的"发微淘",如图 11-17 所示。

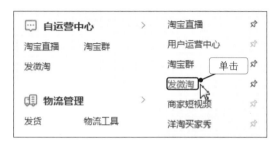

图 11-17 单击"发微淘"

第 2 步:跳转到发微淘页面,单击店铺上新中的"立即创作"按钮,如图 11-18 所示。

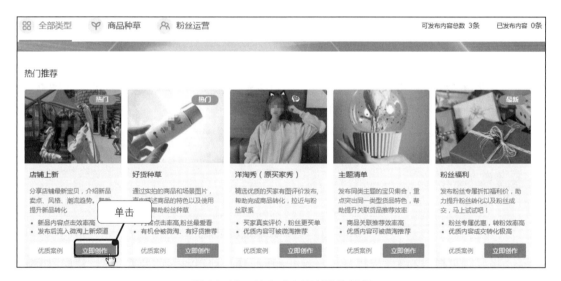

图 11-18 单击"立即创作"按钮

> **注意**
>
> 初次发布微淘的商家,如果不确定自己想发布什么内容,可逐个查看店铺上新、好货种草中的优秀案例,加深内容理解。

第 3 步:跳转到阿里创作平台,添加上新产品并完善上新描述、添加活动等信息,单击"发布"按钮,即可成功发布一条新微淘信息,如图 11-19 所示。

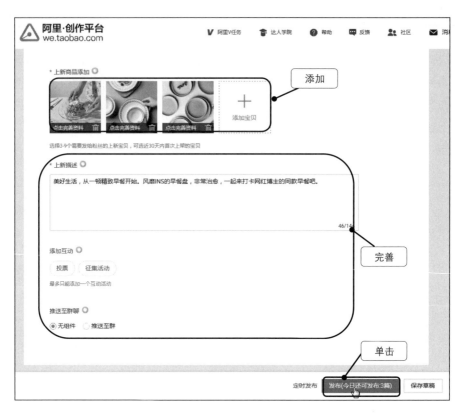

图 11-19　完善微淘内容

商家在发布微淘后，可在"全部作品"中打开每条微淘的详细信息，还可完成查看评论数、分析情况、设置推广等操作，如图 11-20 所示。

图 11-20　打开微淘的详细信息

微淘的篇幅可根据内容来安排，长短皆可。但根据移动端消费者阅读习惯，建议用简短文字描述内容即可，篇幅如果过长反而不利于阅读。

11.2.2　微淘运营的方法

商家在开通微淘服务后，首要工作是积累粉丝。账户积累的粉丝越多，内容被传播的可能性越大。所以，微淘运营的首要条件就是吸引更多粉丝关注。商家在设置账号时，应注意账号的定位和命名，能让粉丝快速知道该账号的功能。在命名时注意避开生僻字，用与店铺相关的名称会更容易被粉丝搜索到。

另外,商家也可以在消费者购物过程中引导消费者关注,如在包裹中或包裹外贴微淘二维码,并添加相关提示——"关注微淘,有礼相送"。商家也可在店铺首页放置关注有礼的导语引导消费者关注,如图 11-21 所示。

商家可在旺旺群、微信群、微博等社交软件上,用巧妙的方式将微淘二维码或产品、店铺信息展现在网友眼前,获得更多关注。同时,商家还可使用下列方法吸引更多粉丝。

图 11-21 在店铺首页放置"关注有礼"导语

- 策划活动:为了吸引关注,商家可在微淘中策划活动,如赠送礼物、代金券等,让消费者主动关注微淘,评论微淘内容,从而增加微淘粉丝数。
- 制造消费者感兴趣的内容:想要吸引消费者关注,其内容尤为关键。只有生产制造出消费者感兴趣的内容,才会被消费者接纳。部分商家由于心急,一味地在微淘内容中发布产品信息,但这样的内容反而不容易被消费者接受。
- 让消费者有所收获:想要长远地留住粉丝,就要让消费者有所收获。例如,举办签到有礼、收藏有礼等活动,赠送粉丝小礼物;或者分享生活中实用的技巧性内容来吸引粉丝。
- 注重互动:想要增进与客户的关系,需要在微淘中加入感情地去和粉丝互动,如点赞、提问、回复等。

11.2.3 实战:LOVO 家纺微淘活动

早在 2016 年"双十一"活动中,LOVO 家纺(以下简称"罗莱家纺")旗舰店曾经创造微淘最高盖楼的记录,高达 60 万条评论。2019 年是罗莱家纺上市 10 周年,它在与天猫合作的超级品牌日中,创造了微淘盖楼新纪录,高达 168 万条评论。2019 年 3 月 14 日活动开始,截至 3 月 21 日 23:59,罗莱家纺官方旗舰店总结盖楼评论楼层数为 1688689 楼,如图 11-22 所示。

罗莱家纺为了这次 10 周年微淘盖楼活动,联系了巴拉巴拉、九阳、伊芙丽、索菲亚等多家品牌联动,在微淘盖楼、淘宝直播、微博传播等方面都取得了不错的效果。在流量红利减少的情况下,这种通过相似消费人群的不同类目之间的品牌联合营销活动,为店铺获取了更多流量与曝光度。

为了吸引更多消费者参与到盖楼活动中,本次微淘盖楼活动从首页的图片展现出粉丝点击最高的利益点文案,如"一键动手 中奖概率高达

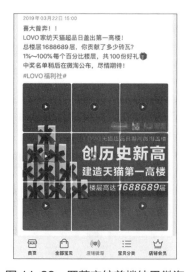

图 11-22 罗莱家纺盖楼结果微淘

99%"。从商家的角度出发，罗莱家纺借助超品日这种官方活动，通过盖楼来进行"种草"，最主要的还是"吸粉"，抓住官方的流量，为店铺增加粉丝。活动期间，3月17日最高带来新增粉丝82835人，累计带来粉丝8.6万人，取得良好的活动效果。

11.3 直播：强互动营销

淘宝直播的问世开启了"边看边买"的模式，弥补了传统电商直观性不够、互动性较差的短板。直播通过场景互动，加深消费者对产品信息的接受度。直播相较于传统的图片和文字，能让消费者更为直观、全面地了解产品的功能、材质、样式、尺码和颜色等参数。满足开通淘宝直播的商家可开通直播来营销推广产品，促成更多订单。

主播边播边卖，消费者边看边买，形成了一种新的消费模式。在直播过程中，消费者可针对产品直接提出疑问和要求，主播也可即时解答，使得整个交易过程也十分方便、快捷。根据数据显示，在2020年的"双十一"活动期间，共有33个淘宝直播间成交额过亿元，近500个直播间成交额过千万元。知名淘宝主播薇娅，早在2016年5月就与淘宝直播结缘，在短短的四个月里引导成交额高达1亿元；在2018年的"双十一"活动中，全天直播间销售金额超过3亿元。知名淘宝主播李佳琦，2016年底参加某淘宝直播项目比赛，签约成为一名美妆达人，现全网粉丝已有数千万，这些知名主播的带货能力实在令人惊叹，同时也吸引了不少素人主播、店铺商家入驻直播平台，以直播形式将产品与消费者紧紧联系在一起。

11.3.1 直播购物新方式

淘宝直播现已发展成为主流购物方式，其展位也覆盖电脑端、移动端多个显眼位置，如图11-23所示为移动端的淘宝直播入口。淘宝直播涵盖多个类目，如穿搭、男士、亲子、珠宝、家居、美食等。如图11-24所示为淘宝直播内容一览，系统会根据消费者的信息推送其可能感兴趣的内容。

图11-23　淘宝直播入口

图11-24　淘宝直播内容一览

淘宝直播间与传统的娱乐直播间不同，淘宝直播间除了展示主播画面、互动页面外，还可以直接上架产品，展示产品信息，如图 11-25 所示。当消费者对主播提及的产品感兴趣时，可直接点按，进入产品详情页，如图 11-26 所示。

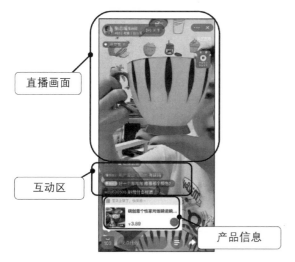

图 11-25　直播页面截图　　　　图 11-26　从直播间进入产品详情页

对于电商商家而言，直播营销共有 3 种方法：其一是商家自己去直播；其二是设置直播岗位，招聘熟手直播；其三是找直播达人偶尔直播一次，推广店内产品。以上 3 种方法各有其优缺点，商家可根据实际情况选择合适的方法，让产品通过直播的方式与消费者见面。

11.3.2　开通淘宝直播

淘宝直播更专注售卖产品，其售卖的方式也更直观、互动性更强。商家如果想开通淘宝直播，可单击卖家中心中"自运营中心"的"淘宝直播"，如图 11-27 所示，根据提示完成操作即可开通。

部分商家也可选择在阿里 V 任务平台开通直播账号，开启直播生涯。其实，只要是有淘宝账号的用户，都可以开设自己的直播店铺，创建直播间，上架产品。具体方法也很简单，在手机端下载淘宝主播 APP，点击"主播入驻"按钮，如图 11-28 所示。在跳转到主播入驻页面后，根据提示完成实人认证（面部识别确认为本人），点击"直播开店"按钮，设置店铺昵称，选中"同意以下协议"单选按钮，点击"完成"按钮，如图 11-29 所示。

图 11-27　点击"淘宝直播"按钮

图 11-28　淘宝主播首页

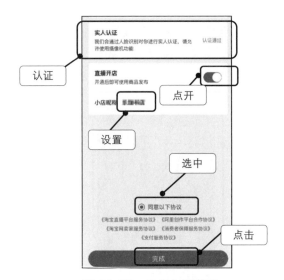

图 11-29　主播入驻页面

完成以上操作后，即可创建一个淘宝主播账号。为方便直播，还需要进一步设置直播间。在手机端打开并登录淘宝主播账号，点击"开直播"按钮，如图 11-30 所示。跳转到开直播页面，上传或拍摄直播封面图，填写直播间名称，点击"开始直播"按钮，即可开始直播，如图 11-31 所示。

图 11-30　点击"开直播"按钮

图 11-31　设置直播信息

进入直播间页面，如图 11-32 所示，可进行添加产品、分享直播间、结束直播等操作。以添加产品为例，点击"添加"按钮，即可进入选择产品页面，如图 11-33 所示，任意添加需要在直播间介绍的产品，返回直播间页面即可在购物车中看到该产品的详细信息。

在直播中或直播结束后，可查看该场直播的数据，如图 11-34 所示为某场直播的数据，包括观看次数、直播间浏览次数、最高在线人数、封面图点击率等数据。直播人员可根据这些数据来调整直播内容。例如，某场直播的封面点击率特别低，下次直播时，可考虑更换一张更具吸引力的封面图。

图 11-32 直播间页面

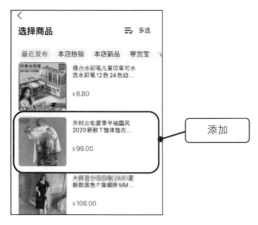

图 11-33 添加产品

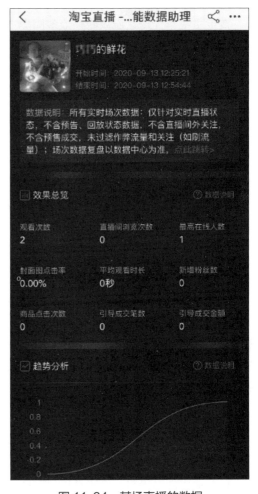

图 11-34 某场直播的数据

在直播过程中，主播或商家还可以选择直播清晰、设置镜头和美颜功能等，让直播画面更具美感，受到更多消费者的喜爱。

11.3.3 策划直播内容

商家如果想通过直播售卖产品，粉丝的数量尤为关键，粉丝越多，卖出的商品也就越多。因此，如何吸引粉丝关注尤为关键。通常，只有在直播间的内容受欢迎时，被关注的可能才更大。那么，什么内容才能受欢迎呢？一般来说，具备专业性、趣味性、互动性等特点的内容较受欢迎。

1. 专业性内容

无论什么类型的主播，都一定要有过硬的专业能力，产出具备专业性的内容，才能得到消费者的认可。例如，有的热门淘宝主播，在淘宝直播平台会有几千万的粉丝，广受粉丝们的喜欢。

淘宝主播李佳琦之所以能在众多同类主播中脱颖而出，就是源于他对美妆行业和直播行业都有着较深的理解与过硬的能力。在美妆方面，他能迅速说明哪些产品适合哪些肤质，针对哪些皮肤问题能有哪些解决方法；在直播中，他能一边演示产品的使用方法并详细解读产品的优点，又能一边分析产品是否受欢迎，提醒上链接、补货及回应海量弹幕，非常具有专业性。因此，作为一名专业主播，其产出的内容必须也具备专业性。

2. 趣味性内容

在直播行业中，趣味性，指引人入胜、生动风趣的表达方式。很多消费者在生活工作的重压下，喜欢看一些幽默风趣的内容来放松心情。如果主播能产出具备趣味性的内容，自然能得到消费者的喜爱。例如，喜欢用方言配音的主播"果子哥哥"，凭借幽默风趣的重庆方言，在抖音平台已收获几百万的粉丝。

主播在直播时，如何才能生产具有趣味性的内容呢？

首先，直播形式可以多样化。例如，某知名娱乐主播起初只是室内直播，后来走向街头，开始室外直播，还亲切地与路人合影，带给粉丝不一样的感觉，受到粉丝们的追捧。

其次，主播还可用幽默语言控制好直播间节奏，营造出轻松愉快的直播氛围。主播平时可多看经典相声、小品，去体会幽默点；更要有大气量，开得起玩笑，甚至学会自黑；网络每天都会更新趣味段子，主播在闲暇时间可以关注几个热门的段子手，把看到的段子转述在直播间中，博得粉丝一笑。

3. 互动性内容

通过直播可以与消费者互动，高质量的互动可以增强主播与消费者的黏性。常见的直播互动内容有游戏、连麦、点播等。

在直播中加入游戏，可以直接与粉丝互动，还能活跃直播间氛围。同时，主播还可以通过连麦来增加产品销售，同时吸引消费者关注。部分平台还支持消费者与主播连麦，可与直播通过语音交流，更是提高了粉丝的积极性。例如，快手平台推出聊天室功能，主播可以在直播中开通，邀请粉丝一起K歌。部分主播也会推出热门活动吸引消费者参与互动，如策划开播福利，在直播开始前的3分钟内，在主播的引导下打出有机会获得奖品的弹幕。用这种福利的方式，刺激消费者参与互动。

11.4 短视频：丰富的内容营销

短视频指播放时间较短的视频，如抖音短视频、快手短视频、淘宝短视频等。短视频营销本质上是一种以互联网为载体，以短视频为基本工具，以丰富的内容为竞争力的网络营销方式，其主要目的是变现盈利。

淘宝作为电商平台，已经有其固定访客，有着巨大的流量优势。淘宝站内短视频从 2017 年发展至今，已经应用到多个展位中，如主图视频、详情页视频、每日好货等板块。

据悉，短视频对不少产品都起着良好的转化作用，能刺激更多消费者下单购买产品。打开视频，可以看到下方带有商品具体链接和价格。消费者在查看视频时如果对视频里的产品感兴趣，可直接购买商品。

商家如果具备视频制作能力，可自行拍摄、上传视频；如果认为自制视频费时费力，效果不佳，可将视频外包，让对方按照自己的要求拍摄视频。

11.4.1 根据消费者特征策划短视频内容

短视频是电商购物的趋势，它有利于提高产品的转化，也有利于产品加权。商家可以策划出有吸引力的短视频内容来吸引消费者。在策划短视频内容前，需要对消费者特征进行分类，并根据不同特征的消费者生产出不同的内容。以淘宝平台的消费者为例，可大致分为以下 4 种消费者。

- 快消消费者：购物目的明确，可用"快"和"准"来形容，针对这类消费者的购物特点，生产的内容应该在最短的时间内表达出重点内容即可，如表明产品性比价高、优惠幅度大，让消费者在短时间内决定买还是不买。这类短视频时间一般控制在 9～30 秒，投放在产品主图或详情页。
- 无目的性消费者：这类消费者没有购物目的，由于自身时间多，喜欢看新鲜、好玩的东西。针对这类消费者，可在周末投放一些带故事情节的短视频。
- 品位型消费者：这类消费者生活质量比较高，比起价格，更注重产品的质量。针对这类消费者所生产的短视频应体现产品质量，也要呈现出更精美的视觉效果。
- 刚需消费者：消费者对产品有着急切的需求，主要集中在家电类目。针对这类消费者所生产的内容要展现出消费者在使用过程中的细节，如产品介绍、测评、售后及使用教程等内容。

以售卖产品为目的的短视频，应以展现产品卖点为主，让消费者通过视频内容了解产品信息，并产生购买欲望；娱乐性短视频则可以趣味性为主，让消费者被内容吸引，从而愿意主动分享、关注该视频账号。

11.4.2 制作短视频的步骤

有制作能力的商家，可以自己制作短视频来营销产品；部分没有制作能力的商家，则可以寻找外包公司来按照自己的要求制作短视频。如果商家要自己制作短视频，需经过寻找选题、整理素材、设计剧本、正式拍摄及后期制作等步骤，如表 11-1 所示。

表 11-1 制作短视频的步骤

步骤编号	步骤名称	具体内容
第 1 步	寻找选题	选题决定短视频内容的方向，商家可以建立选题库，策划多个主题，选取其中一个使用；并在分析竞争对手后，借鉴其优质内容，但想要被人记住，也不能一味地借鉴，会导致自己没有辨识度；最后，还得对选题进行包装，让选题更具吸引力
第 2 步	整理素材	在确定视频的选题后，可以着手准备素材。素材指从实际生活中搜集到的、没有整理加工过的、分散的原始材料。整理素材时，要提炼出一个中心点。如策划一个以故事为选题的短视频时，应整理出整个故事的时间、地点、情节等
第 3 步	设计剧本	在策划短视频内容时，要根据实际情况来设计剧本。剧本所呈现出的内容较为详细，包括人物动作、对话等细节
第 4 步	正式拍摄	需要组建优质的创作团队，正确选取拍摄器材，并合理利用场地，拍摄出视频内容
第 5 步	后期制作	拍摄好的视频内容可能不够完美，需要对其进行剪辑、设置转场，添加滤镜、背景音乐、字幕等操作，让整个视频看起来更具冲击力

注意

可进行短视频后期制作的软件非常多，如小影、巧影、快剪辑、爱剪辑、会声会影、Adobe Premiere 等，商家可以多尝试，选择符合自己需求与使用习惯的软件来进行后期制作。

第12章

客服越好,生意越火

本章导读

客服作为与消费者沟通的桥梁,对订单转化起着重要作用。商家应注重客服管理,通过提升客服服务质量,给消费者留下良好印象。要做好客户服务,首先要了解如何建设并管理好客服团队,再从沟通技巧、询单转化技巧等方面进行提升。

12.1 建设一支精干的客服队伍

客服服务质量在很大程度上决定了消费者的购买意向,好的服务自然能提高转化率,且有机会把消费者转化为回头客;而差的服务,则会导致消费者流失,对网店造成损失。因此,客服管理也是网店运营中的一大重点,如何建立起一支精干的客服队伍,是商家应该高度重视的问题。

12.1.1 客服工作的重要性

电商商家将自己的产品展示在网页上,供客户浏览选购,而消费者在线购买产品,买卖双方基本不会见面。在消费者需要咨询任何问题时,可以通过即时通信软件(如阿里旺旺)向网店的客服进行询问。客服是电商团队中人数较多的一个群体,也是店铺最重要的岗位之一。客服工作的重要性主要体现在塑造店铺形象、提高产品成交率和维护客户这3个方面。

1. 塑造店铺形象

客服作为产品和客户之间的重要沟通桥梁纽带,起着重要作用。在与客户交流过程中,客服人员可以通过客户的文字交流来揣测其年龄、性别、偏好等信息,并分析、满足店内客户需求,促成更多订单。这种线上沟通方式还让客服人员有更多的时间来组织语言,从而提高客服人员的利用率,同一名客服人员可以同时与几名甚至十几名客户交流。

在客户提出疑问时,客服如果能给出及时耐心的回答,则容易给客户留下好印象,加深客户对该产品及其相关服务的信息。周到热情的服务,不仅能促使客户下单购物,还能给客户留下好印象,获得客户的信任,为客户返购打下良好的基础。

2. 提高产品成交率

好的客服,往往有一定的营销方法,能在为客户答疑时精准抓住客户需求,并适时向其推荐合适的产品,从而提高产品成交率。例如,当某客户询问A产品的材质时,客服可在讲解该产品材质时,顺带介绍与该产品相关联的B产品,并以同时购买两个产品可享受折扣为福利来促使客户下单购买两个产品。在提高产品成交率的同时,也提高客单价。

3. 维护客户

客服不仅可以服务于新客户,还可以维护老客户,促成多次回购。例如,当客户在店内完成订单后，客服可以通过建群、发放优惠券等方式，刺激客户二次购买产品。

客服是整个电商从业人员中与客户接触最为密切的角色。客服能通过交流掌握客户的喜好、满意与否等信息，并将之反馈给运营人员，方便运营人员调整产品或销售策略。

12.1.2 客服团队建设与培训

决定客服服务质量高低的，并非单个客服的服务水平，而是整个客服团队的协作能力。只有团队里每个人都发挥好岗位技能，尽到自己的职责，才能让团队做好客户服务工作。

通常，客服团队主要成员包括如图 12-1 所示的客服主管、客服组长、客服组员。根据客服职能规划，客服又包括售前客服、售中客服及售后客服。

图 12-1　客服团队主要成员

- 客服主管的主要工作包括培训管理客服组长和客服组员，如明确工作职责、制定工作流程、制定绩效考核并负责客户满意度的调查、分析和优化。
- 客服组长的主要工作包括监督管理客服组员的工作，如检查客服组员的日报、周报、月报，及时发现客服组员在工作中存在的问题，并协助解决。
- 客服组员的主要工作是把客服工作落到实处，包括解决消费者的售前、售中和售后问题。

商家在组建好客服团队后，应该展开客服培训工作，如店铺发展、产品知识、客服技能等内容；当客服团队在运行过程中，也应不定时展开培训工作，如新品知识、问题交流等。这里以客服岗前培训为例，讲解主要培训内容。当一个新手客服进入团队，应该对公司简介、产品知识、平台规则等内容展开培训，以便客服快速上手工作。

1. 公司简介

新手客服在工作之前，应该对店铺有个基本了解，如店铺简介、店铺定位、人员架构、工作制度等，有利于建立新客服的团队意识，迅速融入工作中。

- 店铺简介：包括店铺创建时间、业务范围、店铺规模、店铺发展及创始人的创业故事等，让客服更全面地了解公司，对公司的发展充满期待。
- 店铺定位：包括店铺整体风格、目标消费者等。熟悉店铺定位，有利于在今后接待消费者时，知道如何抓住消费者的痛点，刺激消费者转化。
- 人员架构：给新客服介绍公司内的人员架构，使之熟悉领导和同事，便于在今后遇到问题时，能迅速与其他人衔接。
- 工作制度：包括工作流程、工作要求等，如上下班时间、轮班方式、请假轮休奖惩等。

> **注意**
>
> 商家可以根据客服人员特点安排岗位，使其人物特点与工作内容结合。例如，外向乐观的客服更适合担任售前客服工作。对于新招的客服，可安排轮岗，分别到售前、售中、售后岗位工作一段时间，使其熟悉各岗位工作之后，再根据表现和性格特点定岗。

2. 产品知识

客服在日常工作中，被消费者咨询最多的问题集中在产品上，如产品细节、使用方法、规格型号等。客服只有在最短的时间内给出最满意的答案，才能让消费者感到满意。因此，一名新手客服必须在岗前培训中了解产品知识。

为了让客服在培训期内熟悉产品知识，商家应提前编制好产品资料，供客服学习。产品资料主要包括产品的规格、尺码、材质、使用方法、可能出现的问题等。例如，对于一款蜂蜜，可以介绍的知识点包括蜂蜜的种类、效用、价格、食用及使用方法，以及如何辨别蜂蜜的好坏、自家蜂蜜的特点、蜂蜜的搭配销售等。

当然，蜂蜜可介绍的知识点远不止以上几点，还包括自家蜂蜜与其他蜂蜜相比的优势、蜂蜜的售后问题等，商家可根据产品特点，拓展产品资料。

3. 平台规则

在电商平台开网店，就必须遵守平台规则，否则就会受到处罚，为店铺带来损失。为避免客服人员违反规则，在岗前培训中，应对客服人员进行平台规则方面的培训。需要注意的是，不同的电商平台有不同的交易规则，而且随着时间的变化其规则也会发生变化，因此商家应定期或不定期地进行培训，以巩固或更新客服人员的规则知识。

商家应关注平台规则变化，并在新客服入职时，对新规则进行讲解。例如，淘宝商家可打开淘宝网"规则"页面，查找相关规则。如图12-2所示为淘宝平台与"消保及争议处理"相关规则的部分截图。

图12-2　淘宝平台与"消保及争议处理"相关规则的部分截图

当然，客服并不需要详细了解每个规则，只需大致了解与交易、商品、服务相关的一些规则，做到在工作中不违反规则即可。

12.1.3 客服人员的基本要求

客服是店铺为消费者直接提供服务的重要渠道，客服人员的服务好不好，直接影响到店铺的声誉和形象，对一个店铺起着重要作用。因此，商家在挑选客服人员时，必须秉着认真、严谨的态度，严格按照要求进行挑选。那么，客服人员又应该具备哪些条件呢？

1. 善于交流

客服作为一个与人交流的岗位，应善于交际与表达。部分人在生活中可能性格内向，不善于表达自己，但只要在网络中能擅长表达即可。有的客服人员，因为自己在工作中的幽默风趣走红网络，这样的客服就更加难能可贵了。

善于交流对于客服人员来说有多重要呢？如果客服人员在接待消费者时，保持一问一答的机械交流方式，容易给消费者造成一种"客服很冷漠"的感觉，降低消费者的购物体验，造成消费者流失。因此，客服人员在与消费者交流过程中，应保持积极、主动的态度，主动帮助消费者解决问题，从而刺激消费者转化。

2. 专业的技能

客服人员必须具有专业的技能，如了解产品知识、熟悉平台规则、懂得维护老客户等。因为，客服人员在工作中经常遇到消费者提出关于产品的问题，这时必须能快速、准确地给出答案，才能让消费者感到满意，促进更多交易转化。同时，客服还需要掌握娴熟的沟通技巧、良好的文字语言表达能力，熟练运用聊天工具。

在网络时代，运营方式、方法不断地发生着变化，客服人员还要保持乐于学习的习惯，主动接受新事物、新方法，才能助力店铺的发展。

3. 良好的心理素质

客服作为一个为消费者服务的岗位，必须具有良好的心理素质，如具有一定的抗挫折、抗打击能力，具有较强的应变能力和情绪调控能力。在面对素质不高的消费者时，也能从容面对，给出合理建议。

客服工作时间的特殊性，还要求客服人员能适应不同的工作时间。例如，很多网店的客服人员上班时间呈现两班倒状态，早班从8点半到下午5点半，晚班从下午5点到晚上11点，客服人员需要适应这种上班规律。

不同的店铺对客服人员的要求可能不同，如有的商家在创业初期，还需要客服人员入镜直播，要求客服人员有应变能力和讲解能力，这些能力都是以良好的心理素质为基础的，因此客服人员平时应注重修炼"内功"，提高自己的心理素质。

12.1.4 客服人员的工作职责

客服根据工作内容，可分为售前、售中和售后3种，每种岗位之间相互关联、相互影响。售前客服做好接待工作，能协助消费者下单；售中客服可以帮助消费者解决售中问题；而售后客服可以解决消费者的售后问题，为产品、店铺争取更多好评、回头客。那么，这3种客服人员应该承担什么工作职责呢?

1. 售前客服

当消费者筛选出心仪产品时,常常会主动联系客服人员,询问产品细节。如消费者会询问客服运费险、尺码等问题,可由售前客服接待。

售前客服一般是解答消费者的疑问,给出合理建议,辅助消费者下单,所以其主要工作包括知识储备、接待消费者、督促消费者付款、确认订单信息等。

- 知识储备:包括店铺知识、产品知识。当消费者提出疑问时,客服人员应在最短的时间内给出最精准的答案。例如,如果消费者询问客服人员能穿什么码,客服人员久不回答,或直接说自己也不清楚,那消费者可能会认为自己穿不了该产品,将会直接跳失。
- 接待消费者:包括回答消费者疑问、给出关联建议等。如果消费者问一句,客服人员答一句,那么是很难促成交易的。首先客服人员要保持积极的态度,在回答消费者问题的时候,主动说起其他话题,吸引消费者下单。例如,如果客服人员在回答完消费者咨询尺码的问题后,加上一句"我们家主要就是做大码女装的,过于消瘦的女孩穿不出理想效果,您的身材完全适合这条裙子,而且这条裙子搭配这件牛仔外套,又是另外一个风格,您可以看看",这样会更好地打动消费者。
- 督促消费者付款:部分消费者在下单后,还处于一个犹豫阶段,这时,如果能再给消费者吃一颗定心丸,必定能促使消费者付款。例如,消费者询问尺码时,客服人员给出建议后,可用优惠券的形式促使消费者付款,以诸如"亲,喜欢就别犹豫。今天这条裙子在参加活动,很划算。错过今天,不知道下次得等什么时候了"这类话术打动消费者。
- 确认订单信息:待消费者下单并付款后,客服人员需向消费者确认订单信息。有的消费者存在留错地址或电话等情况,将影响订单进行。因此,售前客服在消费者下单后,应主动联系消费者确认订单信息,减少出错的可能。

2. 售中客服

与售前和售后工作相比,售中工作难度偏小,主要负责商品库存确认、订单变更通知、发货通知等。例如,某产品发出快递时,由售中客服将发货信息、物流信息整合成短信,发送给消费者。

一方面,很多消费者都很关注产品的物流信息,因此售中客服主动给消费者发送发货短信,有利于提升消费者对购物体验的好感。另一方面,如果订单出现意外情况,也应由售中客服主动联系消费者,并取得对方的谅解。除了服务消费者外,售中客服还需要与库房做好衔接工作,减少由于交流不及时出现的库存问题。

> **注意**
>
> 一些创业型店铺,其人员配备可能不够完善,售中客服的工作可由售前客服兼顾。

3. 售后客服

售后客服主要负责解决消费者的售后问题,如退换货、评价处理,及维护消费者、回访消费者,给对方留下好印象,达到二次转化的目的。

当消费者在收到产品后认为产品有问题时,通常会联系客服人员。售后客服如果能解决好消费者的问题，则能顺利完成订单；但如果解决不了消费者的问题，则会引发消费者退换货。如果是消费者单方面不想要产品，提出退换货不会有什么负面影响；但如果消费者因为对产品不满提出退换货，则产品容易被系统判断为质量不好，而降低其搜索权重，这会对店铺造成一定的损失。因此，售后客服必须做好本职工作，尽可能地为消费者解决问题。

当一笔订单结束后，消费者与商家都可以对此笔订单做出评价，而且消费者的真实评价还影响着其他消费者的转化率，所以，当消费者做出好评时，售后客服应在后台给出感谢性的回复评价；当消费者做出中差评时，售后客服应及时联系消费者，协商给予差评的理由，并解决消费者的问题，尽量扭转差评。

另外，为了唤醒更多老客户，售后客服还可以回访老客户，在收集产品的反馈信息的同时，提高商家在消费者心中的存在感。回访可采用短信、旺旺等形式，加上一定的福利引导，会有较高的反馈率。

部分店铺统一由售前客服接待消费者，当遇到售后问题时，再转由售后客服解决。例如，某售前客服在了解消费者退货需求后，转由售后客服进行处理。

售前、售中、售后客服对于网店来说都至关重要，商家可在培训中反复强调客服人员的基本职责，让客服人员将其牢记在心，并付诸实践。

12.1.5 客服考核的重要指标

俗话说"没有规矩，不成方圆"，想调动客服的工作积极性，就要有奖有罚。对于工作表现好的客服，给予相应奖励；对于工作差的客服，则应给予相应的惩罚。那么，如何衡量客服工作的好与坏呢？

商家可以量化客服工作相关的数据，并根据数据来考核客服工作。例如，可以查看客服的响应时间、主动性、接待量、好评率数据来分析客服人员是否具有服务能力；又如，可以查看询单转化率、客单价等数据来分析客服人员是否有营销能力；对于售后客服，还可以查看退款速度、退款纠纷率、退款原因归类等数据来分析客服人员解决问题的能力。

1. 响应时间

客服人员响应时间分为首次响应时间和平均响应时间。首次响应时间指客服人员从收到消费者咨询信息到第一次回复的间隔时间。一般情况下，首次响应时间应控制在 14 秒以内。

平均响应时间指客服人员与消费者的整个交流过程中，回复问题时间的平均值。一般情况下，平均响应时间应控制在 16 秒以内。

客服组长、主管应不定期抽查客服响应时间，与响应时间过长的客服人员沟通，询问响应不及时的原因，并给出改进建议。

> **注意**
>
> 售后客服不仅要关注响应时间，还要关注退款速度，其计算公式为
> $$客服退款速度 = 本店退款速度 \div 行业退款速度 \times 140\%$$
> 对于退款速度慢的客服，客服组长应给予培训、指导。

2. 询单转化率

询单转化率指客服人员接待的询单访客数量与下单消费者的数量之比，其计算公式为

询单转化率 = 下单购物的顾客数量 ÷ 接待的询单顾客数量

对于咨询的消费者，客服人员都应该有技巧地引导其促成交易。正常情况下，一名合格的客服人员转化率应达到 60%；优秀的客服人员应达到 70%。客服人员的转化率越高，说明其工作能力越强。对于询单转化率低的客服人员，客服组长、主管应对其进行询单转化的培训，如果经过培训仍然不理想，则可以考虑调岗至售后客服。

3. 客单价

客单价指每个订单的平均单价，其计算公式为

客单价 = 总销售额 ÷ 总订单数

客服客单价的金额越高，越有利于店铺的发展。想通过客服人员提高客单价，就需要客服人员掌握一些技巧，劝说消费者购买多件产品。此外，也可以通过一些优惠来提高客单价，如满减券、搭配套餐等。

- 设置满减活动，吸引消费者购买更多产品。例如，某产品成交价格为 179 元，可以设置一个全店满 199 元减 30 元的活动。当消费者咨询时，可以直接告知消费者产品参加该活动，多选一个产品参加满减活动，这样更划算。
- 设置搭配套餐，比单独购买略有优惠，刺激消费者购买套餐。例如，当消费者只购买一个洗面奶时，客服可以告知该洗面奶搭配某某产品，可享受 7 折福利，从而刺激消费者购买套餐产品。

客服人员要善于说服消费者尽可能多地购买产品，提升客单价。客服组长、主管，可按周、月对客服客单价进行统计，对于客单价高出平均水平的客服人员给予相应的奖励。

当然，考核指标远不止上述 3 种，还包括接待量、处理投诉问题等。商家可在合理范围内设置考核方案，秉承着公平、公正、公开原则，将考核方案落到实处。例如，表 12-1 所示为某天猫店铺的售后客服考核表。

表 12-1　某天猫店铺的售后客服考核表

考核指标	分值	指标定义 / 计算公式
退款速度	5	客服退款速度 = 本店退款速度 ÷ 行业退款速度×140%
退款纠纷率	5	根据商家中心的纠纷率数据评分： 纠纷率为 0，则分值为满分 5 分 纠纷率为 0.01%，则分值为 5×70%=3.5 分 纠纷率为 0.02%，则分值为 5×60%=3 分 ……
退款原因正确归类	14	不定期通过聊天记录抽查消费者的退款原因分类，发现有不正确的分类，视情节严重扣分
服务态度	40	根据赤兔数据中的中差评率扣分： 对于消费者在评价中点名指责的客服，每次扣 5～14 分

续表

考核指标	分值	指标定义/计算公式
问题处理及时率	15	根据客服平时的工作报告，应及时处理各类问题，如有延迟扣2～5分
独立处理能力	14	根据客服平时工作评分： 客服能独立处理90%的售后问题，满分14分 客服能独立处理80%以上的售后问题，7～9分 客服能独立处理70%以上的售后问题，6～7分 客服能独立处理60%以上的售后问题，0分
部门协作	5	根据客服平时工作评分： 工作中十分积极主动配合的客服，满分5分 能主动配合部门工作，并取得部门满意的客服，4分……
工作主动性	5	根据客服平时工作表现评分： 工作积极主动，遇到问题及时解决处理，满分5分 工作上按部就班，遇到问题也能解决但时间长，2～3分 工作被动，无法解决问题，0分
学习与分享	5	由客服组长打分： 对于进步速度快，办事效率高的客服，满分5分 对于有进步、办事效率一般的客服，3～4分 对于没有进步，在组长帮助下能完成工作的客服，2分

对考核表中未规定的情况应另行加、减分，如为公司做出重大贡献，可给予加5～14分；违反公司其他规定，酌情扣分。考核最终分数将与收入挂钩，以此刺激客服人员提高工作效率。

12.2 客服工作技巧

同样担任客服岗位，有的客服人员能为店铺带来更多收益，而有的客服人员则引来差评连连。作为商家，应掌握客服管理技巧，提高客服工作效率与质量，为消费者带来更好的购物体验。客服管理技巧主要从提高沟通技巧、提高询单率的方法入手，为店铺带来更多订单。

12.2.1 客服常用的沟通技巧

在客服工作中，售前客服和售后客服的工作与消费者联系密切，客服人员必须掌握沟通技巧，给消费者留下好印象，才有可能转化、留下更多访客。由于售前客服和售后客服的职责略有不同，所以这里分别介绍售前客服和售后客服的沟通技巧。

1. 售前客服

售前客服的工作流程如图12-3所示，售前客服应抓住每个流程的沟通技巧，达到刺激访客完成订单的目的。

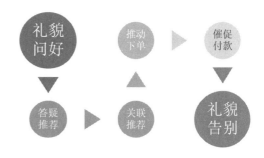

图12-3 售前客服工作流程

- 在接待消费者时，要礼貌热情地打招呼，让消费者感到心情舒畅；在用语方面，应该做到统一，如统一用"您"与消费者沟通；为了增加店铺的辨识度，售前客服也可以统一一下说话风格。例如，"微臣小李（小王、小张）刚才经历了快马加鞭赶来的阶段，让陛下久等了"，形成幽默风趣的接待风格。
- 在推荐答疑环节中，要抓住消费者的关键词进行详尽但不啰唆的回答，站在消费者的角度，思考消费者的所需所求，给予稳妥、准确的推荐。例如，当消费者来到大码女装店，告诉客服人员自己身材丰盈，担心心仪的裙子不合身时，客服人员要详细分析这条裙子是否适合她穿，并说明无理由退换货等售后保障，打消消费者的疑虑。
- 为提高消费者的客单价，很多售前客服会关联推荐，为消费者推荐更多与产品相关的关联产品。例如，当消费者询问一款笔记本电脑时，一般客服人员都会主动推荐鼠标、键盘等产品。但部分消费者在语言中明确表达出不需要其他任何产品时，客服人员应该适可而止，不再推荐。
- 当消费者在言语间表示对产品满意却迟迟不下单时，售前客服可推动下单。例如，某产品正在参加活动，则可以直接提醒消费者产品正在参加某某活动，现在下单更划算；如果产品没有参加活动，则可以说明该产品库存数量不多且下单消费者数量多，喜欢的话可以下单。
- 部分消费者在下单后迟迟不付款，有的是忘记付款，有的则是处于犹豫状态。所以，售前客服应该掌握催促付款技巧，帮助消费者完成订单。常用的催付方式主要为旺旺、短信、电话等，在催付时要让消费者感到客服人员的热情，但要注意不应对消费者造成困扰。例如，"亲，抱歉打扰您。我在下班之际留意到您有一款订单还未完成，您这边还需要什么帮助吗？如果不需要的话，我就下班了"。
- 当消费者下单并付款后，如果不再询问其他问题，则表示售前客服的工作临近尾声。出于礼貌，客服应主动与消费者告别，给消费者留下好印象。例如，"感谢您对本店的支持，欢迎您下次再来"。

售前客服的工作宗旨在于帮助消费者，而非为了达到销售目的去打扰消费者。所以，在任一环节中，与消费的沟通都要注意尺度，不然就会适得其反。

> **注意**
>
> 售前客服在接待消费者时，可能遇到很多相似度高的问题。例如，什么时候发货？发什么快递？所以，售前客服可将消费者经常问的问题整理出答案，设置为快捷回复短语，以此来提高回复速度。

2. 售后客服

与售前客服相比，售后客服更需要具备一颗容忍的心。售后客服有时会遇到无理取闹的消费者做出恶意差评、损坏产品后坚持需要退换货等情况，这时客服的沟通会变得很被动，沟通成功的概率也大大降低。针对这些问题，售后客服仍要耐心与消费者沟通，争取解决问题。

为避免消费者因为物流问题找上门，售后客服可主动跟踪物流信息，主动向消费者发送收货短信。同理，当消费者收到产品后，售后客服可以主动询问消费者是否有什么问题，如有问题给予合理建议，进而提升消费者的购物体验。例如，某食品专营店在消费者收货后，主动给消费者发出信息表明自己的服务态度。

> **注意**
>
> 客服人员在收集到消费者的意见和建议后，可将问题进行综合整理、上报给客服组长、主管，便于更好地解决问题。例如，当大多数消费者都反映产品质量问题，那商家应考虑换货源。

另外，消费者的评论对产品的转化率起着重要作用。因此，售后客服在发现消费者给予负面评论时，应主动联系消费者询问原因并给出解决方案，如果能说服消费者取消中差评则最好。

如果消费者仍保持中差评，那售后客服可在评论内容下给予回复并进行解释。例如，某客户在客服劝说下还是给了某蜂蜜差评，并提到口感不好、颜色不正，不是纯正蜂蜜。客服在客户评论下给出如下解释："感谢小主对我们蜂蜜的认真评价，我们不生产蜂蜜，只是蜂蜜的搬运工。这种天然的土蜂蜜和用香精制成的蜂蜜在口感和颜色上都存在着差异。土蜂蜜采集百花，加上酿制的时间比普通蜂蜜更长，味道更纯正。也正因如此，部分人可能会感觉有轻微辣喉感，但每个人的感觉强度不一样，有的人会认为明显，有的人又没有感觉。如果您认为口感实在不满意，在没有过多破坏包装和蜂蜜原状的情况下，是可以提出退换货的。"

这样的回复，一方面正面回应客户对差评的解释；另一方面也给其他未下单的消费者提醒，此蜂蜜更加纯正，服务也很好，如果不满意可以退换，以此提高客户下单的信心。

售后客服在服务过程中，应始终保持耐心和理解的心态去帮助消费者，使其感受到来自客服、商家的热情态度。即使消费者的态度不友好，客服也要保持热心服务的状态做服务，切不可意气用事。

12.2.2 提升询单转化的方法

当访客主动进入店铺并询问客服人员时，表示访客已经有了一定的购买意愿。此时客服人员应抓住机会，尽可能地促使访客转变为消费者，即说服访客下单购物，这样才能提高店铺的销量。为了提升客服人员的转化率，商家应记录售前客服的工作情况，并根据情况进行分析。如某天猫店铺推出如表12-2所示的售前客服日常报表，由客服组长每天填写、提交。

表12-2 售前客服日常报表

客服人员	接待人数	询单人数	当日付款人数	询单转化率	客单价/元	销售额/元	响应时间/秒	好评数
客服甲	113	67	56	83.58%	141	5656	15	15
客服乙	134	81	53	65.43%	78	4134	14	13
客服丙	125	75	39	52.00%	84	3276	27	9
……								

由表 12-2 可见，客服甲接待人数和询单人数虽然没有其他客服多，但由于询单转化率高，销售额稳居第一。也由此可以判断出，客服甲是一名工作能力很强的售前客服。那么，其他客服应该如何提高询单转化率呢？客服人员提升询单转化率的方法包括熟悉产品专业知识、熟悉店铺活动、掌握销售技巧和具有良好服务态度等 4 个方面。

（1）熟悉产品专业知识

客服人员如果能快速、准确地回答消费者的问题，就能更快地打消消费者的疑虑，增加消费者下单的可能性。例如，当消费者询问客服人员某产品的使用方法时，如果客服迟迟不回答，或回答得含糊不清，可能会给消费者留下一个不专业的形象，从而流失；但如果客服是迅速准确地告诉消费者正确的使用方法，以及一些常用的使用场景时，更可能吸引消费者下单。

（2）熟悉店铺活动

当消费者对产品没有疑问，但纠结价格时，客服人员可以主动出击，说明产品正在参加的活动，用与经济相关的福利，坚定消费者购买的决心。如客服在与消费者沟通过程中，主动提到店铺满减的信息，以此帮助消费者下定购物的决心。

（3）掌握销售技巧

掌握销售技巧的客服人员，能根据与消费者的交流信息判断出其需求，利用一定的方式方法刺激消费者下单。例如，某客服人员发现消费者很担心一件上衣是否适合自己。客服人员应主动打消消费者的疑虑："您放心吧，这款产品参加了七天无理由退货，而且我们也赠送了运费险。您收到货后，如果不喜欢，可以做退款处理的，您不用承担任何风险。"

（4）具有良好的服务态度

良好的服务态度可让消费者感受到来自客服人员与店铺的热忱，增加消费者对店铺的好感，也更容易促成订单。如美妆旗舰店的客服人员在回答消费者的问题后，主动根据消费者的肤色推荐适宜的产品，最终让消费者满意而归。

询单转化率是考验客服人员综合能力的一个重要指标，该指标应当被纳入考核指标中，并给予高分值。例如，在很多售前客服的考核中，询单转化率的分值占到 20 分，而考核指标又与客服的薪资挂钩，从而激励客服积极提升询单转化率。

12.2.3 正确处理消费者的评论

通常，电商平台为制约商家和消费者，都会制定订单评论规则。例如在天猫、淘宝、拼多多等平台中，消费者在收到产品后，可用图文、视频等形式对此次订单进行评论。这些评论将会展现在产品详情页中，一定程度上影响着其他消费者的购买意愿。特别是一些中差评，将直接导致访客流失。因此，客服人员应掌握处理消费者评论的方法，及时消除中差评。

部分消费者在给出评论之前会主动联系客服，说明自己的不满。如果客服能给出合理解决方案，解决消费者的问题，那自然更好。

通常，消费者给差评的原因主要集中在产品质量、客服态度、物流服务环节。为减少差评，商家也可以主动从这些方面入手，严格把控产品质量、提高客户服务质量、选择可靠的物流公司等。

第13章

社群运营：卓有成效的用户管理方式

本章导读

客户是店铺长期发展的关键因素，维护好客户的关系可以为店内带来更多流量及销量。社群运营就是维护客户关系的有效方法，因此商家应掌握社群运营的基础内容，如社群运营的步骤、要素及日常工作等内容。为做好社群运营工作，商家还应掌握客户分析管理、客户留存、转化管理等方法。

13.1 社群运营面面观

社群指具有共同属性（如爱好、工作、地域等）的人群的集合，商家可以根据消费者的属性将其组织成社群并进行管理，并通过运营手段，活跃并扩大社群内的消费者，使他们与产品和品牌有持续、多频的联系，促进他们经常性地进行消费。

13.1.1 池塘、鱼与社群运营

莱斯特·伟门曾说过：生产商90%的利润来自回头客，只有10%来自零星散客，少损失5%的老顾客便可增加25%的利润。因此，商家很有必要学会社群运营，分析店内消费者信息，筛选出重点消费者并进行重点维护、管理，使其发展成为老客户，为店铺带来更多利润。

无论做什么生意，通常都会有新老客户之分，老客户越多，越有利于店铺发展。如果把电商平台（如天猫）比喻成一个池塘，把消费者比喻成鱼，那商家就是在池塘边钓鱼的人。电商平台（池塘）通过策划"6·18""双十一""双十二"等活动，在各大渠道投放广告，以此吸引更多消费者（鱼）。商家想获得这些鱼，要么花高价占据更好的钓位（开直通车），要么研究有吸引力的鱼饵（优化产品信息、内容营销）。但无论采取什么方式都需要花费成本，而且随着钓鱼的人（商家）越来越多，钓鱼的难度也会越来越大。

如果商家在钓到一条鱼后，把鱼放在自己挖掘的小池塘里，那小池塘里的鱼将会越来越多。随着鱼的数量增加，商家可以把时间和精力放在自家池塘上，换着鱼饵、钓位来钓自己的鱼，以此增加钓到鱼的概率，且钓鱼的成本也比之前更低。

简而言之，商家要学会客户管理，把更多消费者圈定在自己的"池塘"里，从而获得更多利润。就目前而言，已经有很多商家把消费者组织起来进行维护。例如，某天猫旗舰店的客服在与消费者交流过程中，主动提到"入群享群秒杀、群红包"吸引消费者进群。当消费者入群后，即可享受红包福利、签到福利、新品福利等。

当私域池塘鱼足够多时，好处也是显而易见的。例如，原本是竞争对手的A店铺和B店铺，其店铺定位、产品定位、价格定位、人群定位都类似。这两家店铺同时上新同一款产品时，对比如下。

- A店铺因有私域池塘，可以把新品以半价或7折的形式分享在群里。由于是老客户，

有一定的信任背书在前，加上折扣，很容易促成订单。假设一共给5个群（每个群500人）分享新品信息，转化率为10%，2500人的10%也能生成250个订单。
- B店铺因为没有私域池塘，只能通过微淘、淘宝客、直通车等方式来做基础销量，但这样不仅需要花更多成本，还有风险，且速度也慢。

在第2天、第3天的时候，平台会对这两个产品的流量、销量进行分析，A店铺的产品因为流量和销量更多，很可能被判断为更具潜力，因而愿意分配更多流量。因此，在这种对比下，A店铺建立私域池塘维护老客户的重要性就凸显出来了。

所有的老客户都由新客户转化而来，与其说老客户对店铺起着重要作用，不如说所有客户都对店铺起着重要作用。因此，商家要对客户进行分析、管理，把忠实客户引入自己的私域池塘里，便于今后的营销、推广，为店铺带来更多利润。

13.1.2 社群运营的步骤

社群运营其实就是先运营核心客户，再让核心客户引领普通客户成为核心客户的一种方式。核心客户可以理解为积极分子，将核心消费者运营好了既可以保证社群的正常运转，还能让店铺朝着健康、积极的方向发展。

社群是某个人群因某个因素聚集在一起，然后又在此基础上进行分裂，呈现多个中心点，这一过程也是社群的生长过程。社群运营应该如何做呢？如表13-1所示为社群运营的步骤。

表13-1 社群运营步骤

步骤编号	步骤名称	具体内容
第1步	找准目标人群	社群运营第1步就是找准目标人群，让在店内有过购物经历且有可能成为忠实客户的人群集中在一起。例如，某经营母婴产品的商家给在店内购买过某款0～12个月婴儿奶粉的客户发送添加某某微信有礼的短信，将其集中在微信群中进行统一管理
第2步	设置共同目标	将目标人群集中在一起后，还需要设置共同目标，让群内的人自发活跃起来。例如，某经营瘦身产品商家在微信群内设置瘦身目标——月瘦8斤，鼓励群成员每日分享运动及体重等信息
第3步	整合群内资源	收集群内各客户信息，在信息整合后了解各成员的优势所在，并主动称赞各客户，使其被称赞的同时也提高整个群的质量。例如，某经营茶产品的商家在了解群内客户信息后，发现有几位客户对茶有较深刻的了解，可在群内主动称赞他们懂茶，并邀请他们做茶方面的分享
第4步	速度反馈客户信息	当客户提出疑问时，商家的运营或客服人员要主动反馈信息，让客户感受到商家的用心。例如，某经营儿童玩具的商家在旺旺群内看到有客户提问"如何组装某玩具"时，应及时在群内发送该玩具的组装视频，这样既回答了客户问题，又向其他客户展现了该产品的外观、玩法，让更多客户了解该产品
第5步	建立信用体系	想要获得忠实客户，必须以一定的信用基础为前提。商家应该通过社群运营建立信用体系，让更多客户相信产品或店铺。例如，某经营家用电器的商家在产品详情页和群内均提出：所有产品7天无理由退换。当有客户提出退换要求时，应主动帮忙处理，而不是推脱责任不做处理，让客户对店铺失去信任
第6步	形成可持续发展环境	通过对接社群教育、社群电商、社群金融等方式，增加变现方式的同时也丰富各位群成员的知识，逐渐形成良好的可持续发展环境

13.1.3 社群运营的要素

同样是社群运营,有的社群不断繁衍新社群,使其社群团队不断壮大;而有的社群从未热闹,或在短暂的热闹后陷入沉寂。是何原因导致社群运营产生截然不同的结果呢?答案就是社群运营的要素。社群运营的要素包括仪式感、组织感、参与感及归属感。

1. 仪式感

一个好的社群运营,一定离不开仪式感。特别是在部分 QQ 群中,从新成员进群的欢迎仪式到后来的修改群名片等操作,都让成员感受到满满的仪式感,让群成员快速融入群。如 QQ 群成员信息统一改成"出生年份 + 性别"的格式,让群成员对彼此的年龄和性别信息一目了然。有仪式感的社群,往往会给客户带来更好的体验。

2. 组织感

常言道"无规矩,不成方圆",社群运营如果没有组织、没有规矩,也很难走得长远。一个有组织的社群,条理清晰,往往带给客户很强的秩序感。如在微信群的公告中,可以详细说明某活动的规则和奖品,当群成员按照该公告转发推文,并将转发信息展示给收银看,即可获得 300 元的车马券。

商家在建群时,也需在公告中写明群规则,如不允许发广告、不允许恶意诋毁其他产品等,避免群成员在今后发生不必要的争执。

3. 参与感

想要社群保持活跃度,必须引导群成员参与互动。如某护肤品的旺旺群,群系统会自动提示"今日签到领取福利",引导群成员签到获得淘金币。同时,群主也会将客户拍摄的视频分享在群内,并鼓励大家为群友点赞。

4. 归属感

一个社群如果运营成功,这就要求社群必须具有归属感,让老客户自发地口口相传,实现老带新的良性循环。如某微信群,当有新人进群时,不少老客户会以家人的形式欢迎新人,这让新人认为群内氛围良好,有遇到热情家人的归属感。这些自主欢迎新人的老客户,也是因为在群内有强烈的归属感,才愿意主动欢迎新人。

由此可见,仪式感、组织感、参与感及归属感,是增强客户体验的必要条件,也是社群运营的要素。商家只有把握这 4 个要素,才能留住更多忠实客户。

13.1.4 社群运营的日常工作内容

商家通过社群运营,会高频率地接触和营销客户,也能更了解客户的需求,从而策划出更多迎合客户需求的产品和内容,刺激客户购买产品。部分商家难免把社群运营理解为建群、管理群即可,并没有深层研究客户、维护客户,导致社群运营效果不佳。真正的社群运营工作应该是烦琐但具条理性,总体来说分为以下 3 个方面。

1. 社群日常运营与维护

社群日常运营与维护，包括建群、设置群规则、客户答疑等工作。

- 建群：当商家找到目标客户后，就需要创建群组（如微信群、旺旺群、QQ 群），将客户导入社群中。部分商家会采取进群领红包、进群领优惠券等形式，吸引下单客户主动进入群组。
- 设置群规则：创建群后如果不对群加以管理，必定会让群内充斥着各种广告信息，遭到大部分群成员的反感，自然也就让群走向沉寂，因此商家需设置群规则，避免群成员发布无关信息，维护好群内氛围。
- 客户答疑：当客户提出问题后，商家要及时做出回答，在了解客户信息的同时，也加强客户与商家之间的联系，为客户转化做铺垫。

2. 客户留存

在电商中，客户购买过某个产品，经过一段时间后表示愿意回购该产品，则被视为留存客户。如何进行客户留存呢？这就需要商家提高社群活跃度，从而提升客户留存。提高社群活跃度可从两方面入手，分别是内容方面和活动方面。

一方面，内容是社群价值的体现，如果商家能收集到对客户有益的内容并投放到社群中，在满足客户需求的同时，也能提升客户活跃度。以美妆产品为例，目标客户以爱美的女孩为主，商家可收集如化妆技巧、瘦身技巧等内容分享在群内，自然能引发爱美女孩的讨论。

另一方面，可以通过活动来提高社群活跃度。特别是针对社群开展具有吸引力的活动，能拉回群成员的注意力，也能提升群成员的参与感和归属感，带动社群氛围，达到客户留存的目的。

3. 客户转化

客户留存的最终目的是引导客户转化。前期的日常运营与客户留存，能起到增强客户黏性的作用，并能推动客户完成购买行为。对于一些潜在客户，要主动沟通，加以优惠互动和真实订单，来刺激其转化。

例如，某售卖减肥产品的商家，通过群聊发现某女孩对身材丰满感到烦恼并提到想付费减肥，故该商家主动给该女孩发送其他女孩减肥案例，该女孩看了案例后，欣然付费购买了减肥产品。

综上所述，社群运营的工作内容主要为社群日常运营与维护、客户留存及客户转化。做好上述工作，自然能让社群为店铺带来更多交易。

13.2 客户分析与管理

商家在进行社群营销之前，需要对客户进行分析。根据店内有过购买经历的客户信息将客户进行等级设置、分组设置及分群管理，针对购买次数多的客户，进行重点维护，使其为社群做出更重要的贡献。

13.2.1 分析店铺客户

每个电商平台后台都应有客户分析工具，这里以淘宝平台为例，打开卖家中心选择"客户运营平台"→"客户列表"即可查看近期在店内成交的客户信息，如图13-1所示。通过客户列表，可查看已成交客户、未成交客户、询单客户的信息。

图 13-1　客户列表页面

通过客户列表页面，可查看到已成交客户的昵称、会员级别、交易额、交易笔数、上次交易时间及详情等信息。商家还可单击"详情"按钮，查看消费者的具体信息，如图13-2所示。

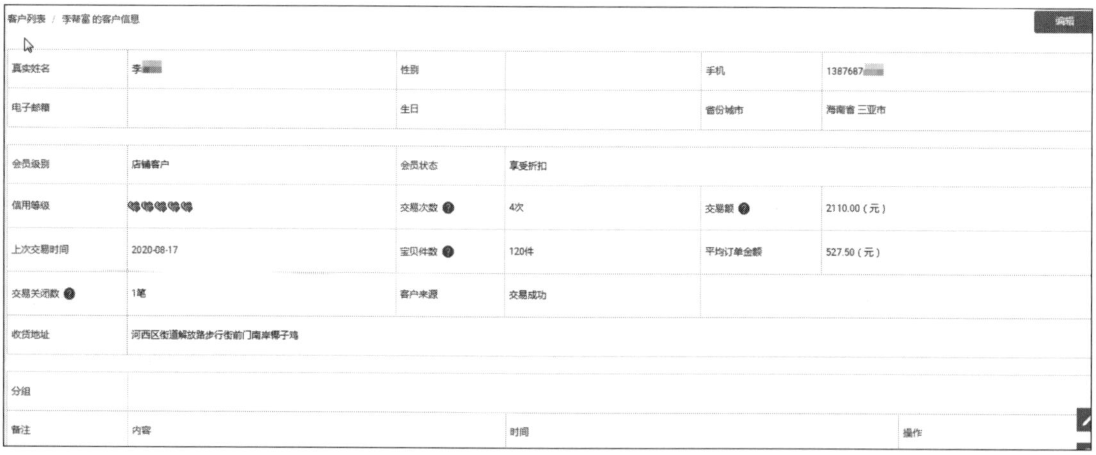

图 13-2　客户具体信息页面

通过消费者的性别、省份、交易次数、交易额、上次交易时间等信息，可对消费者进行进一步分析。

- 性别：确定消费者的性别，对产品优化、店铺优化起着重要作用。例如，某店铺的消费者以女性为主，那么在产品的包装、店铺装修方面，可以加入更多女性感兴趣的元素，从而获得更多女性消费者的关注，生成更多的订单。另外，知道更多消费者的性别，也有利于商家制订客户唤醒计划。
- 省份：不同地方的人群有不同的性格特点、购物喜好。商家需了解大部分客户集中在什么地方,并调整运营计划。例如,分析得出某产品的消费者主要集中在华南地区,那么下次可以重点对这些地区投放直通车、超级钻展等计划。

- 交易次数:指客户在一个时间段内购买产品的次数。通常,频繁购买店铺产品的客户,可能是对店铺满意度、忠诚度都很高的客户,同时也是最有价值的客户。
- 交易额:通过比较客户在特定期限内购买店内产品的金额,分析客户购买态度的变化。如果客户在一段时间内购买量下降,则要思考其原因,并做出相应调整。例如,某客户是店内忠实客户,一般1个月要在店内购买一次日用品。但最近3个月都没再交易过,经客服询问后得知该客户对上次购买的纸巾不满意。客服做出解释,并主动给予优惠券和专享价,促使客户再次下单。
- 上次交易时间:客户上一次交易的时间可以反映客户的忠诚度,是维护客户的重要指标之一。距上一次消费时间越近的客户越理想,因为这些更可能是回购客户。例如,同样是在店内购买牙膏的客户,甲客户距离上次下单已经是12个月前了,乙客户则是2个月前。那么对于乙客户而言,就很容易生成二次消费;而甲客户在这12个月里可能已经购买了其他店铺的产品,不容易唤醒。

> **注意**
> 以上数据对于客户等级设置、分组管理、分群管理也有着重要的参考意义。

13.2.2 设置店铺客户的等级

生活中随处可见会员等级制度,如初级、中级、高级会员制度,或普通会员、VIP会员、VVIP会员制度等。不同的会员可享受不同的福利优惠。商家为了区分客户重要等级,也应该对客户进行分级设置。但在设置时,不能想当然地给客户分级,而应需要有等级划分依据。

以淘宝为例,常用的划分依据一般是平台提供的VIP设置。VIP设置可在客户运营平台中完成,操作简单。

第1步:进入客户运营平台后,单击"忠诚度设置",在右侧的"VIP设置"后单击"立即设置"按钮,如图13-3所示。

图13-3 进行VIP设置

第 2 步：进入会员等级设置页面，设置升级条件和会员权益，单击"保存"按钮，即可生成一个会员计划，如图 13-4 所示。

图 13-4　设置升级条件和会员权益

> **注意**
>
> 升级条件可选择交易额满多少才能升级，或交易次数满多少次才能升级。这里设置的是交易额满 699 元或交易次数达 10 次，可升级成普通会员。折扣也由商家自己制定，这里以设置 9 折为例。

淘宝商家最多可设置 4 个会员等级，包括普通会员、高级会员、VIP 会员、至尊会员。商家可根据实际情况设置等级。在设置时，应注意拉开不同会员之间的折扣差距，才有动力鼓励客户升级为更高级会员。

13.2.3　客户的分组管理与分群管理

经过客户等级设置，相当于为重点客户设置了专属会员卡，但在客户中还有一些普通客户，他们对店铺的贡献率虽然没有重点客户高，但仍有维护的必要，因为重点客户也是从普通客户中产生的。商家可对这些普通客户进行分组，设置不同的标签，再针对不同标签的客户做针对性的营销推广，使其转化。

1. 客户分组管理

多个平台都提供客户分组、分群管理工具，这里以淘宝平台为例，创建一个新的客户分组。

第 1 步：商家打开客户运营平台中的客户列表，可单击"分组管理"按钮，如图 13-5 所示。

第 2 步：在跳转的页面中，单击"新增分组"按钮，如图 13-6 所示。

第 3 步：在跳转的页面中，设置分组名称及分组方式，单击"确定"按钮，如图 13-7 所示。

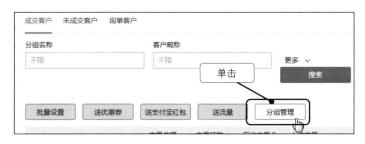

图 13-5　单击"分组管理"按钮

图 13-6　单击"新增分组"按钮

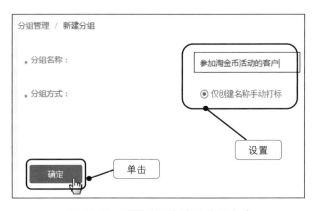

图 13-7　设置分组名称及分组方式

第 4 步：返回客户列表页面，通过设置交易金额、交易次数、上次交易时间等条件，筛选出符合条件的客户拉入分组。这里以设置在 4 月 10—16 日参加淘金币活动的成交客户为例，选择交易时间后，单击"搜索"按钮，如图 13-8 所示。

图 13-8　筛选出符合条件的客户拉入分组

将搜索出来的客户都加入该分组中，即可生成一个新分组。

2. 客户分群管理

为了便于客户管理，商家可把同一标签或多个标签的客户分到一个群体里。淘宝、天猫商家可在客户运营中心中的"客户分群"中，单击"新建人群"按钮，新建一个人群标签，如图13-9所示。

图 13-9　单击"新建人群"按钮

在跳转的页面中选择人群的性别、年龄、宝宝性别、宝宝年龄、地域等特征，单击"立即保存人群"按钮，如图13-10所示。

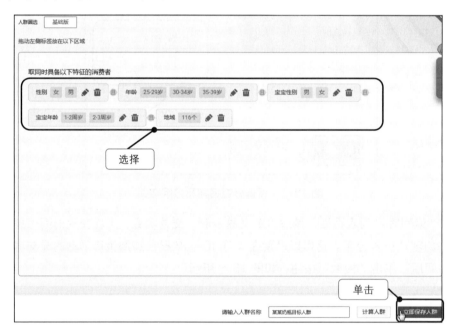

图 13-10　选择人群特征

3. 策划营销活动

将客户进行分组、分群管理，还可以针对不同的营销目的制定不同的营销活动。例如，在成交客户中，选择"参加淘金币活动的客户"，单击"搜索"按钮搜索出分组内的客户，选中客户名称，单击"送优惠券"按钮，如图 13-11 所示。

图 13-11　选择特定分组客户

> **注意**
> 商家可用不同的活动方式来唤醒不同的客户，这里可选的活动包括送优惠券、送支付宝红包、送流量等。

接下来，选择优惠券，单击"确认"按钮，如图 13-12 所示，即可为这些客户发放优惠券。

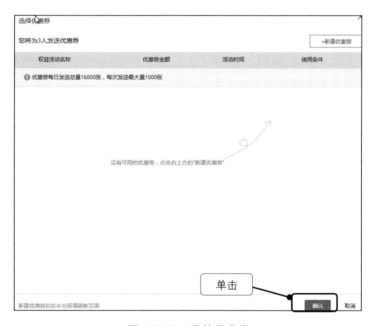

图 13-12　发放优惠券

> **注意**
> 如果商家之前没有优惠券模板，可单击"新建优惠券"按钮，创建新的优惠券模板，设置优惠券价值、使用门槛、使用规则等。

商家如果不想手动设置活动，则可以购买智能工具实现智能化营销，如智能营销下的"兴趣客户转化""智能复购提醒"等。

13.3 客户留存与转化

前面讲到的客户分析、等级设置、分组分群，所针对的都是在平台内的客户，这些客户随着平台竞争或其他平台的兴起，也存在流失的风险。最好的解决方法是什么呢？就是私域流量池。商家建立私域流量池，不仅有利于客户维护，还能刺激客户多次转化。

13.3.1 网店的私域流量池渠道

网店运营中，常见的私域流量池主要分为官方渠道和非官方渠道两大类。

1. 官方渠道

以淘宝、天猫平台为例，官方渠道主要包括微淘和直播，可通过这两个渠道引导消费者关注店铺，并成为店铺粉丝。目前，微淘和直播比较火，不仅吸引了很多消费者关注，也有很多商家通过这两个渠道获得大量粉丝，还可以在这些渠道后台查看数据，如一篇微淘文章的阅读量、关注量、转化率等，便于商家调整营销策略。

官方渠道也存在明显劣势，最明显的就是受到官方限制。例如，某店铺原本是5个蓝冠店铺，年销售额达千万元，其直播粉丝也过百万，按理说可以顺风顺水地发展下去。但由于运营人员的失误，导致出现严重违规被封店，那该店铺原来的人气、销量，甚至是直播间的几百万粉丝也流失了，生意也需要从头再来。

2. 非官方渠道

非官方渠道原本也比较多，如微信、QQ、微博等。由于微信是目前使用最广泛的平台，所以微信是众多商家搭建私域流量的首选。这里以微信为主进行讲解。微信又分为个人号和公众号，二者各有优缺点，商家可根据自己的需求进行选择。

- 个人号操作方便、引流方便，支持随时随地与消费者沟通交流，黏性强；缺点在于一个个人号只能容纳5000人。
- 公众号的容纳量大到可以同时容纳几百万人，但如果在消费者没有主动沟通的前提下，商家只能通过发送推文去触及消费者，但文章被阅读的可能性比较小。

商家可以在直播中，让主播在推荐某个产品时提到关注店铺可以领取一张价值5元的优惠券。消费者在这种情况下，本来也有购买产品的想法，加上代金券的诱惑更容易下单，同时，关注店铺也能为店铺带来更多人气。在临近下播前，主播也可以提到加某某客服微信，可以享受更多优惠，以此来吸引消费者主动添加客服为微信好友。

例如，某淘宝女装店铺就将粉丝分别引到微淘和微信进行维护管理。如图13-13所示，为该店铺在个人微信号发起的新品预告活动，用点赞+评论有机会获得30元无门槛券形式，吸引微信粉丝参与互动；在微淘中，也用穿搭可获得30元无门槛代金券的活动吸引粉丝参与互动，如图13-14所示。

图 13-13　个人微信号互动　　　　图 13-14　微淘互动

因此，官方渠道和非官方渠道之间并不存在冲突，商家可以双管齐下进行运营。商家如果有时间和精力，也可以开发多个渠道，如微淘、旺旺群、微信个人号和公众号等。其中个人微信号是非常好的渠道，即使个人微信号有人数限制，也可以多开几个微信号来解决这个问题。万一店铺出现违规或其他问题导致封店时，可开设新店，并通过微信朋友圈把客户引到新店促成订单。

13.3.2　客户转化三板斧

有一家专注欧美风格的大码女装店（以下简称"女装店"），早在 2015 年就开始把客户引入微信，到了 2016 年，微信好友已过 5 万，复购率可达 70%，仅是微信引到店内的销售额已过百万。这些数字的背后是商家的坚持，商家把老客户一个个地添加到微信里，从而积累出一定的数量。女装店商家认为每个老客户不仅是精准流量，也是流量入口，服务好老客户就是在创造利润。

任何的成功都有规律可循，女装店的客户转化有以下 3 个方面。

1. 吸引客户

女装店在加客户为好友前，为了让客户感知该账户是一个真实的人，特意取了一个有亲和力的昵称。昵称往往决定了客户想不想加之为好友，能不能增强客户的印象。例如，某客户一搜商家微信号，出现的是"微商小王 150*****"，会让很多客户联想到这个微信号可能每天刷屏发广告，就不太愿意添加。

女装店主营大码女装，目标客户以身材偏丰盈的女性为主，这些女性里很大一部分由于身材不好比较自卑，所以对懂她的异性更容易产生信任。所以，商家的昵称就定位为一个理解丰盈女性的闺密角色，在具体行为上，要能和客户聊聊日常生活，通过这种日常聊天也能更了解客户，更能针对客户需求提供产品和服务。

另外，女装店的微信基本只通过短信和电话来吸引在店内有过购买记录的老客户。内容主要从客户的需求出发，例如发送短信说明可以为客户搭配服装，使其外表看起来更好，同时也会配合红包、礼品等福利来吸引客户。当然，吸引客户只是第一步，接下来还要能留住客户。

2. 留住客户

很多客户是在福利诱惑下添加了商家微信，但由于商家的微信朋友圈广告味较浓或者没有规律，也会让很多客户流失。实际上，微信的内容应该丰富有趣，而且能长期坚持，并有规律地发送。女装店做到了每天 5～7 条朋友圈，内容主要以呈现自己真实生活为主。女装店还会在朋友圈创造互动场景，如真心话大冒险、找图、签到有礼，让客户参与互动，客户与商家之间越互动越信任，客户也越可能转化。

为了突出规律性，女装店会定期在朋友圈发活动，如每周二、周四是上新日。客户们也都熟悉了这个规律，到点就会关注，并积极参与到活动中。

3. 转化客户

很多商家不敢打扰客户，但女装店反其道而行之，每个月都会创造各种话题主动与客户交流。在交流过程中，很多客户甚至会主动询问最近的活动和新品。因此，商家在吸引粉丝后，下一步应该是留住粉丝，与粉丝聊出感情后，促成订单的可能性才会更大。女装店绝大部分的订单都是跟客户主动聊天聊出来的。

销售、转化无处不在，关键在于找到最合适的方式和节奏。女装店在以上 3 个方面的效果不错，但并不适合所有产品。商家可以从中得到启发，建立自己的私域流量池，更好地维护客户、转化客户。

13.3.3 把客户吸引到流量池

商家在建立流量池初期，必然会遇到困难。例如，很多商家在第一步吸引客户时就以失败告终。如何把客户吸引到流量池，成了众多商家的首要问题。站在客户的角度上，如何愿意主动去添加微信呢？必然需要一定的吸引力。

以前很多商家在包裹内放置好评返现卡，这样做其实违反了购物平台规则。此外，很多客户对这种卡片也麻木了，不愿意为了几块钱去加好友、写评论。因此，这里介绍 3 种常用方法可把客户引流到微信。其中一些方法成本低，对客户很有吸引力，效果也非常好。

1. 视频会员卡

很多客户在工作之余都会上视频网站观看视频，而各大视频网站都有一些需要会员才能看的视频。虽然这些会员价格不是很贵，但很多客户不愿意花钱买。

对于客户而言，这些会员的需求大、范围广，也很实用。因此，部分商家就选择在包裹里赠送视频会员卡，吸引客户主动添加微信。

> **注意**
>
> 商家如果为一个客户赠送一张视频会员卡，则成本很大。但由于很多视频会员卡支持多人同时登录，所以商家可以找这种可共享的会员卡，把一张会员卡共享给多名客户，降低成本。

商家可把提醒视频卡的信息写在会员卡上，装在产品包裹里，当客户拆开包裹时大多能看到，这一步是为了吸引客户关注到会员卡。为了刺激客户添加好友，商家还需在会员卡上标明：添加某某客服微信，可获得会员卡的激活密码。为了避免被删好友，当客户主动添加为好友后，客服还要说明不能删除好友，才能保持视频会员卡长期有效。通过这种方式，可以将客户引流到微信，并且保持长期的好友关系。这有利于商家把活动信息通过微信传达给客户。

> **注意**
>
> 选择视频会员卡时，有效时间最好能大于 6 个月。因为如果时间过短，不容易激起客户添加好友的欲望，即使添加了也容易被删除。

经过多个商家的测试，这种视频会员卡比原来的好评卡、返现卡效果更好，添加好友率能保持在 50% 左右。因此，各大商家可以尝试这种方法，来把客户添加到微信。

2. 专属客服

很多商家在客户拍下订单后立即发送订单确认信息，但这种确认信息因为使用得太多，很少被客户查看、回复。

因此，很多商家采用一种名为"专属客服"的方式来确认订单信息，同时也吸引更多客户添加好友。具体做法是在客户下单后的 15 分钟内，安排客服主动给客户打电话，核对订单信息的同时，也表明自己是该订单的专属客服，可以添加好友，以便解决售后问题。

为什么是 15 分钟呢？因为客户在下单后的 15 分钟内，对购买产品这件事还保持一个期待的心理，当客服联系他/她核对产品信息时，大多愿意积极配合。另外一些商家选择在客户已收货后再打电话，主要目的是让客户给好评。同样是打电话，前者主要是在不打扰客户的前提下，提出提供专属服务；而后者主要是为了要好评。所以，前者被接受的可能性更大。

同时，专属客服旨在服务客户，所以要实实在在地为客户提供服务。例如，客户购买的是一款护肤品，那客服在联系客户时会询问她的肤质，并针对肤质给出专业建议，让客户有所收获，甚至愿意主动添加好友。

> **注意**
>
> 因为微信每天添加好友有数量限制，所以专属客服尽量用绑定微信的手机给客户打电话，并尽量说服客户主动添加客服为好友。

3. 刮刮卡

刮刮卡是指一种覆盖了一层涂层的卡片，涂层刮开后可以看到下面印刷的内容，内容可以是中奖信息，也可以是密码、文字等。刮刮卡是电商中常见的一种吸引客户的方式，如图 13-15 所示。当消费者刮开涂层后，基本都能获得一、二等奖。客户必须扫描卡片后面的二维码，添加客服微信后才能领取奖金，有的商家还在微信中要求客户按照提示完成评价晒图后才发放奖金，不过这样做有可能引起客户的反感，要谨慎使用。

图 13-15 刮刮卡

这种刮刮卡已经盛行很长时间，且为了吸引客户注意，很多商家的刮刮卡做得很大，很醒目。总体来说，刮刮卡的引流效果也不错。

值得注意的是，部分商家为了节约成本，把刮刮卡的最高奖品设为2元、1元。这会大大降低客户评论、晒图、加好友的动力。因此，商家最好能设置出客户感兴趣的奖品。

部分商家选择店内单价较低但应用广泛的产品作为奖品，在刺激客户添加好友的同时，还能促进二次购买。例如，某经营服装产品商家，将冬季服饰的刮刮卡奖品设置为围巾、手套、袜子等产品，并提示客户下次下单前先通过微信联系客服备注中奖信息。

电商中将客户添加到微信的方法还有很多，这里主要列举了以上3种。商家也可以根据自己产品的特征、目标消费者的特征，去尝试更多方法。

13.3.4 促使客户进行二次转化

商家把客户引入流量池算是有了初步成果，但是如何将这些客户转化为二次或多次购物的客户，更是商家所需要考虑的问题。这里以个人微信号为例，讲解几个二次转化客户的技巧。

众所周知，为了避免打扰客户，只有为数不多的商家会主动给客户发送营销信息，所以，微信中的营销还是以微信群和朋友圈为主。在展开营销之前，商家需要通过微信昵称、头像、相册封面等信息，建立一个人格化的微信账号。

例如，作为一个主营25～30岁女装的店铺，其客服微信资料如图13-16所示。下面逐一分析该账号资料的巧妙之处。

图13-16　某女装店铺客服微信资料

- 昵称：昵称代表了一个账号的身份，取一个简单易记又有辨识度的昵称，会给客户留下好印象。该账号考虑到与店铺的关联度，昵称采取店名+人名，如"****—阿萌"。
- 头像：头像是一个账号的门面，好的头像能增加账号的辨识度，该账号采取真人模特照片作为头像。
- 相册封面：好友在查看朋友圈时，封面照作为顶部大图很显眼。该账号封面采用真人模特大图作为相册封面，增加辨识度。
- 朋友圈：朋友圈可加深客户对账号的印象。为避免客户产生厌倦情绪，该账号没有在朋友圈表现太多产品信息，主要以分享产品、美食、正能量等信息为主。
- 微信号：是账号的唯一凭证，一年只能设置一次。商家在设置微信账号时，应该注意是否便于搜索。该账号展现了自己的手机号"*******1157"，故微信号也为店铺名+手机尾号，如"****1157"。

> **注意**
>
> 另外，个性签名也有很高的营销价值，可用一句话来吸引客户，或可借用签名来表明自己的身份。例如，某婚纱摄影商家的微信个性签名为"有故事的婚纱照"，激发客户好奇心，何为"有故事"？以及"有故事"体现在哪里？客户为了满足好奇心，可能就会深入了解微信背后的商家。

商家在搭建好个性化的微信号后，可建立微信群组，把客户吸引到微信群里进行统一管理；也可以不建群组，直接在朋友圈展开营销。由于部分产品不适合在微信群组营销，所以这里以朋友圈为主，讲解促使客户二次转化的方法。

发朋友圈这个操作是大多数人都能掌握的操作，但很多商家未必知道发什么内容，以及怎么发。商家在发内容之前应该有以下3点思考。

- 内容能不能增加信任？在发布内容之前，要思考这个内容能不能增加商家与客户之间的信任。例如，明明是一个经营母婴产品的账号，客户都很关心产品的质量和安全性，而该账号却在朋友圈发布完全不相关的内容，这样的内容对营销毫无作用。
- 内容能不能产生关联？即将发的内容，能不能引起客户对产品的关联。例如，一个经营母婴产品的账号，在朋友圈发布如何解决宝妈独自带娃时不好冲奶粉的内容，引发宝妈思考的同时提到店内有一款产品，可以解决这个问题。这样的内容，不仅能快速引发客户关注，还因为与产品关联度高而增加客户转化的可能性。
- 内容能不能引发互动？如果朋友圈内容不具备前面两点，那能不能引发客户参与互动呢？在微信中，很多商家不敢主动打扰客户，所以选择朋友圈来与客户互动。因此，发布的内容能否引发客户互动相当重要。

商家在思考以上内容后，应该有了内容的基本方向，接下来考虑内容怎么发。关于发内容也有3点需要考虑，分别是：能不能强化记忆？能不能创造差异？能不能长久持续？所以关于发内容，有"规律性"和"策划性"两方面的要求，"规律性"包括数量固定、时间规律，"策划性"包括栏目化、内容标签化。

- 数量固定：商家在发内容之前，要思考所发的数量能不能固定下来？例如，每天发1~3条内容。在确定好数量后，还需思考能不能按时按量地生产出那么多内容。
- 时间固定：有的商家什么时候想起发朋友圈就什么时候发，在1小时内更新10多条朋友圈，很容易被客户拉黑。所以商家要考虑，发布内容的时间能不能固定？例如，某商家每天更新朋友圈的数量定在3条，早上1条，下午1条，晚上1条。
- 栏目化：商家在营销过程中，常常有上新活动、促销活动。但由于没有规律，所以客户也不知道什么时候有活动。如果商家的内容能实现栏目化，如"周二上新日""周四会员日""周五福利社"……久而久之，客户会养成参加活动的习惯。
- 内容标签化：带有标签的内容更具可读性，所以商家在发朋友圈内容时，尽量给内容取一个标签。例如，"春哥下午茶"这个栏目，其目的就是和客户创造聊天场景。

例如，一个原创手作账号在更新朋友圈内容时，为不同的内容设置了不同的标签，如"优雅白色系""夏季清仓秒杀""夏日轻风"，如图13-17所示。用户查看该朋友圈时，可快速分辨出这条主题内容。

图 13-17 带有标签的朋友圈内容

内容是为了创造销售记忆，创造销售机会。只有先在客户脑海中建立一个被信任的角色，加上客户感兴趣的朋友圈内容，才能转化更多客户。因此，在朋友圈内容中还要加入一些客户感兴趣的内容，如免费使用、优惠券、知识植入等。

其中，知识植入就是通过知识和产品的结合，使朋友圈内容更具吸引力。如某药店的客服每日在朋友圈分享健康日历，其中有一条朋友圈为先抛出问题"打碎了水银温度计该怎么办"，然后又给出详细解决方案，让客户收获医学类知识，当客户需要通过线上购买产品时，更可能选择这个看似更具专业性的商家。

在微信中的客户大多在店内有购物经历，所以商家还可以在朋友圈抛出有奖征集买家秀，吸引客户主动分享产品实物图。商家可将这些具有美观性的买家秀放在产品详情页中，激发其他客户的购买欲。

第14章

通过数据分析解决运营问题

 **本章导读**

　　店铺是否处于正常运营状态，只看盈利是不够的，有的店铺平时盈利尚可，但问题一旦集中爆发就会让店铺生意一落千丈，因此商家有必要随时监控店铺的运营状态是否健康。一般来说，可通过分析访客数、转化率、客单价等数据进行有效的监控。当数据出现异常时，应及时找到问题并进行解决，保证店铺处于健康的运营状态中。

14.1 数据分析

要分析店铺的运营数据,应在对数据分析有一定了解之后再进行。这里将从数据运营的逻辑思路出发,帮助商家明白数据分析的价值,以及核心指标和分析工具,在了解这些基本的知识后才能继续深入到实际操作中去。

14.1.1 数据分析的逻辑思路和价值

商家在进行数据分析前,应了解数据分析对于店铺的作用。其实,数据分析就是为店铺找到并解决问题的根源,提升运营效果的方向。如同医生找到病人的病根后对症下药一样,商家在给店铺做数据分析时,也要先找到存在问题的数据,并知道如何解决这个问题,才能让店铺恢复健康状态。

很多商家或运营人员可能都曾经面临过这个问题:知道自己店铺的访客数、流量等数据有所下降,但感觉无从下手。实际上,数据分析是有逻辑可言的,当收集的数据结果出现异常时,应先要找到原因,再分析相应的应对方案,并将方案执行下去,这就是通过分析数据解决运营问题的全过程。以流量下降为例,其数据运营逻辑如下。

- 看结果:当商家发现店内流量下降时,就是一个看结果的过程。
- 找原因:在看到结果后,就要找到导致这个结果(流量下降)的原因,如访客数量、推广计划是否异常等。
- 应对方案:找到原因后,提出几个应对方案。
- 执行方案:在应对方案中,找到认为最有效的方案去执行。

在执行方案后,看流量是否有提升。如果有,继续保持;如果没有,循环找原因、应对方案、执行方案、看结果等步骤,直至数据有提升。为了保证数据的正常运营,需要不断监测数据,尽量在数据出现异常的第一时间,就去找到原因并解决问题。

14.1.2 核心指标的监控分析

商家在运营店铺时,最为关心的数据可能当属"纯利润",而纯利润又与销售额和成本息

息相关，其计算公式为

$$纯利润 = 销售额 - 成本$$

以 3000 元的销售额和 2000 元的成本为例，其纯利润即为 1000 元。商家想提高纯利润，方法有两种：第一，控制变动成本和固定成本，从而降低成本；第二，提高销售额。当然，也可以在控制成本的基础上，再提高销售额，获得更高的纯利润。

想要提高销售额，还得将销售额的计算公式分解开来：

$$销售额 = 访客数 \times 转化率 \times 客单价$$

例如，某产品的访客数为 5000 人，转化率为 3%，客单价为 200 元，那么该产品的销售额为

$$销售额 = 5000 \times 3\% \times 200 = 30000（元）$$

商家想要提高销售额，方法有 3 种：提升访客数，提升转化率，提升客单价。访客数、转化率、客单价这 3 个数据中的任意一个数字增加，其最终的销售额都会有所增长。因此，在运营过程中，需要重点关注的数据主要包括访客数、转化率、客单价。

- 访客数，也称访客量，指每天来到店里的人数，是全店各页面的访问人数总和。在 24 小时内，同一个消费者（同一个 IP 地址）多次访问同一店铺不重复累积相加，只记录一次。
- 转化率，指店铺转化率，即单位时间内，一个店铺的成交用户数与访客数的百分比，如过去一周内，共有 1000 名访客，其中 40 名访客下单购物，那么过去一周内的转化率为 4%。
- 客单价，即平均交易金额，指单位时间内每个消费者平均成交的金额，如过去 24 小时，店铺共有 25 位消费者下单，总销售额为 5000 元，那么过去 24 小时的客单价即为 200 元。

正常情况下，店铺的流量应等于或大于访客数。因为在 24 小时内，同一消费者多次访问同一店铺只记录一次，而该消费者多次访问同一店铺的次数可累积相加。

14.1.3 数据分析工具略解

数据分析工具种类繁多，以淘宝、天猫店铺为例，最常见的数据分析工具主要包括生意参谋、百度指数、阿里指数及一些数据小插件等。其中，生意参谋是数据运营中使用最为广泛的一个工具，该工具集合了商家常用的数据功能模块，让商家在首页就能够快速了解店铺的经营数据动态。下面简单介绍一下这些数据分析工具。

（1）百度指数

百度指数是以百度官方通过统计海量网民搜索关键词后，进行基本的整理并将数据结果进行分享的平台。百度指数中可以调查网民的网络消费数据，为运营决策提供重要依据。

商家可以通过百度数据，了解特定关键词的搜索量和搜索趋势变化，了解当前有哪些热搜词汇，从而找到网民的关注热点，或搜索某个关键词的人群画像，这些数据能够有效地帮助商

家进行调研、策划等运营工作。

（2）阿里指数

阿里指数是由阿里巴巴公司提供的用于分析电子商务平台市场数据动向的平台，如同百度指数一样，所有人都可以使用。阿里指数的数据来源于阿里巴巴网站每日运营的基本数据，包括淘宝与天猫的搜索数据、网店数据、成交数据、产品数据、访客数据等，内容非常丰富，可以帮助商家对比分析市场，把握市场热点与动向，寻找热销产品品类。

（3）数据小插件

功能与数据比较全面的工具通常都要付费才能使用，其费用对于新手商家而言可能较难负担。针对这种情况，各种数据小插件应运而生，如店侦探。店侦探是一款淘宝数据分析工具，它可以免费为淘宝商家提供在线查询工具，全方位剖析店铺运营的瓶颈，掌控竞争对手店铺的实时销售数据。店侦探中有很多功能都是免费使用的，并且可以直接安装到浏览器的插件中使用。

商家可根据自己的实际情况选择合适的工具。这里以生意参谋为例，进入生意参谋首页的整体看板页面，即可看到访客数、支付转化率、客单价等数据，如图14-1所示。

图14-1 整体看板页面

整体看板页面不仅提供访客数、支付转化率、客单价等具体数据，还可根据趋势图来判断数据的正常与否。如果从图中发现某数据有下降趋势，应引起重点关注。

14.2 流量太少？分析访客数

很多商家一进入整体看板页面，看到寥寥可数的访客就发愁。因为访客人数一少，即使支付转化率再高，客单价再高，整体销售额还是上不去。故商家必须学会分析访客数，找到访客稀少或访客转化率低等问题，并结合店铺实际情况提出合理解决方案去执行。

14.2.1 只有少量访客的情况

商家可通过生意参谋进入整体看板页面,如图 14-2 所示为某酒类整体看板页面。通过该页面可看出,该店铺访客数以个位计数,其他数据基本为 0,可以得出结论:该店铺只有少量访客。那么,针对这种情况应该如何处理呢?

图 14-2 只有少量访客的整体看板页面

根据数据运营的逻辑,得知结果是没有访客或少量访客后就要着手找原因。商家在找原因时,需要反问自己对这个店铺做了什么?例如,有的店铺在产品上架后什么也不做,导致没有访客;有的店铺花钱开直通车,但由于出价不高,排名靠后,访客数也微乎其微。根据这样的逻辑,就可以找到导致没有访客的具体原因。

在找到原因后,就需要找应对方案。例如,对上架产品后什么都没做的店铺,可以开提升流量的"处方",如花钱做付费推广或优化产品信息获取免费流量等方案。如果方案较多,商家还需要对这些方案进行筛选,找出最符合目前状况的方案。例如,对于一个新手商家而言,如果经济实力也不是很雄厚,产品的基本信息也不够好,那首要工作肯定是优化产品信息,如产品名称、主图、文案等。

为保证方案的顺利执行,商家需要将方案分解开来,如整个方案的执行期为 14 天,那么应将这 14 天的每天应该做哪些具体工作,达到什么数据等都要一一厘清。如此一来,经过一段时间就能看到访客量的变化。商家再根据具体变化情况来找原因,如访客数增长速度过慢、过少,又是什么原因导致的,再提出解决方案,再去执行,再去监测数据……形成良性循环,最终达成访客数上升的结果。

14.2.2 有访客但转化率很低

部分商家可能有类似这样的情况,店铺有访客却没有转化或转化很低。当商家确实存在类似情况时,一般有两个方向:看产品和看渠道。因为不同的产品其流量有差异;而不同的渠道,其流量质量也有高低之分。

商家可进入生意参谋,单击"品类"下的"宏观监控"页面,查看具体产品的流量数据,如图 14-3 所示。

图 14-3 "宏观监控页面"

通过该页面，可以看到各个产品所带来的访客数。商家单击"商品访客数"按钮，可直接看到访客数最多的产品，如图 14-4 所示。

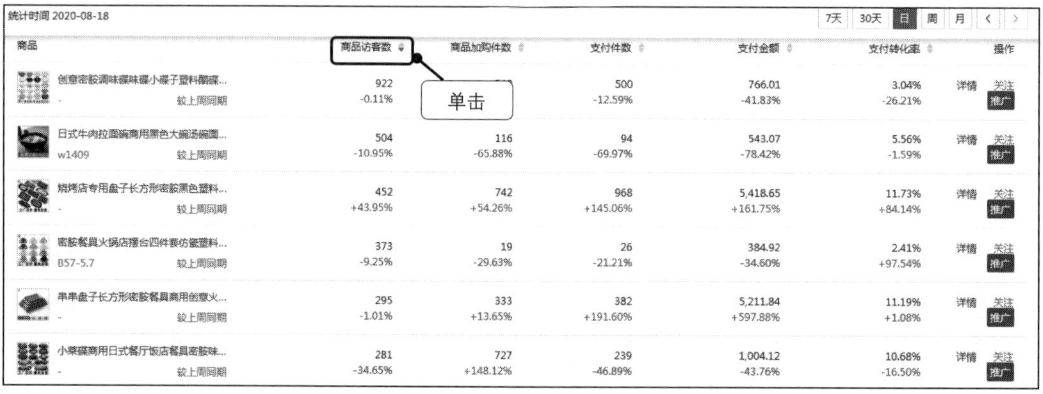

图 14-4 根据商品访客数进行排序的产品页面

从图 14-4 中可以看出，不同产品的转化率确实有着明显差异。商家如果发现某些产品转化率确实很低，则可以分析该产品流量渠道。因为不同渠道的流量质量存在差异，例如通过主动搜索而来的流量，因为有关键词搜索为前提，肯定比首页进来的流量质量更高。商家可单击转化率较低产品后面的"详情"按钮，进入产品 360 页面，再单击"流量来源"按钮，即可看到产品的流量来源情况，如图 14-5 所示。

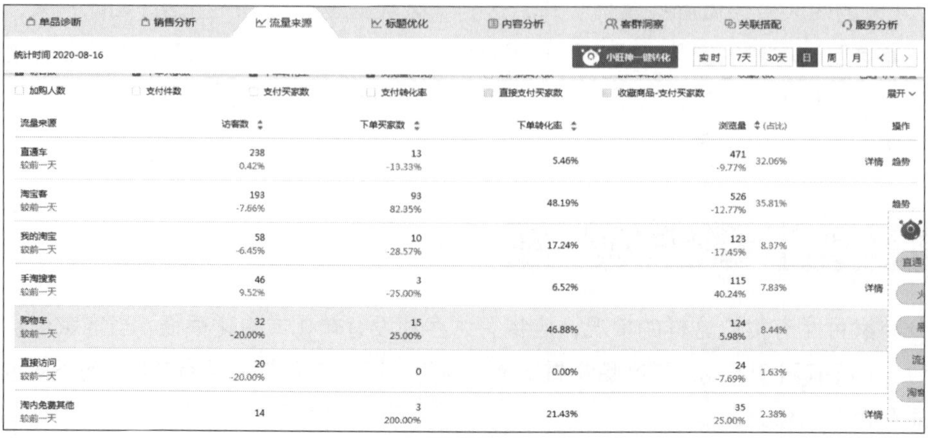

图 14-5 产品 360 的流量来源页面

> **注意**
>
> 一些主推产品在花费大量推广费用后，如果访客数和转化率很低，则说明产品本身可能存在问题，可选择换款。

通过查看流量来源，可清楚地了解到该产品的流量主要来源于什么渠道。如果一个产品的大多数流量来源于直通车，但转化率不佳，那可能是直通车计划不够好，从而进行优化；如果大多数流量来源于关键词搜索，可以继续单击产品后面的"详情"按钮，查看手淘搜索来源详情，如图 14-6 所示。

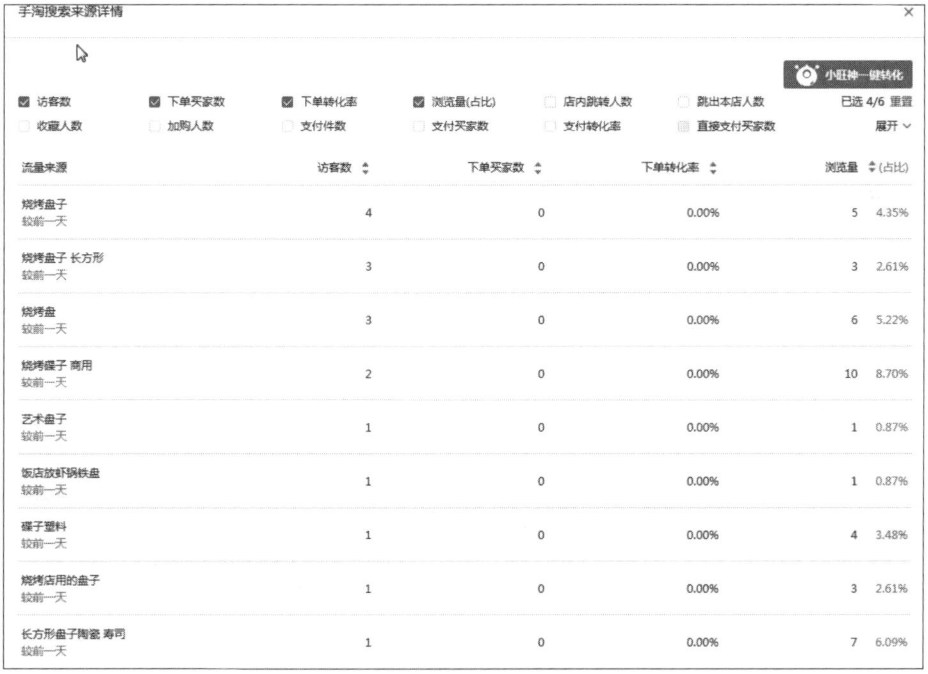

流量来源	访客数	下单买家数	下单转化率	浏览量（占比）
烧烤盘子 较前一天	4	0	0.00%	5　4.35%
烧烤盘子 长方形 较前一天	3	0	0.00%	3　2.61%
烧烤盘 较前一天	3	0	0.00%	6　5.22%
烧烤碟子 商用 较前一天	2	0	0.00%	10　8.70%
艺术盘子 较前一天	1	0	0.00%	1　0.87%
饭店放虾锅铁盘 较前一天	1	0	0.00%	1　0.87%
碟子 塑料 较前一天	1	0	0.00%	4　3.48%
烧烤店用的盘子 较前一天	1	0	0.00%	3　2.61%
长方形盘子陶瓷 寿司 较前一天	1	0	0.00%	7　6.09%

图 14-6　手淘搜索来源详情页面

商家通过手淘搜索来源详情页面，可以查看访客输入的关键词有哪些，这些关键词与产品关键词是否匹配。例如，某售卖葡萄酒的商家，在查看一款名为"进口西班牙原瓶红酒干红葡萄酒甜型单双支甜红酒礼盒装整箱 6 支装"的产品时，其流量主要来源于"葡萄酒""酒""网红酒""甜酒"等关键词，说明该产品的标题还有可优化的空间。

因此，当商家发现产品有访客却没有转化时，首先要查看各个产品的转化率，再根据单个产品的流量来源渠道分析并寻找可优化的内容，如重置直通车计划、优化产品标题等。

14.2.3　访客数突然下降的诊断及处理

很多商家在运营店铺过程中，会遇到访客数突然上升或下降的情况。当遇到访客数上升时，自然是比较开心；但遇到访客数下降时，会着急得像热锅上的蚂蚁，担心自己是不是被隐形降权了。

> **注意**
> 隐形降权指平台不给处罚通知，直接缩减流量的情形。

实际上，当出现访客数突然下降时，一般都是因为产品的数据不好。例如，排名靠后导致展现量变少，又导致访客数下降，而非隐形降权。商家可通过生意参谋查看流量的变化，再仔细回想流量变化前后是否有什么可能行为导致这样的结果。

例如，有商家发现自己产品的流量下降，经回忆发现自己在 7 天前更换了产品主图。实际上，自从主图更换后，流量每天都呈递减趋势，但由于起初下降得不明显，所以没有被发现。当下降到一定幅度时，商家才猛然发现流量下降的问题。

那是否说明主图不能更换呢？其实不然，如果更换后的主图比原来的主图点击率更高，那该产品的流量可能会提高；但如果更换后的主图点击率更低，则说明该产品图片的点击数量在降低，流量自然就下降了。

所以，主图是影响访客数的重要因素之一。很多商家经常想当然地更换主图，这其实是不可取的。更换主图要有理有据，商家应通过直通车测图，测试出点击率高的主图再进行更换，才能保证该产品的访客数、点击率等数据。

所以，访客的上升和下降都与商家的操作相关。而且除了更换主图外，还有很多影响因素，如收藏率、加购率、点击率、转化率和 VU 值、坑产值。这 6 个数据是决定一个产品排名位置和展现数量的重要数据。例如，在其他数值都相同的情况下，一个产品的展现量越高，则访客人数会有所增加。所以，当店内访客数发生变化时，商家首先要关注这些因素是否有异常，如果有异常就找到引起异常数据的原因，给出并执行解决方案，再查看数据，分析访客数是否回归正常。

例如，某商家访客数下降明显，经分析发现这 6 个因素里只有点击率略低于同行。经过对比分析，发现该商家虽然没有什么不当行为导致点击率下降，但同行多个商家的主图都比较有吸引力，导致访客的流失。针对这个问题，商家更换了点击率更高的主图，之后该产品的点击率和访客数都有所上升。后来，该商家在一个月内，把店内多个产品的主图都进行了优化，果然抢到了很大一部分同行流量，其销售额也有所提升。

因此，当数据出现异常时，商家一定不要慌张，直接去找导致数据异常的原因，找到解决方案并执行，之后再看数据是否有变化，并根据变化来进行二次甚至更多次的调整。

14.3　访客不愿购物？分析转化率

转化率，指所有到达店铺并产生购买行为的人数和所有到达店铺的人数的比率。其计算公式为

转化率 =（产生购买行为的消费者人数 ÷ 所有到达店铺的访客人数）×100%

商家应了解转化率的重要作用，以及影响转化率的访客精准度、客服转化能力及页面转化等因素，并能从这些因素入手，提升转化率。

14.3.1 转化率的作用

无论通过什么引流方法，在将访客吸引到店后，还需要将这些访客逐一转化为消费者。转化率越高，销售额也就越高。如果访客进店后没有购物，就可以说转化失败了。

商家的最终目的是提高销售额和利润。如果仅仅靠推广把访客吸引进店，但转化率不高也会导致销售额不高，那利润也就无法提高。例如，某产品的访客数为 5000 人，转化率为 3%，客单价为 200 元，那么该产品的销售额为

$$销售额 = 5000 \times 3\% \times 200 = 30000（元）$$

假设访客数增长至 10000 人，转化率降低至 1%，客单价保持 200 元，那么该产品的销售额为

$$销售额 = 10000 \times 1\% \times 200 = 20000（元）$$

由此可见，如果商家仅仅是靠推广来提升访客数而忽视转化率，那最终的销售额是无法得到提升的。而且，随着增加推广力度而提升访客数，还会导致支出更多推广费用，缩减利润。因此，转化率是决定店铺长期生存的重要因素。如果商家的整体效益不好，一定要分析转化率是否有异常，如果有，先从转化率入手，让店铺"活"过来。

14.3.2 影响转化率的三大核心板块

商家想要提升产品转化率，需要先了解影响转化率的因素。影响转化率的因素有很多，如以下三大核心板块。

- 访客精准度：来源于不同渠道的访客，其精准情况存在差异。例如通过关键词搜索进店的访客和从首页进店的访客，其精准度肯定不一样。有关键词搜索在前，说明该访客对该产品有需求；而从首页进店的访客，很可能是因为产品的主图比较有吸引力，想点进来看看详情，但对该产品没有强烈需求。
- 客服转化度：如果一个产品的访客足够精准，但转化率仍然很低，问题可能在于客服人员。客服人员在接待访客时，如果态度不够热情，销售技巧也不够好，也可能让进店的访客流失。
- 页面转化度：页面是指产品详情页。详情页中展示的信息包括产品价格、销量、问大家、评价、视频等，如访客对以上信息都较为满意，则下单可能性较大；反之则很难促成交易。

如果一个产品的访客足够精准，客户服务也没有问题，那就可能是页面出现了问题。因此，当商家发现转化率低时，应该对访客、客服人员、页面逐一进行排查，分析是哪个环节出了问题，给出并执行解决方案，从而提升转化率。

14.3.3 访客精准度优化

访客的精准度直接影响访客的购买意向程度,而决定访客精准度的又是各个渠道。例如,通过百度、搜狗等搜索导航进来的访客,其转化率略低于淘宝站内关键词搜索进来的访客。因此,通过不同的流量渠道进入店铺的访客,其精准度和转化率有差异。

例如,A消费者近期有购买水杯的打算,所以他进入淘宝APP,在搜索框中输入"水杯"关键词,进入某产品的详情页,经查看该产品的价格、图片、视频及其他消费者评价等信息后,认为该产品符合需求,进而下单购买;B消费者在搜狗中搜索某页面时,页面右下角弹出某水杯广告。由于该产品的主图比较有吸引力,因此他点击了广告海报,进入产品详情页,但在查看产品的详细信息后,认为自己并不急需水杯,于是关闭该产品页面。因此,商家想要提升访客精准度,提升产品转化率,需要先了解访客渠道有哪些。

1. 不同渠道精准度不同

不同渠道精准度不同,部分渠道访客精准度可优化,而部分渠道访客则无法优化。这里列举几个常见的访客渠道,如图14-7所示。

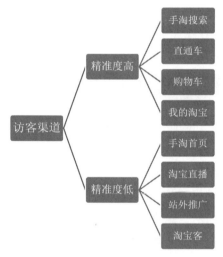

图14-7　常见的访客渠道

来自手淘搜索、直通车、购物车、我的淘宝等渠道的访客,对产品都有一定的兴趣或需求,只要客服人员引导得当,页面内容也令人满意,转化的可能性很大。但是来自手淘首页的访客,大多是浏览过与产品相关的产品,所以这些访客对产品可能只是随意看看,不一定会购买。又如通过网红直播进入店铺的访客,很可能仅仅是因为访客喜欢主播这个人,就看看他/她推荐的产品,也不一定要购买。所以,商家需要了解自己的访客主要来源于哪些渠道,以及这些访客的意向程度。

在众多的访客渠道中,可优化的渠道主要是手淘搜索和直通车。商家在查看访客渠道的转化率时,应重点监测这两个渠道的访客是否够精准。具体操作如下。

第1步:进入"生意参谋",单击"竞争"下的"竞品识别",可查看近期流失率高的产品,如图14-8所示。为了进一步分析这些进入店铺又流失的访客去向,可单击"顾客流失详情"按钮。

图 14-8　查看近期流失率高的产品

第 2 步：弹出访客流失后的路径信息，如图 14-9 所示。通过该页面，可看到访客从自己店里离开后又去了哪些店铺，看了哪些产品等信息。

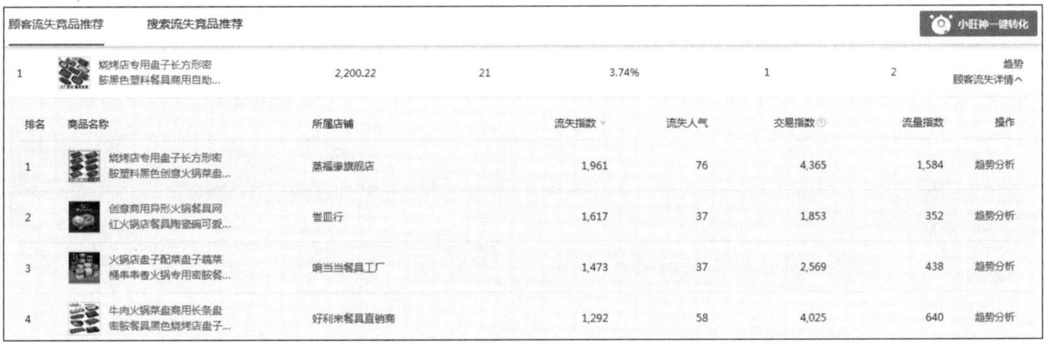

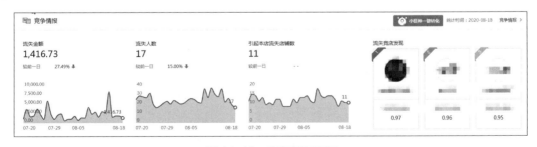

图 14-9　访客流失后的路径信息

如果部分商家没有订购"生意参谋"的该项目，可直接单击"生意参谋"首页右侧的"竞争"按钮，进入竞争情报页面，如图 14-10 所示。该页面可查看前一天店铺内的流失进入、流失人数及流失店铺等情况。商家可单击跳转店铺，自行查看店内产品的主图、标题、价格等信息来判断访客流失的情况。

图 14-10　竞争情报页面

商家在对比查看访客流失后去往的店铺、产品信息后有什么用呢？实际上，商家可根据这些信息与自己产品的信息对比来发现访客精准度是否够高。例如，在查看某款水杯的流失情况时，发现很多访客跳转的另3款水杯价格均在9.9～39.9元之间，但自己的水杯价格为99.9元，则可说明这些访客更喜欢低价产品，所以对自己中等价位的水杯没有太大购买意向，因此可以说这些访客不够精准。

除了价格之外，商家还可对产品的名称、主图、样式、材质等信息进行对比。信息契合度越高，则说明访客越精准；反之，则说明访客不精准。访客如果不精准，则要进行一系列优化工作，提升访客精准度。

2. 单个渠道访客人群画像需求

如果通过分析发现单个渠道访客不够精准，首先要发现问题所在，是关键词不精准还是目标人群不精准，再根据具体问题给出具体优化方案。这里主要列举手淘搜索、直通车和手淘首页3个渠道的分析，来提高访客精准度。

（1）手淘搜索

首先，商家可以根据访客的搜索情况来判断访客的精准度。保留精准度高的关键词，优化精准度低的关键词。具体操作步骤如下。

第1步：进入生意参谋，单击"品类"找到产品，单击产品后边的"详情"按钮，即可查看流失金额和流失人数等数据，如图14-13所示。

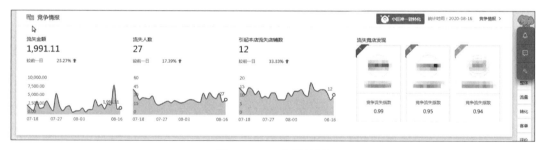

图14-11 查看数据

第2步：跳转到产品分析页面，单击"流量来源"按钮，选择"日"周期，单击手淘搜索后面的"详情"，如图14-12所示。

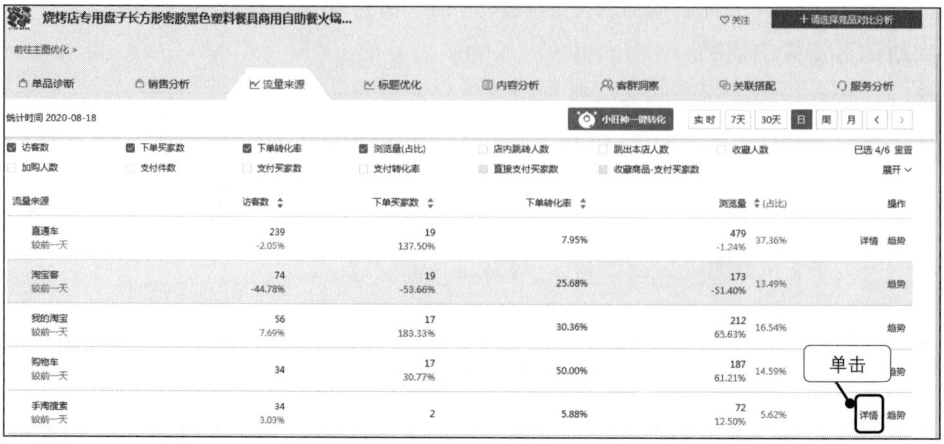

图14-12 单击手淘搜索后面的"详情"按钮

第3步：弹出手淘搜索来源详情页面，可分别查看各个关键词的访客数和下单转化率的情况，如图14-13所示。

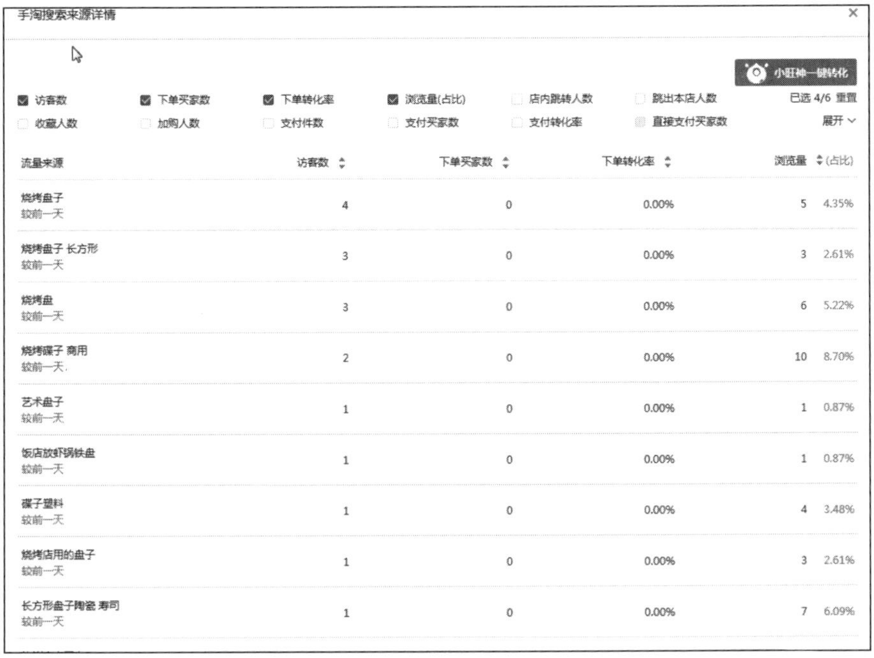

图14-13　手淘搜索来源详情页面

商家可对比各个关键词所带来的访客及转化率的情况，来分析是否需要优化。如果某一关键词访客多，但转化率低，则说明不够精准。

（2）直通车

商家在投放直通车关键词推广时，如果选择了广泛匹配，可能会匹配一些和推广关键词不一致的关键词。这些不一致的关键词带来的访客就很可能不是精准访客，其转化率自然就很低。要解决这个问题，可以考虑修改匹配方式。

商家可以打开"生意参谋"，单击"实时直播"下的"实时访客"，并将流量来源选择为"直通车"，如图14-14所示。

图14-14　查看来源于直通车的访客数据

经过查看该页面，部分商家可能发现，有的关键词并非商家用于推广的关键词。例如，某商家为一款日式拉面碗添加多个关键词，但在该页面中发现有访客根据"火锅碗""网红碗"等不在推广计划内的关键词进店，但这些访客在进店后的转化率较低。针对这种情况，商家可返回直通车计划设置页面，修改关键词的匹配方式，将那些不够精准的直通车访客拦在门外。

（3）手淘首页

商家还可以通过对比手淘首页访客画像与自己产品画像，来分析访客与产品关联度是否高，如果不高就需要进一步优化。如图14-15所示，打开生意参谋，进入访客分析页面，可以看到访客来访时间、访客地域分布、访客的特征与行为习惯等数据信息的汇总与展示。

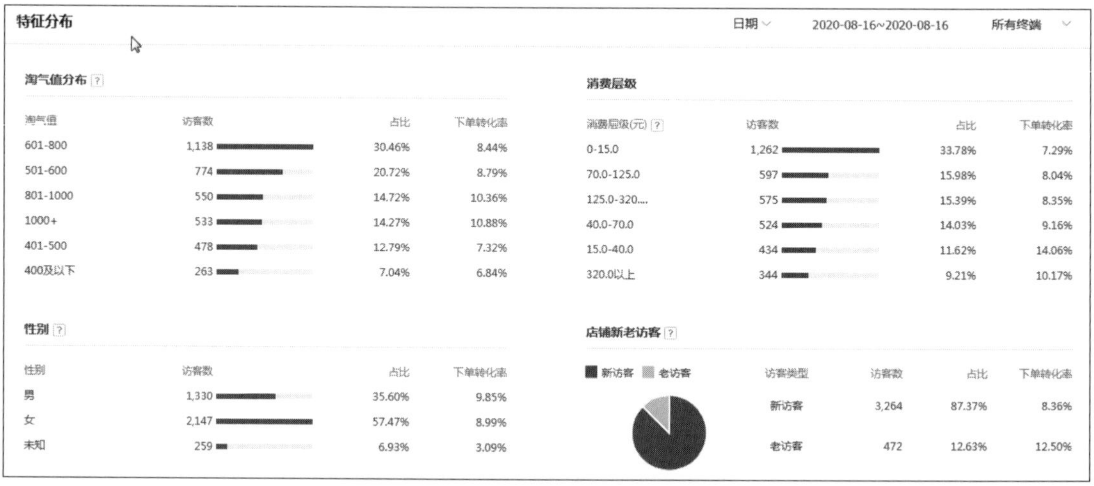

图14-15 店铺各页面平均停留时间

商家通过访客特征分布，可查看访客的淘气值分布、消费层级、性别、店铺新老访客等内容。商家可将访客的数据与自己产品的目标消费者数据进行对比，如果契合度高，则说明访客较为精准；如果契合度低，则说明访客不够精准，需要优化。

例如，如果大多数的访客消费层级在0~9.9元，商家产品的价位刚好也在这个区间，则说明二者都属于低消费层级，契合度高；但如果大多数访客的消费层级在99~199元，商家产品价位在20元左右，则说明契合度较低，需要优化产品关键词来吸引喜欢低价格产品的访客。具体优化工作主要集中在修改产品标题、主题等方面。

综上所述，当商家想要通过提升访客精准度来提升转化率时，首先，要理解不同渠道的访客，其精准度不一样。商家需要找到不精准的渠道，进行有针对性的优化，提升转化率。其次，要排查直通车渠道进来的访客是否精准，如果不够精准，要修改匹配方式。最后，如果前两项工作已做，访客还是不够精准，则要分析访客的年龄、性别、消费特征等信息与产品目标消费者是否相匹配，如果匹配度较低，则可以进行优化。

14.3.4 客服转化优化

访客通过询问客服人员后产生购物行为，转化为消费者，这个过程称为询单转化。询单转化

率就是客服人员接待的询单访客中，下单购物的访客数量与询单访客数量之比，其计算公式为

询单转化率 = 询单访客中下单购物的访客数量 ÷ 客服人员接待的询单访客数量

从询单转化率的公式中可以看出，在询单访客人数不变的前提下，付款访客人数越多，询单转化率越高。例如，客服人员甲一周接待询单访客 1000 人，其中付款访客有 800 人；而客服人员乙一周接待询单访客 800 人，其中付款访客有 640 人。两人的询单转化率都为 80%，但两人的工作量是不一样的，销售业绩也不同，客服人员甲为店铺带来的利润明显高于客服人员乙。

可以看出，询单转化率研究的是客服人员究竟能够引导多少询单访客下单，成功的越多，说明该客服人员的转化能力越强。询单转化十分考验客服人员的工作专业度和工作效率。

> **注意**
>
> 客服人员接待的访客中，有购买意向的访客才是询单访客，那些已下单，询问售中、售后服务的顾客则不属于询单访客。

客户服务对于部分产品而言，可能作用确实不大，访客在查看页面后可以自主下单；但对于家具类、定制类产品而言，客户服务在整个转化过程中，起着至关重要的作用。这是因为，既然访客向客服人员询问产品详情，则说明访客对产品的价格、页面等内容较感兴趣，只是可能还有一些细小问题需要与客服人员确认。如果客服人员在接待访客时，因为态度问题或专业知识不够，给访客带去了不太好的感受，就会导致访客失去交易的兴趣；反之则会增加访客下单的可能性。

因此，商家在发现整店转化不好或有下降趋势时，要重点检验客服人员的转化是否存在问题。如果商家订购了相关数据统计工具，可直接查看近期内询单转化率的变化；如果未订购数据统计工具，则可以通过卖家中心进行分析。这里分别介绍免费方法和付费方法，以及给出提升客服人员转化率的方法。

1. 分析询单转化率的免费方法

这种方法无法直接看到客服人员的询单转化率，需要商家根据客服人员的聊天记录来分析是否有需要改进的地方。具体操作如下。

第 1 步：进入卖家中心，单击"店铺管理"，然后单击"子账号管理"按钮，如图 14-16 所示。

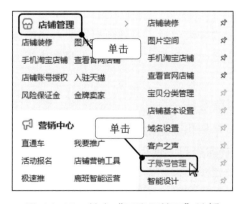

图 14-16　单击"子账号管理"按钮

第 2 步：进入"子账号"页面，单击"监控查询"，如图 14-17 所示。

图 14-17 单击"监控查询"

第 3 步：跳转到新页面，单击"聊天记录"按钮，选择员工账号、操作时间等信息，单击"查询"按钮，即可看到该客服在一段时间内与各个访客的聊天记录，如图 14-18 所示。

图 14-18 查看聊天记录

通过查看客服人员与访客的聊天记录，可判断出客服人员的服务态度和销售技巧的水平。如果发现有可改进的地方，应及时向客服主管或客服人员本人提出，并给予改进意见，帮助客服人员提升询单转化率。

2. 分析询单转化率的付费方法

商家用免费工具来分析询单转化率是比较片面的，无法分析得出询单转化率的实时变化。因此，在条件允许的情况下，商家也可以使用付费工具，直观地查看询单转化率的变化。例如，赤兔名品就是客服绩效管理的实用软件，它可详细分析各个客服人员的客单价、工作量、成功率等相关数据。赤兔名品的具体购买方法如下。

第1步：进入"服务市场"，输入"赤兔名品"，单击"搜索"按钮，如图14-19所示。

图14-19　服务市场页面

第2步：进入搜索结果页面，找到并单击"赤兔名品"工具，如图14-20所示。

图14-20　搜索结果页面

第3步：进入赤兔名品订购页面，选择服务版本和周期，单击"立即购买"按钮，根据提示即可完成订购，如图14-21所示。

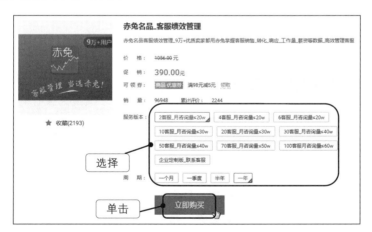

图14-21　赤兔名品订购页面

订购成功后，可进入赤兔名品工具查看各个客服人员的数据信息，如图14-22所示。商家可根据这些数据，分析客服转化率。

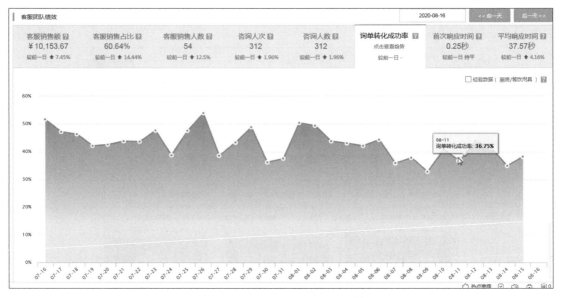

图 14-22　用赤兔名品查看客服数据

综上所述，商家想要提升客服转化率，可以通过查看客服聊天记录来监测客服人员工作是否有改进的空间；如果已经购买了客服分析工具，可直接进入工具分析客服转化率。对于转化率高的客服人员，应予以奖励；对于转化率低的客服人员，应给出改进建议，以此提升客服转化率。

正常情况下，一名成熟的客服人员可将 60% 以上的询单访客转化为购买顾客。一名客服人员的询单转化率越高，说明其工作能力越强。在对客服人员进行培训时，如何提高询单转化率是要重点培训的内容。

14.3.5　页面转化优化

如果访客足够精准，客服转化也没有问题，访客还是流失严重，则可能是产品页面存在一些问题。产品页面所包含的内容较多，但从消费者的角度出发，其最为关心的内容无非是价格、评价、图片、视频详情页、买家秀、问大家等内容。总结起来主要包括四大类，分别是价格、消费者评价、图片（视频）及服务。

1. 价格

消费者在购买产品时，除了关心产品本身质量外，最为关心的可能就是价格。当然，这个价格不仅指页面显示的一口价，还包括优惠券、抵用券、折后价等。特别是部分消费者，会将多个同类型的产品加入购物车，通过对比折后价格，购买价格最低的产品。

因此，当商家发现转化率低时，应从产品的价格进行分析，需参考访客流失去向店铺的产品价格。因为消费者如果查看自家产品后，流失到其他店铺买了同类型产品，则说明消费者在拿这两家的产品做比较，而价格又是影响比较结果的重要因素。商家可以打开生意参谋的竞争情报，查看访客流失情况和流失去向。

商家为了进一步分析竞争店铺的竞争产品价格，可进入该店铺，去对比分析与自己产品款式相似的产品。仔细对比自己产品与竞品的一口价、优惠券、代金券、赠品等信息，尤其是最后的折后价。如果对方的一口价略高，但最终折后价却低于己方，那就有必要重新核算价格，重新设置优惠券、抵用券，使最终折后价降到与竞品相近。如此一来，访客在进入产品详情页后，就不会因为产品价格高而流失了。

2. 消费者评价

消费者评价主要包括问大家、买家秀及评价的相关信息。这些信息代表了其他消费者对该产品的评论，是影响访客转化的重要因素。商家需要通过生意参谋、百宝魔盒等工具，分析对比竞品的消费者评价。

商家可以对比竞品和自己产品的"问大家"板块，如果都只是偶尔有一两个负面回答，还可以理解；但如果竞品都是正面回答，自己的产品却有很多负面回答，那很明显，这就是访客流失的原因。针对这种情况，商家一方面要控制产品质量；另一方面要积极在问答下面做出解释，降低访客对产品的疑虑。

除了"问大家"板块外，评价、买家秀也值得对比关注。如果同一款连衣裙，竞品的买家秀看起来高端大气，而自己产品的买家秀看起来光线暗淡、平平无奇，那更多访客自然愿意选择其他商家。因此，商家可以发出有奖征集活动，挑选出精致、好看的买家秀进行展示。

同时，如果有消费者给了差评，应该及时联系该消费者，询问有什么不满的地方，并表示愿意改进，能促使对方取消差评自然好，但如果对方不愿意取消差评，应在评论下给出解释。例如，当有消费者提到某水果质量问题时，商家可主动回应"如果有坏果可以在售后时间内拍照联系在线客服核实处理，我们定会不遗余力地为您服务"，表明商家的立场，如果有质量问题，应及时核实处理，以此打消其他访客对产品质量的疑虑。

因此，问大家、买家秀和评价都是访客关注度较高的元素。访客在进入产品详情页后，可能先看价格，紧接着就看这些消费者的评价，如果满意，才继续往下看；如果差评多，买家秀也不尽如人意，那访客到这一步可能就流失了。因此，商家要对比竞品进行自我分析，减少差评、负面信息的出现。即使出现了负面信息，也要主动做出解释，尽量打消访客的疑虑。

3. 图片（视频）

详情页的图片和视频可以更详细地介绍产品细节，突出产品卖点。商家仍然可以通过对比竞品与自己产品的图片和视频，找出可以改进的地方。如图 14-23 所示，商家在详情页介绍一款蜂蜜时，用短视频镜头拍摄蜜蜂的生长环境，再到朴实蜂农采蜜的过程，给访客营造出一种发现天然好蜜的感觉。

图 14-23 某蜂蜜详情页的视频截图

有的商家仅仅是为了获得更多权重而增加视频，且拍摄的视频比较随意，其实这样做是得不偿失的。虽然增加产品权重的确能为产品带来更多访客，但访客看到质量不高的视频也会流失，这就导致转化率降低。所以，商家一定要仔细分析自己的产品与竞品在图片和视频上的差异，并找出解决方案去缩减差异。

> **注意**
>
> 　　如果商家不知道自己的视频好不好，可通过添加视频和删除视频期间的数据对比，来判断有视频好还是没有视频好。

4. 服务

淘宝和天猫平台为了让消费者的购买体验更好、买得更加放心，而推出了种种服务，例如，消保信用卡退换、运费险、订单险等业务，让售后更有保障。

在不增加成本或增加较低成本的情况下，建议商家把能提供的服务全加上，除非某个服务会出现其他的负面作用。

特别是服装类产品，运费险起着重要的转化作用。访客一般会选择有运费险的商品进行购买，方便在服装不合身时能够免费退换。因此，商家还要对比竞品和自己的服务是否相同，让自己提供的服务优于竞品提供的所有服务。

页面优化是一个循序渐进的过程，需要根据访客轨迹进行，先是价格，再是消费者评价，接着是图片（视频），最后才是服务。提升转化率也是一个循序渐进的过程，商家需要先分析转化率是否异常。如果有异常，则先分析访客精准度，再分析客服转化，最后分析页面优化。

14.4　交易多但盈利少？分析客单价

客单价也是影响店铺销售额的重要因素。如果靠推广把访客吸引进店，转化率也有所提升，但每个访客所购买的产品价格都不高，那利润也是无法增加的。因此，商家应充分了解客单价，并掌握查看客单价及提高客单价的方法。

14.4.1　深入了解客单价

客单价指的是每个消费者在一定周期内，平均购买产品的金额。客单价代表着每个消费者平均购买产品的金额。影响客单价的因素不仅仅是市场产品价格，还有人均购买笔数。例如，某店铺的产品价格在 100 元左右，但某日店内产品客单价却在 120 元左右。经分析得知，当日店内举办买两件打折的活动。很多消费者为了享受折扣，选择了同时购买多件产品。店内产品的客单价越高，则店铺利润才可能更高。

客单价的计算公式为

$$客单价 = 成交金额 \div 成交人数$$
$$= 产品平均单价 \times 每一消费者平均购买产品的个数$$

一般情况下，店铺每周计算一次客单价，用一周的销售额除以消费者数量得出客单价。例如，某服装类目店铺周销售额为32000元，共有80人成交，则周客单价为400元。

14.4.2　查看店铺的客单价数据

商家进入生意参谋的运营视窗，即可查看每天、7天或30天的客单价数据。如图14-24所示为某店铺当日支付金额、支付转化率及客单价等数据。

图 14-24　查看客单价页面

如果店内产品的客单价过低，可采取不同的方法策略来提升客单价。

14.4.3　5种方法提高客单价

提高客单价的方法很多，具体的还是根据商家的营销策略来制定。常见的提升客单价的方法有以下5种。

- 价格吸引：利用价格优惠来吸引消费者是最直接和最常见的提高客单价的方法，在电商中应用很广，如促销活动中常见的满赠、满减等，通过多买多送的方式刺激消费者购买多件产品。
- 提供附加价值：商家可主动提供产品的附加价值来提高客单价。例如，手机类电子产品，可主动赠送贴膜、手机壳、屏幕险等礼品来提高客单价。
- 套餐法：指将互补产品、关联产品，通过组合搭配的方式进行销售的方法。套餐法有利于提高产品销量、增加信誉度和曝光率，并且能为消费者节省邮费。特别是食品类目，把多种食品做成礼包的形式售卖，可以提高客单价。
- 关联销售：指把同类型关联、互补型关联及潜在关联的产品放在一起销售。关联销售可以使进店流量的利用率达到最大化，既增加店铺访问深度，又提高产品曝光率，以此提高店铺客单价。
- 客服推荐：客服对于提升客单价有着重要作用。例如，当访客咨询一个水杯，客服在接待过程中可以恰到好处地向消费者推荐更多店内产品，如店内活动、搭配套餐等优惠信息，或者根据消费者的需求给出搭配建议等。

提高客单价的方法还有很多，商家可根据具体产品特点，主动寻找更多提高客单价的方法，以此提升销售额，提高利润。

第15章

店铺成本控制与盈亏预测

本章导读

一般来说,财富积累有两个渠道,一是开源,二是节流。对于运营网店如何通过"开源"来赚取更多利润,前面已经讲解了很多方法,这里就要从"节流"的角度来讲解如何控制网店成本,减少不必要的开支,节约更多的资金。此外,还将详细讲解如何分析并预测店铺的盈亏前景,并据此做出相应的规划与调整,让网店具备更强的风险抵御能力。

第 15 章 店铺成本控制与盈亏预测

15.1 剖析店铺成本构成与控制方法

店铺运营的核心是盈利,用最少的成本获取最大的利润是商家的共同目标。想要达到这一目标,需要提高店铺利润,降低店铺成本。要降低店铺成本,首先要了解店铺成本的构成。店铺的总成本主要包括产品成本、办公成本、运营成本及平台成本等。

15.1.1 网店成本及其费用构成

商家只有在全面认识各项成本的概念和费用构成后才能更好地控制成本。通常,店铺各项成本和费用构成如表 15-1 所示。

表 15-1 店铺成本费用构成

成本名称	说明	费用构成
产品成本	产品成本属于电商企业经营的核心成本,包括货品净成本、库存积压成本、仓储物流成本、货品残损成本等	① 货品净成本指购买产品的出厂价成本,不包括物流成本、差旅费 ② 库存积压成本指过季打折处理损失费用及仓储成本、货物运输成本、毁坏成本等 ③ 仓储物流成本主要包括仓储与物流两部分成本。如仓库租赁费用、仓库管理人员的费用、产品包装费用,以及为采购和销售产品而支付的物流运输和人工差旅费用等
办公成本	办公成本主要包含员工工资成本、办公场所成本和办公设备成本等	① 员工工资成本包括运营、财务、客服等人员的基本工资与绩效工资 ② 办公场所成本包括办公场地租金、物管、水电 ③ 办公设备成本包括公所必备的硬件设备与软件系统,如办公家具、办公网络、办公电脑与手机、打印机、办公专用软件等支付的费用
运营成本	运营成本属于电商运营的建设成本,包括硬运营成本和软运营成本	① 硬运营成本是指电商运营中所需要的一次性或固定额度的硬件,以及后端软件的成本。例如,CRM、ERP 系统等软件成本,打印机和扫码枪等硬件所花费的成本 ② 软运营成本是指电商运营的推广费用,如直通车、超级推荐、超级钻展、淘宝客等工具的推广费用

续表

成本名称	说明	费用构成
平台成本	平台成本属于电商运营的基建成本，如店铺保证金、技术服务年费、实时划扣技术服务费等	① 店铺保证金：天猫平台上开店，必须缴纳一定数额的店铺保证金，其金额根据类目的不同而定，通常在 10 万～15 万元。店铺保证金在店铺退出平台时要退还商家 ② 技术服务年费：不同平台的技术服务年费有所区别，如天猫商城的商家必须一次性缴纳一定金额的技术服务年费，年费根据类目不同来划分等级，分为 3 万和 6 万元两个等级；淘宝商家暂时没有这项费用 ③ 实时划扣技术服务费：与店铺租赁费相似，平台根据类目不同，向商家销售后的商品按一定比例收取的服务费

注意

为了方便财务工作，办公场所成本、办公设备成本都归为办公固定成本，员工的工资成本归为变动成本。

15.1.2 控制店铺成本

商家在提高销售额的同时降低成本，可以获得更多利润，所以商家必须要掌握控制成本的方法。由于平台成本由官方制定，不好控制，所以它被视为不可调节的固定成本，但产品成本、人力成本和运营成本都可控。

1. 控制产品成本

产品成本在总成本中占比最大，如果能控制好产品成本，将能在很大程度上降低总成本。想要控制产品成本，则需要优质供应链做支撑。商家需要多方对比，找到物美价廉的供应链。如果店内有专人负责采购，则需要对采购人员进行考核，当采购人员在降低产品成本后，给予奖励，提高采购人员的工作积极性。同时，还要尽量降低物流、仓储、包装方面的成本。

2. 控制人力成本

人力成本主要是控制人员工资成本，为各人员做到各司其职，紧密配合，提高效率，需严格按照各部门的 KPI（关键绩效指标）进行考核。以运营部门的工资考核为例，可分成基础工资与绩效工资，基础工资是固定的岗位工资（如 4000 元）；绩效工资则按工作内容来核算，如当月销量超上个月的 10%，给运营部门发放总业绩的 3% 为奖金。用这种奖惩有度的方式来提高各个员工的积极性和主观能动性，从而提高店铺整体销售额。

3. 控制运营成本

运营成本在总体成本中占比依然很大，且运营推广成本很透明，如直通车、超级推荐等，可以详细查看每天的花费金额。商家应该根据运营推广的投产比来对运营人员进行考核，以此来提高运营人员优化推广计划的积极性。

例如，同样是 1 万元的推广费用，甲运营人员在创建直通车计划时，由于直通车质量分高，创意图吸引力大，该计划的点击率和转化率都高，整个计划的投产比达 10；而乙运营人员创建的直通车计划由于质量分低，只有抬高关键词出价才能获得好排名，最终结果就是花了更多的钱，但整个计划的点击率和转化率都远不如甲运营人员的计划，投产比只有1.5。针对这种情况，应暂停乙运营人员的推广计划，让其学习提高直通车质量分的知识和技巧后，再让其投放运营计划。

商家只有在控制好各项成本的基础上提高销售额，才有可能获得更多利润。

15.1.3 制作网店进销存管理表

店铺交易过程中会涉及各种资金管理问题，商家为清晰地看到每笔费用和利润等情况，可制作店铺财务表格，为后续的店铺经营做出合理规划。为方便产品管理、财务状态统计等工作，可利用Excel创建店铺进销存管理表。以创建网店进销存管理表为例，具体操作步骤如下。

第1步：新建一张空的Excel工作簿，双击3张工作表的名称，将其分别修改为"进货""销售""进销存自动统计"，并将其保存，如图15-1所示。

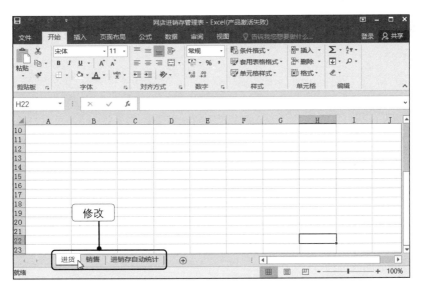

图 15-1　修改工作表名称

第2步：分别在"进货"工作表和"销售"工作表中输入表格数据，如图15-2所示。

图 15-2　输入表格数据

第3步：切换到"进销存自动统计"工作表中，输入需要统计的表头（数据标题），以及产品ID项和产品名称列的数据，如图15-3所示。

	A	B	C	D	E
1	产品ID	产品名称	当前总进货量	当前总销售量	当前库存量
2	9001245	保温杯			
3	9001246	玻璃杯			
4	9001247	一次性纸杯			
5	9001248	塑料杯			
6	9001249	儿童保温杯			

图 15-3　在"进销存自动统计"工作表中输入需要统计的数据项

注意

有了以上详细数据，可在自动统计工作表中定义出统计公式，让各个表格的数据变化能够联动起来，实现自动统计功能。

第 4 步：在"进销存自动统计"工作表中选中 C2 单元格，输入公式"=SUMIF(进货 !B:B," 保温杯 ", 进货 !C:C)"，如图 15-4 所示。

第 5 步：按"Enter"键，并向下拖曳 C2 单元格右下方的黑点至 C6 单元格，复制公式，如图 15-5 所示。

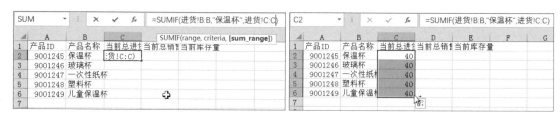

图 15-4　输入公式　　　　　　　　图 15-5　复制公式

第 6 步：选中 C3 单元格，将公式中的"保温杯"修改为"玻璃杯"，如图 15-6 所示。按照同样的方法，以产品名称为依据修改 C4—C6 单元格中的公式。公式修改完成后的"当前总进货量"数据如图 15-7 所示。

图 15-6　修改"进货"公式

	A	B	C	D	E
1	产品ID	产品名称	当前总进货量	当前总销售量	当前库存量
2	9001245	保温杯	40		
3	9001246	玻璃杯	30		
4	9001247	一次性纸杯	25		
5	9001248	塑料杯	50		
6	9001249	儿童保温杯	30		

图 15-7　公式修改完成后数据

第 7 步：选中 C2—C6 单元格，拖曳 C6 单元格右下方的黑点至 D 列，复制公式，如图 15-8 所示。

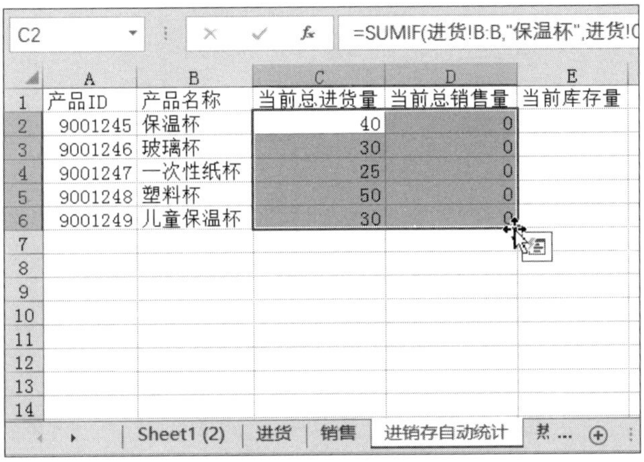

图 15-8　复制公式

第 8 步：选中 D2 单元格，将公式中的"进货"修改为"销售"，如图 15-9 所示。按照同样的方法依次修改 D3—D6 单元格公式中的相应数据，公式修改完成后，当前总销售量数据如图 15-10 所示。

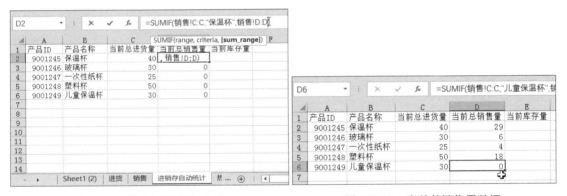

图 15-9　修改"销售"公式　　　　　图 15-10　当前总销售量数据

第 9 步：在"进销存自动统计"工作表中选中 E2 单元格，输入公式"=C2-D2"，如图 15-11 所示。

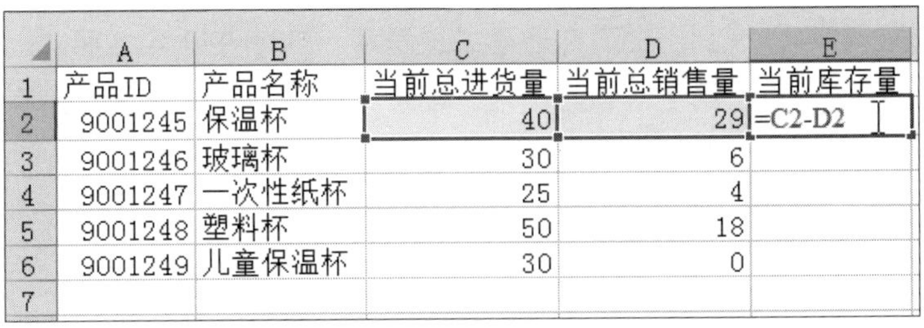

图 15-11　输入库存量计算公式

第 10 步：按“Enter”键，拖曳 E2 单元格右下方的黑点至 E6 单元格，复制公式，如图 15-12 所示。

	A	B	C	D	E	F
1	商品ID	商品名称	当前总进货量	当前总销售量	当前库存量	
2	100101	小夜灯	20	0	20	
3	100102	USB保温垫	20	2		
4	100103	USB吸尘器	15	8		
5	100104	散热底座	50	35		
6	100105	键盘膜	30	12		
7						
8						
9						
10						

进货 销售 进销存自动统计

图 15-12　复制库存量计算公式

第 11 步：完成后的“进销存自动统计”工作表的效果如图 15-13 所示。

	A	B	C	D	E	F
1	商品ID	商品名称	当前总进货量	当前总销售量	当前库存量	
2	100101	小夜灯	20	0	20	
3	100102	USB保温垫	20	2	18	
4	100103	USB吸尘器	15	8	7	
5	100104	散热底座	50	35	15	
6	100105	键盘膜	30	12	18	
7						
8						
9						
10						

进货 销售 进销存自动统计

图 15-13　完成后的“进销存自动统计”工作表

15.2　店铺盈亏预测

很多人开设网店都是预期盈利，然而实际情况常常与预期相反，店铺业绩平平甚至亏损的不在少数。因此，店铺开设前、运营中，都要进行盈亏分析与预测，并根据结果调整计划。

15.2.1　盈亏预测与规划的重要性

有规划地去做一件事，有利于提高整件事的成功率。商家在开店之前，也要有规划、有目的。例如，根据市场评估自己的供应链与市场匹配度，分析自己的利润率大概有多少？资金风险程度如何？因为有部分行业竞争异常激烈，如果经过分析自己的供应链，发现利润只有 3% 或 5%，那意义就不大。

对于商家而言，最为关心的就是利润。那利润应该如何规划呢？其实，与利润最为相关的就是销售额，而与销售额直接相关的因素又包括访客数、转化率、客单价及复购率等。

因为产生利润的前提是有销售额，而得到销售额的前提是有访客进店，访客进店后还要有转化行为才有销售额；为提高销售额，还得提高访客的客单价和复购率。因此，访客数、转化率、客单价及复购率等数据直接决定了利润的多少。因此商家在开店前，应对以下问题进行思考。

- 前期要做到多少访客数？获取访客的方式有哪些？
- 前期转化率要达到多少？如何提升转化率？
- 如何提升客单价？
- 如何提升复购率？

想清楚以上问题的答案后，再去一一执行，达到目标利润。很多商家在开店前没有仔细算过账，年底盘点后才发现盈利甚少。这样的商家可能没有意识到，有的项目注定了要亏损，是不能做的。因此，商家事前必须做好利润盈亏与规划，确认项目有利润才能实行。

15.2.2 估算固定成本

经营网店与经营实体店一样，开店前要计算一下固定成本，再根据销售额来计算盈亏平衡点。固定成本指不管有多少销售额都会产生的成本，也是不会随着销售额的增减而发生变动的成本。例如，一个店铺月销上万件或者月销0件，其固定成本都一样。

通常，电商商家的固定成本主要包括房租、仓库租金、人工工资、水电费、装修费用及平台服务费等。如表15-2所示为某服装商家的固定成本估算表。

表15-2　某服装商家的固定成本估算表　　单位：元

项目	月度	年度	备注
房租	2100	25200	
仓库租金	800	9600	
人工工资	10000	120000	
水电费	800	9600	
装修摊销	100	1200	
平台服务费	1000	12000	
……			
固定成本合计	14800	177600	

商家可依照表15-2的项目内容，填充自己的实际费用，计算出固定成本估算。在估算人工工资时，商家需要把自己或亲属的工资加进去。部分商家在估算人工工资时，认为自己可以不拿工资，所以也就不算工资。实际上，自己也是全身心地投入到店铺运营中了，是有时间成本的。如果商家不知道如何估算自己的工资，可以拿自己上班的收入来预估。例如，自己之前是运营人员，月收入在8000～10000元，那可以预估为8000元。

15.2.3 估算盈亏平衡点

变动成本指支付给各种变动生产要素的费用，如货品成本、员工销售提成、推广费用等。变动成本随产量的变化而变化，通常是在实际过程中才支付。如表 15-3 所示为某商家的年度变动成本。

表 15-3 某服装商家的变动成本估算表（年度）

项目	年度费用	备注
货品成本率	75%	
平台扣点	0%	
员工销售提成	3%	
进货增值税税率	0	
平均销售折扣	100%	
推广费用率	8%	
销售收入／元	1073000	
变动成本		
销售毛利率		
销售毛利润		
固定成本	177600	
净利润		
盈亏平衡点		

对表 15-3 中的数据解析如下。

- 货品成本率，指货品成本占总销售额的多少，用百分比来表示。
- 平台扣点，可以理解为平台费用，例如淘宝没有费用，天猫部分类目为 3%，需要根据产品类目进行填写。
- 员工销售提成，指运营、客服等工作人员的绩效提成，可以把所有提成相加，除以销售额，以百分比表示。
- 进货增值税税率，指店铺运营所需要交纳的税额。如果是淘宝新店，暂时还未涉及开票，可设置为 "0"，当需要交纳税额的时候再改动。
- 平均销售折扣，通常都是 100%，以正常价格来售卖产品。
- 推广费用，指推广产品销售所产生的推广成本，如直通车、淘宝客、超级推荐等推广工具所产生的费用。通常，推广费用在 8% ~ 15%。
- 销售收入，指一年的目标销售额，如 100 万元、200 万元等。

商家可根据销售收入计算得出以上数据的具体信息，如：

货品成本 = 销售收入 ÷ 平均销售折扣 × 货品成本
= 1073000 ÷ 100% × 75% = 804750（元）

平台扣点费用 = 销售收入 × 平台扣点 = 1073000 × 0 = 0（元）

销售提成 = 销售收入 × 销售提成率 = 1073000 × 3% = 32190（元）

进货增值税税率 = 销售收入 ÷ 平均销售折扣 × 货品成本 × 税率
= 1,073,000 ÷ 100% × 75% × 0 = 0（元）

推广费用 = 销售收入 × 推广费用率 = 1073000 × 8% = 85840（元）

故最终：

变动成本 = 804750 + 32190 + 85840 = 922780（元）

销售毛利率 =（销售收入 − 变动成本）÷ 销售收入
=（1073000 − 922780）÷ 1073000 × 100% = 14%

销售毛利润 = 销售收入 × 销售毛利率 = 1073000 × 14% = 150220（元）

净利润 = 销售毛利润 − 固定成本 = 150220 − 177600 = −27380（元）

盈亏平衡点 = 固定成本 ÷ 销售毛利率 = 固定成本 ÷（1 − 变动成本 ÷ 销售收入）
= 177600 ÷ 14% = 1268571（元）

由此可见，商家目前的净利润是亏本状态，只有当（年）销售收入大于等于1268571元时，才不会亏本。商家可根据以上项目，填入自己的实际数据，计算出盈亏平衡点。如果商家想获得更多利润，就必须降低货品成本和推广费用等数据。

15.2.4 分解年度计划

当商家估算出年度销售收入、盈亏平衡点等数据后，可将年度销售额目标分解到各个月中。以某店铺每年100万元的年度销售额为例，分解成12个月，则每个月需要卖到9万元左右的销售额。假设该店铺月销售额是89417元，客单价为98元，转化率为4%，那该店铺月访客数、日访客数、日销售额等数据如表15-4所示。

表15-4 某服装商家的目标分解

项目	数据
月销售额/元	89417
客单价/元	98
销售件数/件	912
月访客数/人	22810

续表

项目	数据
转化率	4%
月推广预算/元	7153
日销售额/元	2981
日访客数/人	760

从表中可以看出，客单价、转化率、月推广预算等数据与月访客数、日销售额等数据息息相关。例如，客单价越高，则销售件数越少；转化率越高，则月访客数越少。因此，可以说商家最为关心的利润其实与运营中大部分数据相关，商家想提高利润，必须控制成本，控制推广费用，提高客单价和转化率。

根据以上思路，商家能分析得出经营店铺的固定成本、变动成本及盈亏平衡点。再来分解每月、每天的销售额计划，并将计划落到实处，分配给各个工作人员。